Dietrich Buchner (Hrsg.) · Outdoor-Training

Dietrich Buchner (Hrsg.)

Outdoor-Training

Wie Manager und Teams
über Grenzen gehen

GABLER

Die Deutsche Bibliothek – CIP-Einheitsaufnahme

Ein Titeldatensatz für diese Publikation ist bei
Der Deutschen Bibliothek erhältlich.

1. Auflage 1996
Nachdruck September 2000

Umschlaggestaltung: Schrimpf und Partner, Wiesbaden
Satz: FROMM MediaDesign GmbH, Selters/Ts.
Druck und Bindung: Wilhelm & Adam, Heusenstamm
Printed in Germany

ISBN 3-409-18888-6

Inhaltsverzeichnis

Teil 3: Planung von Outdoor-Programmen

Vorwort

Outdoor-Trainings existieren schon viele Jahrzehnte; Lernen durch Outdoor-Aktivitäten wird genau genommen seit Jahrhunderten und länger praktiziert.

Warum Outdoor gerade heute aktuell wird, hat seine Gründe. Wie vielfältig sie sind, wird in diesem Kompendium deutlich gemacht. Der entscheidende Vorteil eines Unternehmens, eines Teams oder eines einzelnen im Wettbewerb wird nicht mehr durch die Fähigkeit zur Veränderung erzielt, sondern durch die Fähigkeit der schnelleren Veränderung. Outdoor hat sich dabei als nützliches Modell erwiesen, Initiativen und Aufbruch zu schnellen Veränderungen zu unterstützen und zu verstärken.

Viele Manager und Mitarbeiter denken und handeln nach dem Prinzip Hannemann, geh Du voran! Erst sollen sich mal die anderen verändern, ich selbst stehe ja nicht im Weg. So zeigen viele auf andere und nichts bewegt sich.

Sich zu verändern bedeutet, über Grenzen zu gehen. Teams verändern sich, indem sie über ihre Grenzen gehen, und Organisationen verändern sich genauso. Jeder einzelne, jedes Team und jede Großorganisation definiert dabei die Grenzen selbst!

Der Eisbär im Zoo von San Diego, dessen Raum ein Käfig von acht Schritten vor und zurück und die Möglichkeit einer eleganten Wende darstellte, lernte diese Grenze sehr schnell. Sie galt auch dann noch, als das riesige neue Gehege um ihn herum fertiggestellt war und ein Kran den Käfig beseitigte: acht Schritte in die eine Richtung — elegante Wende — acht Schritte zurück.

Die 16 Autoren aus dem Partnerteam haben seit vielen Jahren Outdoor-Erfahrung. Sie beschäftigen sich mit Aufbruch und Motivationen für Veränderungsprozesse, wie es das Outdoor-Training ermöglicht.

„Über Grenzen gehen" steht dabei als Metapher für Selbstüberwindung, Umgang mit Ängsten und Risiken, Experimentieren etc.

Jeder Manager wird täglich in seiner Arbeit vor Situationen gestellt, in denen er die Wahl hat, über die Grenze zu gehen oder es zu lassen. Tut er es, verändert er. Tut er es nicht, verändert er nicht nur nichts, er richtet auch Schaden an. Er sabotiert sein Selbstwertgefühl, er lenkt Energie fehl, er frustriert sich selbst und andere. Mancher intellektualisiert, warum es nicht wichtig ist, über die Grenzen zu gehen (Abwehrmechanismen), oder er läßt seinen Frust an anderen aus (zum Beispiel abends zu Hause oder beim Freizeitsport). Andere kompensieren (zum Beispiel durch Essen) oder lenken sich ab (zum Beispiel durch Alkohol, TV).

Outdoor läßt nicht locker. Es baut Grenzen auf, die herausfordern, und es gibt kein Entweichen: Entweder die Herausforderung wird angenommen oder nicht. Wenn nicht, dann wird es bewußt, und es ist genauso wichtig, das zu erkennen und zu lernen, mit dem Nein umzugehen. Outdoor ist kein Zwang, sondern eine Methode, über mich und andere Neues zu erfahren oder bewußtzumachen, um daraus Konsequenzen zu ziehen.

Mit anderen Veränderungstechnologien hat Outdoor den Vorzug, auf viele unterschiedliche Problemstellungen angewandt zu werden. Beispiele sind Zielfindungen, Netzwerkbildung, Teambildung, Konfliktmanagement, Motivation, Qualitätssicherung und Kundenbindung. Dementsprechend werden viele unterschiedliche Aktivitäten eingesetzt, von denen sich einige als besonders beliebt und herausfordernd darstellen, wie zum Beispiel das Camp oder „ropes courses". Outdoor ist primär eine „Körper-Metapher". Diejenigen, deren Lernen sich „körperlich" vollzieht (und das ist die Mehrzahl), haben naturgemäß starke Lerneffekte. Wichtigster Prozeß dabei ist der Transfer dieser Metapher in den Alltag. Dafür sollten ausgebildete Coaches sorgen, was leider in der Praxis nicht immer geschieht. Transfer-Prozesse, bei denen Ressourcen und die subjektive Erfahrungen des einzelnen im Outdoor-Ergebnis geankert werden und die mit analogen Prozessen im Beruf verbinden, stellen den eigentlichen Nutzen des Outdoors dar.

Vielfach werden Outdoor-Aktivitäten als Spaß oder Incentives genutzt. Dagegen ist nichts einzuwenden. Es ist aber auch kein Widerspruch, Sinn und Zweck vorher genau zu bestimmen, um den Nutzen jenseits von Spaß zu erkennen und zu sichern.

Die Autoren dieses Buches wollen den Transferprozeß von Outdoor-Übungen bewußtmachen und den breiten Nutzen beschreiben. Über Grenzen zu gehen ist kein Wert für sich, wenn ich nicht mich, unser Team oder unser System damit verändern kann. Erfolgsberichte, Kernprinzipien, Übungen und Planungen für Outdoor werden zusammengestellt, um Transferprozesse zu klären. Diese unterschiedlichen Aspekte sollen dem Leser die Vielfalt und die Systematik des heutigen Outdoor-Trainings vermitteln.

Gehen Sie über Ihre Grenzen!

Düsseldorf, im Juni 1996   DIETRICH BUCHNER

Outdoor:
Aufbruch zur Veränderung

Dietrich Buchner

Outdoor-Aktivitäten

Was genau „Outdoor" ist, ob es so genannt sein will oder ob es nur besondere Arten von Übungen für Trainingszwecke darstellt, darüber wollen wir nicht philosophieren. Als Veränderungsberater interessieren wir uns für die Optionen bestimmter Aktivitäten, Veränderungsprozesse auszulösen, zu beschleunigen oder zu bewirken.

Wenn Kinder im Sandkasten spielen, lernen sie, verändern sie sich und gewinnen so Erfahrung. Dies geschieht auf eine sehr unbewußte körperliche Art, in Zyklen ständig wachsender Kompetenz. Wenn wir heute wissen, daß ein Stein zur Erde fällt, und uns dieses Wissen nutzbar machen, dann haben wir das zum Beispiel im Sandkasten-Outdoor gelernt, nachdem wir es x-mal geübt haben. Outdoor ist nicht neu, und auch als Methode wurde es schon vor Jahrzehnten systematisch eingesetzt. Wir wollen aber nicht auf Turnvater Jahn zurückgehen, sondern den heutigen „Touch des Outdoor" nutzen.

Aktuell sind gerade Feuerlauf, Pfahlsprung oder Kletterwand, Spiele mit Seilen beziehungsweise Tauen oder sogenannte Camp-Aktivitäten. Es werden Wanderungen veranstaltet, Bergwanderungen, Mountain-Bike-Touren, Flöße gebaut und Floßfahrten gemacht, Hochseil- und Abseilakte mit zum Teil sehr aufwendigen Aufbau- und Sicherungsarbeiten.

Outdoors werden für alle Altersstufen und unterschiedliche Komfortklassen durchgeführt, überwiegend mit der Abenteuer- und Unterhaltungsabsicht, vielfach auch mit dem Sandkasten-Anspruch an nützliches Lernen. Dieser Lerneffekt ist teilweise berechtigt; ohne entsprechende Voraussetzungen der Trainer oder relevanten Hintergrund der Teilnehmer wird Outdoor jedoch häufig nur als Aktivität und Spaß erlebt.

Veränderungscoaching

Unter Veränderung wollen wir den Prozeß verstehen, bei dem die Verhaltensprogramme von individuellen Teams und Systemen durch neue Programme ergänzt, verbessert oder ersetzt werden. Wir sprechen daher auch von „Programmierung". Im Unterschied zur problemorientierten Vorgehensweise vieler Veränderungsdisziplinen präferieren wir bei unseren Coachings die zielorientierte und lösungsorientierte Veränderung (Buchner, D., Manager-Coaching, Paderborn 1993). Sie erweist sich als schneller, effektiver, weniger belastend und – im Nebeneffekt – als wesentlich kostengünstiger.

Verändern heißt also erstens, ein Veränderungsziel zu haben. Viele, auch viele, die ins Outdoor gehen, haben keins oder ein vages, nicht sauber formuliertes (siehe hierzu Buchner, D., Packen Sie es an, Wiesbaden 1994). Dieses Ziel baut „kreative Spannung" auf („Vision/lockendes Ziel"), die Energien freisetzt (Ressourcen), zum Ziel zu gelangen.

Verändern heißt also zweitens, Ressourcen für das Ziel zu finden, zu aktivieren.

Diese Ressourcen sind dann so zu programmieren, daß sie die Lösungen und Alternativen entwickeln, um das Veränderungsziel zu erreichen. Dieses „Programmieren" klingt nach Computer und hört sich an, als sei es ein willkürlicher Akt. Ja und nein. Ja, es ist eine Systematik da, es gibt komplexe Interventionsmodelle, die Veränderungsberater einsetzen, aber die „Programmierung" und „Integration" der Veränderung muß das betroffene „System" (Person, Team, Organisation) selbst leisten. Das heißt, die Veränderungen sind gewollt und nicht gezwungen.

Diese „Individuelle Ressourcen-Programmierung IRP" oder „Team-Ressourcen-Programmierung TRP" kann durch Coaches begleitet werden, die diese Prozesse steuern (vgl. Buchner, D., Hrsg., Team-Coaching, Wiesbaden 1995).

Outdoor im Veränderungscoaching

Der zielorientierte Veränderungscoach wird Outdoor immer dann nutzen, wenn andere Veränderungsmethoden nicht das gleiche Ergebnis erzielen. Das ist nicht immer einfach abzuwägen, da er in den seltensten Fällen seine Möglichkeiten gegeneinander austesten kann. Mit der Erfahrung aus vielen 1 000 Fällen mit einzelnen Teams oder ganzen Organisationen lassen sich die Veränderungswirkungen aber auch ohne Kontrolläufe abschätzen. Die Möglichkeiten des Outdoors werden dabei im Vergleich zu anderen Methoden bei weitem nicht genutzt.

Outdoor und neues Lernen für Manager

Wenn Outdoor heute für Managemententwicklung attraktiv wird, dann nicht, weil es so neu wäre, sondern weil Manager zunehmend beginnen, auf neue Art zu lernen und sich zu verändern. Von hoher Bedeutung sind hier Einzel- und Team-Coachings, die Ausbildung in NLP-Anwendungen und auch Outdoors etc. Die Bereitschaft zum Wandel wächst, wenngleich auch die zunehmende Skepsis gegenüber traditionellen Trainings hierbei hilft. Dementsprechend werden neue Veränderungsmodelle ausprobiert, und dazu gehört auch gerade das Outdoor. Es ist eigentlich ein altes Lernen, so wie früher, als wir noch Kinder waren. Und es ist kein

Kinderkram, denn wenn Manager gezwungen sind, sich schneller zu verändern, sollten sie die Modelle der schnell lernenden Kinder zumindest ausprobieren.

Outdoor-Aktivitäten können Modelle für Grenzüberschreitungen jeglicher Art sein. Dabei kann es wichtig sein, den Transfer bewußt zu erleben. Grenzüberschreitung bedeutet, die Komfortzone zu verlassen, was in der Regel Streß auslöst. Zuerst entsteht Anspannung, dann, wenn die Grenze überschritten wurde, Freude und ein gutes Selbstgefühl. Im umgekehrten Fall, wenn die Grenze nicht überschritten wird, kann auch ein Stück Selbstwert auf der Strecke bleiben. Die Analogie zum Job ist leicht herstellbar. Die vielen unterdrückten Grenzüberschreitungen zehren am Selbstwert und führen nicht selten zu Coping-Mechanismen, wie Rechtfertigungen, Somatisierungen, Ablenkungen, Abreaktionen, Dämpfungen durch Alkohol etc.

Das Modell „Grenzüberschreitung" zeigt deutlich, daß es nicht reicht, Outdoors zu machen ohne „Indoors" und ohne Übertragung auf die Jobsituation – gerade wenn es das Ziel einer Organisation ist, die Mitarbeiter zu öffnen, selbstbewußter zu machen, damit sie nicht einfach alles hinnehmen. Wenn es ein solches Ziel gibt, dann entwickelt der Coach einen ganzheitlichen Veränderungsprozeß, indem er zum Beispiel

1. dieses Ziel als ein organisatorisches, gemeinsames Ziel mit seinen in Einzelfällen unterschiedlichen Ausprägungen erarbeiten läßt;

2. die für Grenzüberschreitungen nützlichen Ressourcen aktiviert;

3. das Modell „Grenzüberschreitung Indoor" zum Beispiel als „rote Linie" etabliert und übt;

4. und das Outdoor daraufsetzt, zum Beispiel Feuerlauf oder Pfahlsprung;

5. und diese als Metapher entweder wirken läßt oder für die Zukunft mit den operativen Routinen im Büro oder Werk verankert;

6. er wird dann in der Jobsituation dafür sorgen, daß sich „Grenzüberschreitungen" umsetzen. Wenn das System, in der die Grenzüberschreitung stattfinden soll, nicht auch neue Rahmen und Freiräume entwickelt, wird die ganze Mühe eher Frust als Erfolg erzielen.

Diese Kurzfassung eines integrierten Veränderungsprozesses zeigt, wie wenig sinnvoll es ist, nur Outdoor, zum Beispiel Feuerlauf, zu machen und es den Teilnehmern dann zu überlassen, wie sie damit umgehen. Solche Abläufe bringen höchstens zehn Prozent vom möglichen Effekt. Erfahrungslernen und Entdeckungslernen, die im Outdoor intensivst genutzt werden, dürfen damit nicht verwechselt werden. Natürlich sollen die Outdoor-Teilnehmer ihre Entdeckung machen. Wieviel davon aber vorher oder nachher aufgedeckt oder an die Oberfläche der bewußten Wahrnehmung geholt werden soll, ist eine fallweise Einschätzung. Es ist dann immer richtig, diese Entdeckung im neuen Rahmen der operativen Routinen zu integrieren.

Für die unmittelbare Nutzung im Outdoor, das Bewußtmachen der Erfahrung, eignen sich die verschiedenen Methoden des Einzel- und Team-Coachings, wie sie in der NLP, im Encounter oder auch in Selbsterfahrungsgruppen entwickelt wurden. Dabei haben sich insbesondere die Präzise Fragetechnik (Metamodell), die Feinwahrnehmung (NLP), Positions- und Perspektivenwechsel und Metaphern als nützlich erwiesen. Bei großen Gruppen sind Lernpartnerschaften unter den Teilnehmern hilfreich, die neben der kognitiven Bearbeitung oft auch für die Ankerung von neuen Programmen sorgen können, insbesondere, wenn die Partner zu derselben Familiengruppe gehören.

Outdoor hat sehr viel mit Bewegung und Körperlichkeit zu tun. Deshalb kann Outdoor auch als kinästhetische Metapher fungieren. Abläufe können verkörpert sein und somit auch als Analogie oder Anker genutzt werden. Dies äußert sich oft in Sprache und anderen Hinweisen (Augenbewegungsmuster, Körperausdruck etc.). Da Personen ganzheitlich agieren, ist der Körper immer auch „mit" zu verändern; es reicht nicht, nur mentale Prozesse auszulösen und umgekehrt. So kann die Starrheit im Denken nicht aufgelöst werden, solange die Starrheit des Körpers nicht überwunden wird.

Die kinästhetische Wahrnehmung kann außerordentlich dominant werden, wenn die Grenze der Belastbarkeit erreicht wird, wie zum Beispiel beim Bergwandern. Hier entsteht die Frage der körperlichen Fitness im Outdoor und der Dosierung der Beanspruchung. Menschen lernen im Outdoor, wieder ihren Körper zu benutzen. Sie erfahren die Freude dabei, aber auch die Limits. Manche verpflichten sich selbst, ihre körperlichen Limits zu strecken, und entdecken Fitness als neuen Weg, ihre verlorengegangene Balance wiederherzustellen.

So vermittelt uns Outdoor über viele unterschiedliche Wege, wie wir als Manager und Mitarbeiter von Organisationen wieder lernen können, wie wir es als Kinder schon getan haben, vielleicht damals mit mehr Hingabe und größerem Zeitaufwand für Wiederholungen.

Outdoor und Veränderungstechnologien

Die Integration von Outdoor in Veränderungsziele und seine Nutzung durch Veränderungstechnologien ist nicht immer offensichtlich und wird teilweise auch – und das zu Recht – angezweifelt. Wie alles, was isoliert als Aktivität abläuft, sind auch Outdoor-Aktivitäten „nur" und bestenfalls Interventionen oder Handlungen, aber noch keine Veränderungen.

Damit Outdoor verändern kann oder Veränderung unterstützt, ist es nützlich, Glaubenssätze oder Aktionen zu etablieren, wie zum Beispiel die Aussage: „Wenn X über das Feuer gehen kann, kann ich es auch." Oder: „Ich habe alle Ressourcen, die ich brauche, um mich zu verändern." Diese Grundannahmen sind, falls erforderlich, auch durch Coaching oder Beratung bewußt zu etablieren.

Outdoor kann Modell für Veränderungsprozesse sein. Manch ein Outdoor-Erlebnis läuft wie ein Veränderungsprozeß ab. Die eigene Kompetenzeinschätzung unterliegt dabei erheblichen Schwankungen, wie sie auch bei der Veränderungskurve gemanagt werden (Buchner, D., Schmidt-Tanger, M., Veränderungscoaching; in Buchner, D., Hrsg., Vision und Wandel, Wiesbaden 1995). Wer zum erstenmal vor einer Steilwand steht, mag sich im ersten Moment gelähmt vorkommen, bevor er innerlich oder laut von sich gibt, daß das nichts für ihn ist (Verneinung), schließlich – die Kompetenz steigt – hat er ja Höhenangst. Aber – die Kompetenz sinkt – eigentlich hat er sich auf dieses Outdoor verpflichtet, und das gehört nun mal dazu (rationale Einsicht), obwohl ... [Verneinung). Da jedoch die anderen Teilnehmer ganz cool den Eindruck erwecken, als wollten sie alle diese Erfahrung unbedingt machen, überlegt er sich, was wäre, wenn er auch bereit wäre ... (Als-ob-Modell), den Schritt zu tun, die Konfrontation mit der Entscheidung anzunehmen, ja oder nein zu sagen und es zu tun (emotionale Akzeptanz) – um dann zu erfahren, auszuprobieren, wie es geht, „gesichert bin ich ja" (Probierphase), um schließlich die Freude über das Ergebnis und die neue Erfahrung, ich habe es getan und weiß jetzt, wie ich es kann, zu erleben und die körperliche Fähigkeit (neu) zu integrieren (Ankern für die Zukunft).

Dieses Veränderungsmodell kann sich in Variationen bei unterschiedlichen Übungen wiederholen und gelernt werden, so wie wir auch erfahren haben, daß ein Stein fällt. Wenn dieser Prozeß so gecoacht wird, daß die Veränderung als eine natürliche und ökologische Entwicklung abläuft, die gewollt war und ein Ziel hatte, können darüber hinaus auch Selbstcoaching-Mechanismen etabliert werden (Modell-Anker).

Veränderung kann aber auch bedeuten, die Veränderungsfähigkeit und den Glauben daran, sich verändern zu wollen, zu verstärken und zu ankern. Wer unmittelbar erfahren hat, daß er es kann (was auch immer), befindet sich in einem guten Ressourcenzustand. Diesen zu haben und nutzen zu können wird für andere Situationen abrufbar, die Kunst eines Coaches, der Ressourcenzustände erkennen und ankern kann, etabliert. Wir nennen diese Utilisierung auch „future pacing", das heißt mit anderen zukünftigen Ereignissen verknüpfen, bei denen diese Ressource gebraucht wird.

So läßt sich Outdoor im Einzelcoaching als komplexe Intervention nutzen. Inwieweit sie auch als gezielte Intervention einzelner Coachingsequenzen einsetzbar ist, muß der Coach entscheiden.

Ein breiter Einsatz wird vom Outdoor für Teambildungen erwartet. Teameffekte sind kurzfristig deutlich erreichbar, mittel- und langfristig müssen sie geankert und durch Teamprozesse, andere Team-Coachings und Transfers stabilisiert werden. Das heißt immer auch, daß andere den Rahmen und die Struktur (zum Beispiel Identität und Auftrag des Teams, Vision und Mission) der Teamveränderungen darstellen müssen (logical level allignment). Erst in einem solchen ganzheitlichen Prozeß wird die volle Wirkung von Outdoors erzielt. Anders ausgedrückt, wir empfehlen heute Outdoor wenn immer möglich für Team-Coachings zu verwenden, aber nur wenn andere wesentliche Teamvoraussetzungen erfüllt sind (Buchner, D., Hrsg., Team-Coaching, Wiesbaden 1995).

Outdoor-Transfer

Es liegt von daher nahe, auch an Outdoor zu denken, wenn komplexe ganzheitliche Systemveränderungen geplant sind. Wenn sich zum Beispiel eine Organisation von einer Bürokratie/Verwaltung zu einer lernenden Organisation (Senge, P., The Fifth Discipline, New York 1993) oder zu einer intelligenten Organisation entwickeln will, dann kann Outdoor hilfreich sein. Die Prinzipien der intelligenten Organisation (Veränderung, Selbststeuerung, Exzellenz, Synergie, Coaching) werden durch Outdoor unterschiedlich unterstützt. Outdoor dient als Katalysator, kann aber allein nichts bewirken, wenn nicht die Systemebene entsprechend vorbereitet ist (Vision, Strategie, Struktur, Anreizsysteme etc.).

Damit sind wir beim Transfer. Outdoor, mehr als andere Trainings- und Coachingmethoden, braucht einen Resonanzboden, der es zur Geltung und in Schwingung bringt. Unter Transfer verstehen wir nicht nur das Coachen und Ankern im Outdoor-Ereignis, sondern die Gestaltung der Umwelt, der Rahmenbedingungen, der geplanten Systemveränderungen. Unter System verstehen wir die zu verändernde Einheit, wie zum Beispiel eine Organisation oder ein Teil einer Organisation. Es gibt immer ein paar oberflächliche Urteile, die Outdoor nur deshalb verteufeln, weil das System den Resonanzboden (noch) nicht hergibt. Outdoor-Ergebnisse können dementsprechend auch nicht umgesetzt werden: im Gegenteil, sie führen zu Frustration und erweisen sich dann eher als Bumerang.

Ist aber dieser Transfer vorbereitet, sind die Herausforderungen real, kann der einzelne, das Team, Netzwerk oder die Organisation sich verwirklichen, dann gibt es gute Beispiele für die Nützlichkeit und effektiven Transfer von Outdoor (aber auch meist verbunden mit Indoor und Coaching).

Wir haben Outdoor zur Bildung von Vertrauen, der Grundvoraussetzung für Delegation und Befähigung, eingesetzt. Diese Nutzung ermöglicht die Vertrauensbildung, die für Teamarbeit, Netzwerke oder Kooperationen notwendig ist. Das Zusammenspiel im Team erfordert aber mehr als das: zum Beispiel gemeinsame Ziele, gemeinsame Prozesse, gemeinsame Spielregeln, wie sie im Camp-Konzept als einer komplexeren Outdoor-Erfahrung erlebt werden können. Der spezifische Transfer geschieht dann am besten, wenn Camp-Gruppen auch Familiengruppen in der Organisation repräsentieren. Manchmal funktioniert der Transfer hier eins zu eins.

Outdoor läßt sich ebenfalls für die Entwicklung neuer Netzwerkstrukturen nutzen. Wenn es sich um neue, etwas dauerhaftere Netzwerke handelt, kann Outdoor im Sinne der Teambildung und Synergie analog angewandt werden.

Die meisten Anwendungen beziehen sich auf die persönliche Exzellenz beziehungsweise werden als solche interpretiert. Outdoor kann den Selbstwert stärken, die eigene Identität neu definieren (verbunden mit Coaching).

Es kann die limitierenden Glaubenssätze zu nützlicheren ausweiten und selbstgesteckte Grenzen überwinden helfen.

Jeder, der teilnimmt, muß sich mit dem Prinzip der Selbstverantwortung auseinandersetzen. Er wird für sich selbst entscheiden und seine Wahl verantworten. Er kann über Schuldzuweisungen im Outdoor wenig bis nichts erreichen. Andere schlechter zu machen macht ihn nicht besser.

Outdoor zieht Akteure an, es fordert heraus. Flüchten kann erlaubt sein, aber dann ist das eine selbstverantwortliche Entscheidung und nicht in der Verantwortung anderer. Niemand muß, wenn er nicht will, und niemand, der will, muß.

Outdoor kann die Ressourcen der Kreativität aktivieren, es kann zu neuen mentalen Modellen provozieren. Was wäre, wenn die Bürokratie ein Dschungel ist? Was wäre, wenn der Dschungel eine Bürokratie wäre? Alle solche Prozesse laufen nach dem Grundprogramm ab, daß Outdoor bestimmte vorhandene Ressourcen aktiviert, die indoor im Beruf oder Privatleben abgerufen werden können, um genutzt zu werden.

Die Integration von Outdoor

So kann Outdoor in Verbindung mit Veränderungsprozessen aufreißen, bewußtmachen, verstärken, verändern, verbessern, vereinfachen.

Da Veränderungsprozesse zielorientiert durchgeführt werden und nichts anderes sind als (ganzheitliche) Unternehmensprozesse, gehören Outdoor-Aktivitäten dazu wie andere Teilprozesse.

Veränderungsinterventionen können auf unterschiedlichen Ebenen stattfinden. Das gilt für einzelne Personen genauso wie für Gruppen, Familiengruppen, Netzwerke und komplexe Systeme. Die Planung von Outdoor-Aktivitäten und Übungen berücksichtigt das Konzept der logischen Ebenen (Bateson, Dilts). Es besagt, daß bestimmte übergeordnete Ebenen die darunterliegenden Ebenen bestimmen. So wird etwa der Kontext eines Konzerns (*Umfeld*), die Identität eines Bereichs und seinen Auftrag (*Mission*) bestimmen. Diese wiederum definieren die Strategie, *Kompetenz* und den Ressourceneinsatz, die die Strukturen und Operation zur Folge haben (*Handeln*). Veränderungen können auf allen Ebenen ausgelöst werden. Um dauerhaft zu sein, müssen sie auf der jeweils höchsten notwendigen und wirksamen Ebene stattfinden.

Outdoor hat seinen Schwerpunkt nicht auf der Handlungsebene, auch wenn es so erlebt wird, sondern eher auf der Glaubensebene, denn es hat starken Einfluß auf das, was jemand über sich glaubt, was er sich zutraut, was ihm wichtig und was ihm unwichtig ist. Dementsprechend wird die Integration von Outdoor-Aktivitäten in ein Weiterbildungsprogramm nicht notwendig sein, wenn es darum geht, operative Routinen zu verändern oder spezifische Fähigkeiten zu trainieren, es sei denn, es handelt sich um solche, die im Outdoor inhaltlich entwickelt werden.

Die Planung von Personal-, Team- oder Organisationsentwicklung wird heute nicht mehr auf Outdoor verzichten. Dazu ist es zu sehr ins Rampenlicht gerückt. Solche Planungen berücksichtigen auch die Tatsache, daß andere Trainings in Sackgassen führen und nicht weiterhelfen. Inzwischen liegen genügend Erfahrungen mit unterschiedlichen Outdoor-Aktivitäten vor, die es möglich machen, gezielte Programme zusammenzustellen.

Teil 1

Erfahrungsberichte

Begeisterung:
Pfahl – Future – V und Feuer

Wolf W. Lasko

Veränderungsprozesse kosten Kraft, aber sie bringen ungeahnte Energie. Ein Paradoxon? Nein. Es gilt nur, den richtigen Hebel zu finden, um Veränderungsprozesse in Organisationen, im Mit- und Gegeneinander von Menschen auszulösen und richtig zu steuern. Diesen Hebel gibt es: Outdoor-Übungen, die über eine persönliche Dramatik (erlebbar) die Veränderung in Gang setzen. Nachhaltig.

Das Outdoor-Projekt ist eine Triade von Übungen. Sie machen im Verlauf des gesamten Veränderungsprojekts zwar allenfalls fünf bis zehn Prozent des zeitlichen Aufwandes aus, tragen aber ganz wesentlich zum schnellen und sicheren Gelingen des Projektes bei. Und: Sie bewirken einen positiven Verankerungsprozeß bei den Menschen, der dem Unternehmen voll zugute kommt.

Unser Ziel ist es, nicht durch Abenteuer und Freizeitvergnügen Belohnungen als Motivationsziel anzubieten. Die Triade der hier vorgestellten Outdoor-Übungen, alle vom Team getragen, verhelfen einzelnen Menschen, ganzen Teams und dem gesamten Unternehmen zu neuem Schwung.

Wir machen jedem einzelnen in logisch sich ergänzenden Übungen deutlich, welche Energie in ihm steckt, und mit welchen einmal gemachten Erfahrungen er seine persönliche Zielsetzung erweitern, Initiativen ergreifen und kraftvoll durchsetzen kann.

Für diese Aufgaben haben sich Outdoor-Übungen und -Seminare als sehr effektiv erwiesen. Solche Übungen verlangen persönliche Grenzüberschreitungen und bewußte Entscheidungen dazu.

Wichtig für jede Veränderung ist das Selbstwertgefühl, die Veränderung zu wollen, und das Selbstbewußtsein, sie auch meistern zu können. Dazu müssen einige Grundvoraussetzungen bekannt sein und beherrscht werden.

Es geht dabei darum, daß jeder einzelne

▶ lernen kann, sein eigenes Selbstwertgefühl immer wieder von neuem erfahren zu wollen;

▶ jederzeit bereit ist, in sein Innerstes zu sehen und seine eigenen Gefühle, Wünsche, Sehnsüchte zu erkennen und sie zu akzeptieren;

▶ nie aufgeben will, entsprechend seiner inneren Stimme zu handeln;

▶ erfährt, daß seine Wünsche erfüllbar sind und daß er daraus ein reiches, wunderschönes Leben kreieren kann;

▶ spürt, daß er sich seine eigene Wirklichkeit erschafft;

▶ erkennt, daß er nur dann wirklich lebt, wenn er die volle Verantwortung für das so kreierte Leben und die daraus resultierenden Auswirkungen auf seine Umgebung übernimmt;

▶ erlebt, daß Lust am Spiel und spielerische Fröhlichkeit die eigentliche Vorstufe zur absoluten Erleuchtung sind – wie war das: Lachen ist gesund!

Nachfolgend stelle ich die Triade von Übungen vor, die mit wohldosierten Herausforderungen wie ein Turbolader wirken und einen Quantensprung auslösen können. Dabei

▶ wird zuerst jeder Teilnehmer einzeln seine persönliche Zielsetzung, sein Commitment gegenüber sich und dem Unternehmen machen;

▶ erfahren Zweierteams gegenseitiges Vertrauen und Verstehen, das Sich-Hineinfühlen in den anderen;

▶ ist schließlich das gesamte Team gefordert, Teamwork zu leisten und zu erfahren.

Die Grenzüberschreitung des einzelnen: der Pfahl

Der „Pfahl" ist ein zwölf Meter hoher Baumstamm. Im unteren Teil hängt eine Strickleiter, oben sind Eisenkrampen befestigt, ganz oben befindet sich eine Plattform mit einer Kantenlänge von etwa 30 Zentimetern. Von dort aus muß der Kandidat im Sprung ein (Zirkus-)Trapez erreichen; natürlich ist er bei der ganzen Aktion durch Seile gesichert.

Unten stehen die anderen und unterstützen ihn, leben Teamgeist vor: „Ich schaffe es – er schafft es – wir schaffen es!"

Die Übung beginnt: Der Kandidat will hinauf. Dazu muß er zunächst sein eigenes Gewicht in die Höhe bekommen. In dieser Strickleiterphase ist Umkehren genauso möglich wie Weiterklettern. Es bleibt eine Wahl: Wenn er hoch will, muß der Kandidat mit den Widrigkeiten der Strickleiter fertig werden, um die Sicherheit der Eisenkrampen in der Höhe zu gewinnen!

Endlich die Eisenkrampen. Der Blick zurück kann schwächen, jeder negative Gedanke nimmt die Power, die der Kandidat noch braucht: Erstens ist er jetzt schon nahe am Ziel, zweitens würde der Abstieg ja wieder über die schwankende Strickleiter gehen. Und nicht zu vergessen: Auch über die Krampen muß er sich mit eigener Kraft hochziehen, er wird sich seines Gewichtes noch einmal bewußt.

Und dann kommt die ganz große Herausforderung: Er zieht sich über den Rand der kleinen Plattform hoch, die kaum größer ist als sein Schuh. Erst einen Arm, dann den zweiten – kein Platz mehr für die Füße, keine Chance, sich irgendwo weiter hochzuhangeln, sich irgendwo festzuhalten.

Wer kraftvoll denkt, hat Stärke und kommt sicher in den Balance-Zustand. Wessen Wille schwankend ist, wird auch diese Balance nur schwerlich erreichen. Wer allerdings negativ eingestellt ist, muß tatsächlich mit einigen – auch körperlichen Schwächen – fertig werden.

Wieder das Bild des Lebens dazu: Auf ein Ziel hinzuarbeiten mag ja noch angehen. Aber hat sich der Kandidat wirklich vorstellen können, was passiert, wenn er dicht vor dem Ziel ist? Wenn er keine Stütze mehr vorfindet außer seiner eigenen Balance? Will er diese Gefahr wirklich auf sich nehmen? Es ist so: Erst kurz vor dem Ziel erkennen einige, was es heißt, das Ziel wirklich zu erreichen; kurz vor dem Ziel verzagen viele, bekommen das große Zögern und Zaudern, können aber − zumindest in dieser Übung − nur schwer wieder zurück und bleiben deshalb sehr unglücklich kurz vor dem Ziel hängen. Eine Situation, die Präsenz fordert.

Endlich oben angekommen und dort das innere Gleichgewicht finden! Das gibt die gewaltige Kraft.

Die Plattform in schwindelnder Höhe, oben auf einem Pfahl, zu besetzen und dort zu stehen, kostet noch einmal jede Menge Überwindung − zwölf Meter Höhe − das entspricht gut und gern einem vierstöckigen Haus.

Und dort oben steht jetzt der Kandidat, er versucht sich aufzurichten, jeder kleine Wind scheint ihn umzupusten. Unten, weit entfernt, feuert ihn die Gruppe an: „Ich schaffe es − er schafft es − wir schaffen es!"

Mit einem wahnsinnigen Kribbeln in der Magengegend richtet sich der Kandidat auf, ganz langsam, balancierend, das Zittern in seinem Körper macht ihm noch zu schaffen. Er versucht, ruhig zu atmen, seinen Pulsschlag wieder auf normal zu drosseln. Bis er endlich ruhig aufrecht steht, sein Gewicht konzentriert auf seine Beine verteilt, mit den Armen ausgleichend. Er hat es geschafft, er hat das schier Unmögliche vollbracht, seine Angst besiegt, seine Kraft erkannt und genutzt: Er hat sich von der Erfahrung seines Körpers leiten lassen, und er hat die Kraft seines mentalen Modells, seines Glaubens an sich und das, was ihm die Energie zur Grenzüberschreitung gibt, gespürt. Und siehe da − er hat das Ziel tatsächlich erreicht, er hat es geschafft!

Das erfüllt ihn mit einer vorher nie gekannten Energie, mit einem gewaltigen Glücksgefühl: „on top" zu stehen.

In dieser Situation kann er sich über sein persönliches Ziel bewußt werden, das er immer schon erreichen wollte, wozu er bislang die Grenzüberschreitung nicht machte. Und die Gruppe am Boden feuert ihn an dabei, sagt ihm, er solle sich sein persönliches Ziel ganz bildlich vorstellen und das Gefühl, das sich einstellt, wenn er es erreicht hat. Ein Ziel, das im persönlichen wie im beruflichen Umfeld liegen kann. Auf dieses Ziel soll er sich konzentrieren und sein Ziel als Bild vor Augen führen.

Das Ziel ist formuliert. Nun gilt es, das Ziel auch erreichen zu wollen, es anzugehen, es zu „tun". Das ist der Sprung. Das ist der Quantensprung. Er erfordert erneut alle Willenskraft und ein Höchstmaß an Konzentration.

Das Wesentliche bei dieser Übung ist der Sprung in die richtige inhaltliche Richtung: Haben sie sich wirklich auf das Ziel konzentriert? Haben sie das – vorher formulierte, persönliche – Ziel wirklich erreichen wollen? Das sind dann die Fragen, denen sich die Kandidaten stellen müssen. Der Sprung ist entscheidend, nicht das Trapez.

Und: Der Sprung aus großer Höhe ist wiederum eine körperliche Erfahrung und nichts anderes als großer Triumph – ein Luftsprung der Freude. Hier visiert der Kandidat sein Ziel an, fliegt darauf zu, trifft es und erreicht sein Ziel fast spielerisch. Das prägt sich in den Körper ein. Auf ewig, aufs stärkste verankert.

Eine gewaltige Erfahrung, zwölf Meter über dem Boden das vollbringen, was sonst nur Artisten gelingt ... Diese Erfahrung, diese Analogie, wird im Körper etabliert und findet den Weg über den Körper in Kopf und Herz. Eine brillante Form von Commitment.

Die Grenzüberschreitung des einzelnen: „Future"

Die Übung „Future" sieht zunächst nicht vergleichbar aus, aber die Langzeitwirkung ist im Anschluß an die Pfahl-Übung noch intensiver. Bei der „Future"-Übung geht es darum, immer wieder in der Gegenwart den richtigen Schritt in die Zukunft, in das Morgen zu wagen.

Zwischen zwei hohen Masten ist ein Seil gespannt, über das der Kandidat (natürlich wieder gesichert) geht. Weil nun nicht jeder auf einem Seil gehen gelernt hat, sind in Griffhöhe des Kandidaten Trapeze angebracht, an denen er sich entlang hangeln kann. Etwa in Mitte des Seils ist der Abstand zwischen den Trapezen plötzlich größer: Der Kandidat muß mehrere Schritte ohne Haltepunkte balancieren, bis er das nächste Trapez erreicht.

Die drei Abschnitte der Übung sind:

▶ an Trapezen entlang vorwärts tasten;

▶ ungesicherte Schritte zum nächst erreichbaren Trapez machen;

▶ dann wieder Trapeze zur Unterstützung zu erreichen, symbolisieren Vergangenheit, Gegenwart und Zukunft.

Auch hier gilt: Wer positiv denkt, findet Kraft und Balance. Wer negativ eingestellt ist, dem fehlen diese wichtigen Ressourcen von Körperharmonie und Stärke.

Der spannende Augenblick: In der Mitte müssen einige Schritte freihändig getan werden – in der Gegenwart braucht es Mut und Besonnenheit, die richtigen Schritte in die Zukunft zu gehen.

Das ist viel schwieriger, als es aussieht: Bislang hat der „Seilgänger" ja nur mit Mühe seinen Weg geschafft: Entweder er hat sich mit der Kraft seiner Arme an den Trapezen gehalten, oder er hat sein Körpergewicht auf dem Seil ausbalanciert und das Trapez nur noch als Sicherheit genutzt – beides geht nicht.

Vermutlich werden die meisten die Kraft der Arme genutzt haben.

Aber jetzt, in der Mitte, müssen sie plötzlich der eigenen Balance vertrauen.

Und sie sehen: Das nächste Trapez ist nicht – wie bei der Pfahl-Übung – mit einem kühnen Sprung zu erreichen, dazu ist es zu weit weg, die Absprungbasis (das Seil) ist auch nicht so fest wie die Plattform, das Seil würde beim Absprung nachgeben, das Ziel wäre mit Sicherheit verfehlt.

Die Metapher: Die anvisierte Zukunft (Entwicklung) ist heute nicht mit einem waghalsigen Sprung, mit verzweifelter Kühnheit, sondern nur mit Mut und Besonnenheit, Konzentration und Geschicklichkeit sicher zu erreichen.

Gefragt sind Mitarbeiter mit dem Denkmuster

- zukunftsorientiert
- lösungsorientiert
- optimistisch
- „hin zu"

und nicht

- vergangenheitsorientiert
- problemorientiert
- pessimistisch
- „weg von"

Und genau das erfährt der Kandidat mit allen seinen Sinnen, mit all seiner Körperlichkeit, mit all seinen Überlegungen.

Das ist aber die Erfahrung, die dem einzelnen auch langfristig die Kraft verleiht, in nahezu ausweglosen Situationen Besonnenheit zu zeigen, Mut zu entwickeln und die nächsten Schritte konzentriert und voller Selbstvertrauen auf das eigene Können und die eigenen Erfahrungen auch zu gehen und nicht bei den Problemen der Vergangenheit oder Gegenwart zu verweilen.

Die gemeinsame Grenzüberschreitung mit einem Partner: „V"

Die ersten Übungen der Triade, Grenzüberschreitungen für eine Person (Teil 1), haben den Sinn, sich auf die persönlichen, auf die individuellen Stärken zu besinnen und in hoher Konzentration das Überwinden der irgendwann einmal selbst gesetzten Grenzen zu üben, zu erproben und zu können. Noch einmal: Es geht hier nicht um abenteuerliche Mutproben, sondern um das systematische und gezielte Training, eigene Potentiale zu wecken und exakt in das persönliche Leben und in den Unternehmensalltag zu übertragen.

Nur vor diesem Hintergrund und in der logischen Ergänzung der Übungen für den einzelnen sind die Übungen für zwei Personen zu verstehen.

Was ist bis dahin passiert: Die Gruppe hat bereits die Übungen für den einzelnen erfolgreich absolviert. Jeder in der Gruppe hat am eigenen Leibe erfahren, daß es für ihn möglich ist, auch Dinge zu vollbringen, die man zunächst für unmöglich hält. Der einzelne ist also diesbezüglich fit und voller Hochspannung, seine neu erworbenen Fähigkeiten auch zu erweitern, im Kontext mit anderen einzubringen, neue Erfahrungen und Erkenntnisse hinzuzufügen und das Erlernte/Erfahrene auf neue Art und Weise zu festigen.

Exakt diese Zielintegration ist es aber, die für Unternehmen im Zuge ihres Veränderungsprozesses so unendlich wichtig ist.

Die erste Übung in Teil 2 heißt „V". Und so geht's: Zwischen drei Pfählen (Bäumen) sind V-förmig zwei Seile gespannt. Zwei Kandidaten beginnen, sich gegenseitig mit den Armen stützend, dort, wo die beiden Seile in spitzem Winkel aufeinander treffen. Dann bewegen sie sich gleichzeitig – jeder auf seinem Seil – schrittweise in Richtung des offenen (Seil-)Dreiecks.

Eines ist klar: Irgendwann fallen sie. Denn die Seilabstände sind an der offenen Seite des Dreiecks so groß, daß die beiden keine Chance mehr haben, sich zu halten.

Wo liegt dann der Sinn der Übung? Ganz einfach, Antworten auf die Frage zu finden, wie kann ich mich auf den Partner einstellen? Wie unterstützen wir uns? Wie weit kommen wir gemeinsam? Was macht den Unterschied zum Einzelgänger? Wichtig ist hier, einander mehr Vertrauen und Stärke zu geben, die Kraft des anderen an sich selbst zu empfinden und den anderen die eigene Kraft spüren zu lassen. Da spüren beide, wie groß die gegenseitige Vertrauensbasis ist, wie sie Schritt für Schritt vergrößert werden kann und vor allem: Was können zwei zusammen tun, was zwei einzelne nicht schaffen?

Die gemeinsame Grenzüberschreitung mit einem Partner: „Crossing"

Nach dem selben Muster verläuft auch die nächste Übung, „Crossing": Zwei Kandidaten gehen auf einem Seil erst aufeinander zu und dann aneinander vorbei. Auch hier wieder besteht die Übung darin, möglichst lange und einvernehmlich das Ziel, am jeweils anderen Ende anzukommen, zu verfolgen.

Diese Ergebnisse werden sich einstellen:

- gleiche Wellenlänge
- Rücksicht
- auf den anderen eingehen
- in den Schuhen des anderen gehen
- die Welt des anderen begreifen

und zunächst atemlose Bewunderung für die, die es schaffen. Und auch darüber kann man sicher sein: Erfolg verführt zum Nachahmen, alle wollen es probieren — bis alle es schaffen.

Gerade dieses Erfolgserlebnis hat Symbolkraft für die Abläufe in einer Organisation schlechthin: Ist das nicht ein gewaltiger Erfolg, wenn ein Team – nur auf sich selbst gestellt – durch Absprache und gegenseitiges Stützen und Vertrauen zu kaum glaublichen Leistungen fähig ist und das Ganze so angeboten wird, daß andere Teams sich zum Nachmachen aufgefordert fühlen? Besser und direkter (weil körperlich begreifbar) kann man es gar nicht schaffen, Motivation auf der ganzen Breite der Leistungspalette einer Organisation zu erzielen.

Grenzüberschreitung im Team: Die Wand

Noch mehr als die Übungen für den einzelnen, schaffen die Übungen für zwei das Teamerlebnis des Erfolgs. Es geht darum, durch persönliches Einfühlen in den anderen, das Erfahren der Stärke des anderen und die Hinzugabe der eigenen Fähigkeiten Erfolge erzielen zu können.

Was zu zweit noch relativ einfach möglich ist, nämlich das intensive Einfühlungsvermögen und genau abgestimmte Bewegungsprozesse, ist bei mehreren schon ein recht schwieriges Unterfangen. Aber auch das geht nach den vorangegangenen Erfahrungen leichter als im normalen beruflichen Alltag.

Die „Wand" ist deshalb eine der Übungen, die am stärksten Veränderungsprozesse in Gruppen deutlich und erfahrbar machen kann. Ziel der Übung ist es, daß die gesamte Trainingsgruppe ohne weitere Hilfsmittel oder Werkzeuge eine etwa vier Meter hohe glatte Bretterwand überwindet.

Das verlangt zunächst einmal ein Höchstmaß an gegenseitiger Rücksichtnahme und Sicherheit – und das muß allen klar werden: Keiner darf sich verletzen, alle müssen heil über die Wand und auf der anderen Seite wieder herunterkommen.

Aber genau das ist Illusion – und die Metapher für das Leben in einer Organisation: Jeder glaubt, wenn die Wand erst einmal erklommen ist, ist das Ziel erreicht. Mitnichten. Denn es gilt ja auch, auf der anderen Seite wieder sicher den Boden zu erreichen! – Alle, nicht einer …

Neu und wichtig: Beim einzelnen entscheidet der einzelne über seinen Erfolg allein. Beim Zweierteam sind es zwei, die sich aufeinander einspielen können. Und das ist – wenn auch schwieriger – noch gut beherrschbar. Aber bei einer Gruppe geht die Übersicht schnell verloren, da bedarf es des intensiven Abstimmungsprozesses über die gemeinsame Strategie im Team. Und um die Sicherheit aller müssen sich alle verantwortlich kümmern.

Gerade das zeigt, was im Eifer des Gefechts oft übersehen wird: Keine Situation, keine Chance ist es wert, daß dadurch einzelne Teammitglieder oder der Erfolg im Team gefährdet werden. Ein Lernprozeß, der schnell und nachhaltig von der Gruppe als Ganzes begriffen wird.

Krönung: Der Feuerlauf

Ziel der Übungen war, die Teilnehmer zu neuem Verständnis von Veränderungen zu führen und sie selbst erleben, erfahren zu lassen, welch ungeheure Energie sie selbst dabei empfinden und freisetzen können. Jetzt geht es noch darum, die Triade und die daraus gewonnenen Erkenntnisse dauerhaft zu verankern, das Commitment gegenüber den beruflichen und privaten Zielen im Veränderungsprozeß zu besiegeln.

Der Lauf über glühende Kohlen ist in allen Kulturen in der einen oder anderen Form bekannt. Der Feuerlauf ist ein Prozeß, der mit Präsenz, Konzentration und Mut zu tun hat. Ergebnis: ein ritueller Höhepunkt.

Feuerlauf: Mut, Konzentration und Präsenz – der bleibende Abschluß einer intensiven Woche, bei der es galt, Kraft zu gewinnen und freizusetzen für Veränderungen. Veränderungen in der Persönlichkeit, im Erleben der Stärke des anderen, im Verändern von Prozessen in Organisationen.

Das Unmögliche ist möglich geworden. Was ist nun noch möglich? Alles! Alles, was sinnvoll ins persönliche und unternehmerische Leben paßt. Alles, wozu ich mein Wort gebe. Der Quantensprung – er ist geschafft.

Teamarbeit:
Das „Fokus-Camp" –
Ein Team wächst zusammen

Susanne J. Gebhardt

„Wer überholen will, muß aus der Normalspur heraus" – und draußen waren sie tatsächlich, die 18 Manager eines großen, international tätigen Konzerns der Automobilzuliefererbranche, draußen in der freien Natur im Nordschwarzwald.

Sichtbares Ergebnis des mehrtägigen Lebens und Arbeitens im Freien: zwei Hochsitze zur Wildbeobachtung aus einer stabilen Holzkonstruktion. Nicht sichtbares Ergebnis: unter anderem ein gewachsenes Zusammengehörigkeitsgefühl über organisatorische Grenzen hinweg, mehr Offenheit und Vertrauen im Umgang miteinander und die Erkenntnis, daß eine andersartige Umgebung und ungewohnte Herausforderungen essentielle Fähigkeiten des einzelnen wecken und vertiefen.

Das Winner's-Edge-Fokus-Camp ist ein innovatives Instrument der betrieblichen Personal- und Organisationsentwicklung. Es steht für ein erfahrungs- und erlebnisorientiertes Projekt, das inhaltlich an der Schnittstelle zwischen Persönlichkeitsentwicklung und Teamprozessen angesiedelt ist und sich auf eine Aufgabe fokussiert, die ganzheitlich zu lösen ist. Das Fokus-Camp spricht den „ganzen Menschen" mit seinen fünf Sinnen an und ermöglicht damit ganzheitliches Erleben und Lernen. Die intensive körperliche Erfahrbarkeit des Lernprozesses, das heißt seine kinästhetische Repräsentation, ist die Besonderheit des Camps – visuelle, akustische und sogar olfaktorische Eindrücke runden die Erfahrung ab.

Das Fokus-Camp ist eine Metapher für Teamarbeit, ein „Realitätsspiel", in dem Menschen indirekt und unbewußt viele Dinge lernen, die sie in ihrer täglichen Zusammenarbeit brauchen. Das Fokus-Camp bildet analog die Prozeßstrukturen des Arbeitsumfeldes ab.

Der Fokus: eine gemeinsame Aufgabe

Die sogenannte „Projektaufgabe" gilt es, von der Gruppe innerhalb einer festgelegten Zeit (in der Regel vier bis sechs Tage) komplett zu bewältigen. Kriterium hierfür ist die Fertigstellung, wobei alle zur Verfügung stehenden Ressourcen optimal zu nutzen sind! Die Projektaufgabe steht im Fokus-Camp für die eindeutige Definition des gemeinsamen Teamziels. Projektaufgabe kann zum Beispiel konkret heißen: Bau einer Brücke, Bau von Hochsitzen, Anlage eines Biotops, Restaurierung einer Berghütte, Pflanzen von Bäumen oder Reben, Bau eines Floßes oder eines Abenteuerspielplatzes – der Kreativität sind keine Grenzen gesetzt, und die Verantwortung der Gruppe für die selbstorganisierte Verpflegung aller Teilnehmer gehört in jedem Fall dazu.

Natürlich wird die Projektaufgabe vor Beginn des Camps gemeinsam vom Team-Coach mit der Gruppe vorbereitet und geplant; dazu gehört zum Beispiel die Beschaffung von Werkzeug, Ausrüstung und Verpflegung für mehrere Tage genauso wie die Abstimmung mit und die Genehmigung durch die örtlichen Ansprechpartner (Ordnungsamt, Revierförster, Polizei etc.). Die gemeinsame Vorbereitung des Camps mit einer Projektgruppe aus dem Teilnehmerkreis fördert Neugier, Interesse, Motivation und Identifikation und ist somit ein wichtiger Teil des Teamprozesses – ebenso wie die abschließende Nachbereitungsphase. Dadurch wird Camp zum Lernprozeß und ist nicht Fremdkörper, Episode im Leben. Die entsprechende Würdigung möglicher Einwände und Bedenken aus Sicht der Teilnehmer gehört ebenfalls in die Vorbereitungsphase. So ist die Atmosphäre während der Planungsphase gekennzeichnet durch eine positive, gespannte Erwartungshaltung aller Teilnehmer und der Team-Coaches.

Im Camp gelten für die Durchführung der Projektaufgabe ein paar essentielle Spielregeln, zu denen sich alle Teilnehmer committen:

▶ Ein klarer Zeitrahmen, der die Projektaufgabe strukturiert und zeitlich limitiert.

▶ Tägliche Auslosung der Rollen der Teilnehmer im Rahmen des allgemeinen Organisationskonzeptes, das die Gesamt-gruppe in aufgabenbezogene Projektteams unterteilt (zum Beispiel mehrere Bauteams, ein Serviceteam). In jedem Pro-jektteam gibt es einen Teamleiter. Daher ergeben sich im rollierenden Prinzip täglich wechselnde Zusammensetzungen der unterschiedlichen Teams. Die Teilnehmer haben dadurch den Vorteil, sich und andere in unterschiedlichen Rollen erleben zu können sowie ihre Flexibilität und Integrations-fähigkeit zu überprüfen.

▶ Tägliche Wahl des „Tagesleiters", der für jeweils einen Tag „ergebnisverantwortlich" ist. Ihm obliegt auch, je nach Aufga-benstellung, die Schaffung eines speziell geeigneten Organisa-tions- und Führungskonzeptes für das Camp, das zum Beispiel Grundsätze und Werte der Zusammenarbeit, Informations-und Entscheidungsstrukturen sowie Arbeitsorganisation und Motivation umfaßt.

Beispiel für eine Projektaufgabe aus einem Camp

Aufbauend auf den noch „zu Hause" durchgeführten Vorgesprä-chen im Kreise des „Planungskomitees" machen sich die Manager eines großen Automobilzuliefererkonzerns, angekommen im Camp, frisch ans Werk. Als Basis-Camp dient eine einsam gelegene Wanderhütte, die einen großen Schlafsaal mit Etagenbetten, einen kombinierten Eß- und Versammlungsraum sowie eine Miniküche mit Propangaskocher, die von „Speedy", dem Siebenschläfer, bewohnt wird, umfaßt. Waschgelegenheit bietet die Wasserpumpe am Brunnen vor der Hütte, die jeweils in den frühen Morgenstunden vor dem Erwachen der männlichen Kollegen von den beiden weiblichen „Campern" frequentiert wird. Bei den in dieser Jahreszeit morgendlichen maximal zehn Grad Außentemperatur wahrlich eine erfrischende Angelegenheit! Wer hier den prospektüblichen Standard eines Fünf-Sterne-Erlebnisurlaubs mit integriertem und wohlabgefedertem Überlebenstraining in der goldenen Sänfte erwartet, würde sich angesichts solcher äußerer Bedingungen enttäuscht sehen. Die Teilnehmer jedoch sehen dies nicht als Mangel an Komfort, sondern im Gegenteil als integralen Bestandteil eines vor ihnen liegenden Abenteuers.

Der erste Abend dient dem Vertrautwerden mit der Umgebung, der Vereinbarung der Spielregeln sowie der Auslosung der Rollen für den folgenden Tag. In diesem Fall besteht die Projektaufgabe darin, aufbauend auf einer bereits vom Forstamt vorbereiteten Grobskizze in der zur Verfügung stehenden Zeit zwei Hochsitze zu errichten, die an zwei unterschiedlichen Standorten im Waldgelände auf einem Holzgerüst in jeweils circa zwölf Meter Höhe eine wettergeschützte Kanzel bieten (als handwerklicher Berater steht uns zeitweilig ein erfahrener Jagdaufseher zur Verfügung). Zu diesem Zweck bilden wir drei Teams: Bauteam I, Bauteam II sowie ein Service- und Verpflegungsteam, die sich noch am ersten Abend zur ersten Teamsitzung treffen. Die Teamleiter moderieren den Teambildungsprozeß und die Detailplanung der Teamaufgaben.

Am nächsten Morgen treten 16 Männer und zwei Frauen in Arbeitskleidung an. Äußerlich sichtbares Zeichen der Verbundenheit miteinander: die blaue Baseballmütze mit Firmenemblem. Der erste volle Camp-Tag beginnt mit dem Fällen und Entrinden der markierten Bäume. Spätestens jetzt zahlt sich das Training im Umgang mit Motorsägen und Schäleisen aus, das in der Vorbereitungsphase stattfand. Anschließend wird das Baumaterial zu den Bauplätzen transportiert. Nachdem so schon der erste Tag vergangen ist, beschäftigt wohl jeden die bange Frage: „Werden wir es schaffen, oder wird die Zeit nicht reichen?" Manch einer glaubt, schon zu diesem Zeitpunkt die Grenzen seiner körperlichen Leistungsfähigkeit erreicht zu haben. Abends werden wiederum neu die Rollen und Teams für morgen ausgelost. Einige sind ein bißchen traurig darüber, wenn das Los entscheidet, daß sie am folgenden Tag nicht wieder an „ihre" Baustelle dürfen.

Der nächste Tag beinhaltet die Konstruktion der Tragegerüste für die Kanzeln sowie den Bau der erforderlichen Leitern. Bei der Aufrichtung der circa acht Meter hohen Tragegerüste werden wir von den Mitgliedern der örtlichen Freiwilligen Feuerwehr tatkräftig unterstützt.

Der dritte Tag beinhaltet den Bau der Kanzeln sowie das Auflegen der Dächer in doch recht luftiger Höhe. Einigen wird allein bei Anblick der Kollegen, die dort in circa zwölf Meter Höhe unter schwierigen Umständen werkeln, recht mulmig in der Magengegend. Doch spätestens seit einem „Mini-Unfall" am ersten Tag ist allen bewußt, daß die Sicherheit der Teilnehmer an erster Stelle steht. Und so ist es für die Kanzelbauer selbstverständlich, sich gegenseitig mit Seilen zu sichern und im wahrsten Sinne des Wortes Verantwortung zu übernehmen. Verantwortung für das eigene Leben ebenso wie für das Leben des Kollegen. Eine fundamentale Erfahrung, die ungeheuer zusammenschmiedet!

Am Abend des dritten Tages werden die fertigen Hochsitze feierlich vom gesamten Team eingeweiht und die mit Liebe handgeschnitzten Gedenktafeln angebracht. Ein besonderer Dank geht nochmals an die Mitglieder der Service- und Verpflegungsteams, die mit liebevoller Fürsorge und kreativen kulinarischen Ideen die „Bauarbeiter" bei Kräften hielten. Obwohl die Blasen an den Händen und die Schulterschmerzen von der ungewohnten körperlichen Belastung nicht wegzudiskutieren sind, drückt sich in diesem Augenblick Begeisterung, Stolz und tiefe Zufriedenheit in den Gesichtern aller aus angesichts der gelungenen und fertigen Hochsitze. Was zu Beginn kaum jemand für möglich gehalten hatte, nämlich daß die Projektaufgabe innerhalb des gesetzten Zeitrahmens zu erfüllen sei, ist nun dank der Anstrengung aller dennoch vollbracht. Und nach dem letzten Abend mit Singen, Abschiedsessen, Tanzen, Feiern und Lobesrede spürt wohl jeder auch ein bißchen Wehmut.

Reflexionsphasen am Abend

Erst der vierte Baustein, die Reflexionsphase am Abend, machen das Camp-Konzept rund: Neben der Natur, der Projektaufgabe und den Spielregeln bilden die Reflexions- und Transferphasen am Abend den vierten wichtigen Baustein des Camp-Konzeptes. In den abendlichen Auswertungen werden die Tageserlebnisse und -erfahrungen besprochen und geankert. Ein Blick in die Runde zeigt dabei stets müde und gleichzeitig lebendige Gesichter, in denen sich Anstrengungen und Turbulenz, aber auch Begeisterung und Stolz auf das Geleistete widerspiegeln. Ziel der vom Coach moderierten Besprechungen am Abend ist es, gemeinsam in der Gruppe die positiven Erlebnisse des Tages dauerhaft zu ankern, sich gegenseitig Feedback zu geben und vor allem Parallelen und Transfermöglichkeiten der Camp-Erfahrungen zum betrieblichen Alltag zu erkennen.

Themenbezogene Kurzvorträge, Gruppenübungen, Spiele und Einzelarbeiten runden die abendlichen Plenumsgespräche ab. Im Ganzen ist der Tagesablauf im Camp gekennzeichnet durch einen hohen Grad an Einbindung aller in unterschiedliche Gruppenaktivitäten, was an die Integrationsfähigkeit und -bereitschaft des einzelnen intensive Ansprüche stellt.

So mag es vielleicht zunächst überraschend klingen, daß die kurze „Freizeitphase" nach dem Abendessen und der Tagesreflexion, bevor man sich zum Schlafen in den Schlafsaal oder die Zelte zurückzieht, keineswegs genutzt wird, um mit sich allein zu sein. Vielmehr drückt sich die Begeisterung der Teilnehmer für das im

Camp neu entstandene Gemeinschaftsgefühl in ausgelassenen „Spontanfeten" bis zum frühen Morgen oder auch in intensiven, vertrauensvollen Vier-Augen-Gesprächen aus, die meist ein neuer Grad an Offenheit auszeichnet. In diesem Rahmen mag auch schon so manches vor sich hergeschobene, bisher ungeklärte Problem oder Konfliktgespräch auf Kollegenebene, so manches „unfinished business" geklärt worden sein.

Typische Camp-Situationen

Durch diesen spannungsreichen Wechsel von Aktion und Reflexion entstehen im Verlauf des Camps typische Situationen, die das Lernen und die Entwicklung der Teilnehmer fördern:

▶ Situationen, in die sich kaum jemand einmal von selbst begeben würde, daher aber auch kaum die beglückende Erfahrung machen würde, daß Menschen weit mehr zu leisten in der Lage sind, als sie sich selbst und anderen zugetraut hätten.

▶ Situationen, die Selbstmanagement und Führung unter ungewohnten und oft völlig neuen Umweltbedingungen erfordern, wo Irritation Kreativität freisetzt, wo alte Denkmuster bewußt gemacht und überprüft werden, wo die üblichen Abwehr- und Verdrängungsmechanismen nicht mehr greifen.

▶ Situationen, die Grenzerfahrungen und auch subjektiv erlebte Angst und Gefahr beinhalten, die es nötig machen, mit Unsicherheit und Streß bewußt umzugehen, die zwingen, die „Maske fallen zu lassen", in denen aber auch gerade dadurch erlebt werden kann, daß Verantwortung, Offenheit, Ehrlichkeit und ein unmittelbares Feedback Grundlagen einer dauerhaft erfolgreichen und emotional befriedigenden Zusammenarbeit sind.

▶ Situationen, die keinen aufgesetzten Planspielcharakter haben, sondern einen hohen Grad an Ernsthaftigkeit und Realitätsnähe. Situationen, die tief in der Erinnerung bleiben und sich nachhaltig im „emotionalen Gedächtnis" verankern.

▶ Situationen, die das natürliche Bedürfnis der meisten Menschen nach Neugier, Abenteuer und Spannung erfüllen und damit die Herzen der Menschen erreichen und nicht nur die Köpfe, ohne dabei im mindesten oberflächlich und rein freizeitorientiert zu sein.

Vier Tage Fokus-Camp – und was bleibt?

Stellvertretend für viele andere Camp-Teilnehmer beschreiben die verantwortlichen Manager des Automobilzulieferers die Resonanz einige Monate danach wie folgt:

„Wir haben Teamgeist und optimal funktionierende Teamarbeit live erlebt und nicht nur über Wir-Gefühl geredet. Seitdem ist eine tolle Entwicklung in der Zusammenarbeit passiert, wir haben häufigere und bessere Kontakte untereinander, es gibt mehr Offenheit und Vertrauen im Kollegenkreis, und die Arbeitsatmosphäre ist seit diesem Erlebnis locker und unverkrampft. Der Schulterschluß ist vollends gelungen, das Zusammengehörigkeitsgefühl ist gewachsen. Wir können heute unsere Beziehungen bewußter gestalten und sind in schwierigen Situationen in der Lage, uns gegenseitig aufzubauen und uns Motivation und Kraft zu geben. Wir fühlen uns als Einzelpersonen stärker verantwortlich für den Teamerfolg. Der Transfer der Camp-Erfahrungen ist außerordentlich hoch – bis zu 80 Prozent ist in der Praxis umsetzbar."

Und zu den Reaktionen im Kreis der Kollegen, die nicht dabei gewesen waren:

„Es gab nirgendwo negative Reaktionen, doch die Erfahrung ist für Außenstehende, für Nicht-Dabeigewesene, schwer nachvollziehbar. Wenn wir davon berichten, sehen wir in ungläubige und staunende Mienen."

So repräsentiert das Fokus-Camp weit mehr als Lagerfeuerromantik und Pfadfinderidylle, obwohl allein die Schönheit und Faszination des Draußenlebens wohl jeden begeistert. Wer sein Hauptaugenmerk vorwiegend auf spektakuläre Aktivitäten à la Überlebenstraining legt, liegt innerhalb des Camp-Konzeptes vollständig falsch. Der Nutzen von Camp als Instrument zur Persönlichkeits-, Team- und Managemententwicklung liegt vielmehr in der Identifikation und der Vermittlung von Schlüsselqualifikationen, indem Schlüsselerlebnisse auf kinästhetischer Ebene geschaffen werden, die einen wesentlich tiefergehenden Veränderungsprozeß bei den Teilnehmern einleiten, als es rein auf die kognitive, intellektuelle Ebene reduzierte Ansätze vermögen. Dies ist mit den herkömmlichen Methoden der Aus- und Weiterbildung nur schwer zu erreichen.

Anwendungsbereiche des Camp-Konzeptes

Die Anwendungsbereiche des Fokus-Camp-Konzeptes im Rahmen der Personal- und Organisationsentwicklung sind vielfältig. Das Fokus-Camp vermittelt Qualifikationen, die bei der Teamentwicklung unverzichtbar sind. Reorganisationsprozesse, deren vordringliches Anliegen immer das Zusammenführen von Menschen sein muß, lassen sich gezielt begleiten und positiv gestalten. Nur wer sich selbst kennt, wer seine eigenen Stärken und Schwächen auch unter ungewöhnlichen Bedingungen erfahren und verarbeitet hat, ist in der Lage, andere Menschen sowohl in ihrer Gleichartigkeit, aber vor allem auch in ihrer Andersartigkeit wahrzunehmen, zu tolerieren, zu schätzen und in Teamprozesse zu integrieren.

Neben der Förderung von Teamprozessen hat sich Camp auch als spezieller Ansatz von Assessment-Centers bewährt. Die außerordentlich große Bandbreite von Verhaltensmöglichkeiten, die den Teilnehmern im Rahmen eines Camps offensteht, bietet der für die Beobachtung und anforderungsbezogene Auswertung geschulten Führungskraft eine ungleich größere Basis für Personalentscheidungen. Gerade im Hinblick auf Integrationsfähigkeit – beziehungsweise bei Aufnahme eines neuen Mitarbeiters in bereits bestehende Teams beziehungsweise bei der Neuzusammenstellung von Teams – wird die Gefahr von kostenintensiven Fehlentscheidungen in der Personalauswahl minimiert. Darüber hinaus bietet Fokus-Camp auch eine reizvolle Alternative zu klassischen Incentive-Veranstaltungen, zum Beispiel im Rahmen von Vertriebswettbewerben. Viele Unternehmen haben erkannt, daß es nicht reicht, die „Gewinner" in rein rezeptiver, touristischer Konsumhaltung zu belassen. Hier bietet das Fokus-Camp die Chance, Lernen, Erlebnis und Incentive auf faszinierende Weise miteinander zu kombinieren.

Vor allem in Zeiten knapper werdender Ressourcen in vielen Organisationen bietet der Camp-Ansatz die Möglichkeit, die Durchführung von Projekten im Rahmen der Personal- und Organisationsentwicklung auch unter Kostengesichtspunkten zu optimieren. Denn das Fokus-Camp lebt nicht davon, daß es in einer spektakulären und möglichst exotischen Umgebung stattfindet. Es funktioniert ebenso im Schwarzwald wie im Outback von Australien. Der eigentliche Benefit resultiert aus der wesentlich größeren Dichte und Vielfalt der Lernerfahrungen und vor allem dem deutlich höheren Grad persönlicher Betroffenheit der Teilnehmer im Vergleich zum klassischen Seminar. Es wird also gleichzeitig mehr, vielschichtiger, persönlichkeitsbezogener und intensiver gelernt.

Selbstverantwortung: Survival – Ich habe gelernt

Ingolf Op den Berg

Survival ist doch kein Problem! Überleben ist die natürlichste und einfachste Sache der Welt. Kein Thema für erfolgreiche Menschen der westlichen Wohlstandsgesellschaft, versorgt mit allen Grundbedürfnissen und im allgemeinen weit darüber hinaus. Das „Überleben" ist sichergestellt, und alles, was ursprünglich damit in direktem Zusammenhang stand, vergessen und aus unserem Bewußtsein verdrängt. Ein mittlerweile gesellschaftlich automatisierter Vorgang und damit uninteressant für uns Zivilisationsmenschen? Oder hat vielleicht nur eine Verlagerung der Ebenen stattgefunden, auf der sich der Kampf ums „Überleben" realisiert?

Survival findet alltäglich im Dschungel der Großstädte statt: auf gnadenlos überfüllten Straßen, im Streß der enggesteckten Termine, in den Menschenmengen der U-Bahnen, in einer unüberschaubaren Medienflut und vor allem im Kampf um den Job und damit um die Existenzgrundlage. Das sind die Herausforderungen von heute, und wir treten an mit modernster Technik, mit Computern, hocheffizienten elektronischen Terminplanern, Aspirin, Multivitamin und Airbags. An die Stelle von Allroundtalenten im Umgang mit den Widrigkeiten der Natur sind absolute Spezialisten der Moderne gerückt. Wir haben uns von der Natur konsequent entfernt und damit auch zu einem großen Teil von uns selbst.

Wie reagieren wir auf besondere Herausforderungen, auf plötzlich sich ändernde Situationen, auf Unvorhersehbares, „Lebensbedrohliches" im übertragenen Sinne? „Menschen haben die Fähigkeit, entweder zu sterben oder sich den Verhältnissen anzupassen"

(Samuel Butler, 1960). Diese Fähigkeit ist auch in der heutigen Zeit die Sicherheit für unser Überleben im Alltag. Wenn wir also nach wie vor in der Lage sind – und daran besteht kein Zweifel –, uns wie ein Chamäleon den ständig wachsenden Anforderungen unserer Gesellschaft anzupassen, welche elementaren Impulse sind es dann, die eine solche Fähigkeit ausmachen?

An dieser Stelle stoßen wir auf eine ganze Reihe grundsätzlicher Fragen:

▶ Wie funktionieren wir?

▶ Was machen wir genau, um unsere Rolle in der Sozialgesellschaft zu erfüllen?

▶ Sind wir damit zufrieden?

▶ Was tun wir genau dafür?

▶ Wer trifft die Entscheidungen für unser Handeln?

▶ Was wollen wir erreichen?

Es gibt die unterschiedlichsten Möglichkeiten, sich mit den eigenen Fähigkeiten auseinanderzusetzen, sie zu erfahren und sie zu hinterfragen. Über zahlreiche sportliche Aktivitäten, über verschiedenste mentale Herausforderungen bis hin zur Meditation ist das Survival eine moderne Variante, die „Kunst des Überlebens" zu studieren und tatsächlich in ihrer ursprünglichen Form zu erleben. Solche individuellen Grenzbereiche, die jeder von uns kennt, sind eine geeignete Möglichkeit, eine Vielzahl von Antworten auf die zuvor formulierten Fragen zu erhalten.

Meine persönlichen Erfahrungen

Ich möchte Ihnen gerne an dieser Stelle von meinen persönlichen Erfahrungen berichten, die ich in diesem Zusammenhang machen konnte. Einige der für mich wichtigsten Erlebnisse hatte ich während meiner mehrjährigen Ausbildung in einer Luft-Land-Einheit des Heeres, ein sogenanntes „Combat-Survival", das dazu befähigt, mehrere Wochen, alleine und ohne Kontakt zur Außenwelt, unbemerkte Operationen in fremden und unbekannten Territorien durchzuführen.

Ich erinnere mich genau: Es war am 13. Mai, als wir uns nachts in einer amerikanischen Herkules auf dem Flug nach Frankreich befanden. Ziel war ein Gebiet in der Bretagne. Ich hatte insgesamt 18 Tage Zeit, eine genau definierte Anzahl von Observationseinheiten zu erkunden und eine Strecke von über 350 Kilometer zu Fuß zurückzulegen.

Ich war gut vorbereitet, hatte wochenlang hart trainiert und zuletzt mein Gepäck wieder und wieder detailgenau überprüft. Besonderes Augenmerk galt dabei meinem Fallschirm. Davon hing immerhin zunächst einmal mein Überleben ab, bevor weitere Herausforderungen auf mich warteten. Jede Bahn, jedes Fangseil und jede Schlaufe hatte ich unzählige Male überprüft. Jetzt ging ich mit geschlossenen Augen kurz nochmals alles durch.

„X minus 5" deutete mir der Check-Pilot mit einem Handzeichen; noch fünf Minuten bis zum Absprung. Allmählich spürte ich deutliche Adrenalinschübe. Ich richtete mich auf, um nochmals alle Gurte zu checken. Ich spürte mein Herz kräftig schlagen – ein Pochen in den Schläfen – und hatte Mühe, mich unter der Last des Gepäcks Richtung Tür zu bewegen. Der Hauptschirm, ein amerikanischer T-10, war auf meinem Rücken positioniert, der Reserveschirm vor der Brust und der enorm dimensionierte Rucksack auf den Füßen stehend an den Beinen fixiert. Alles in allem wog ich etwa 150 Kilogramm.

„X minus 2", noch 120 Sekunden bis zum Take-off. Die Tür der Maschine wurde geöffnet, und eiskalte Luft strömte in das Flugzeuginnere, begleitet von dem ohrenbetäubenden Gedonner der Propeller. Nichts, absolut nichts war zu sehen außer der schwarzen Nacht. Ich schaute wie gebannt auf das Lichtsignal. Noch brannte die rote Lampe. Die eisige Luft schnitt mir ins

Gesicht bei einer Geschwindigkeit von mehr als 300 Kilometer/ Stunde.

„X minus 0", grünes Licht – Take-off. Mit einem lauten Schrei, der im mächtigen Brüllen der Motoren unterging, stürzte ich mich in die Nacht. Damit waren ereignisreiche 18 Tage eingeleitet.

Ich hatte *Angst*. Jedesmal in solchen Situationen habe ich dieses unbestimmte Gefühl, das sich in der Magengegend manifestiert und mein Herz spürbar energischer schlagen läßt. Angst, die jeder von uns gut kennt, in der ein oder anderen Form. Es ist die Furcht vor dem Unbekannten, Furcht vor Schmerz, vor den eigenen Unzulänglichkeiten; die Furcht, eine komfortable, bekannte Situation zu verlassen. Ein Sturz ins Nichts. Doch diese Angst ist nicht nur normal – sie ist gesund und lebensnotwendig. Sie hat die Qualität, unsere Sinne zu schärfen und auf den Punkt genau zu fokussieren, und sie hat zudem die Funktion, uns auf mögliche Gefahren und Risiken einzustimmen. Eine Art von Mechanismus zur blitzartigen Bereitstellung enormer Energiepotentiale zum Erhalt unseres Lebens. Es ist wichtig zu lernen, mit dieser Angst umzugehen, sie zu kanalisieren und auf ein beherrschbares Maß zu begrenzen, um jegliche Form der Panik zu vermeiden. Panik läuft chaotisch ab, ist unkontrolliert und unterliegt nicht mehr der rationalen Steuerung.

Diese und andere Erfahrungen haben mir immer wieder gezeigt, wie wichtig es ist, dieses starke Gefühl zu beherrschen. Nur dadurch war ich in der Lage, alle zur Verfügung stehenden persönlichen Energien auf die in diesem Moment absolut wichtigste Aufgabe zu lenken und selbstkontrolliert zu handeln.

Jeder kennt ähnliche Situationen. Zum Beispiel die Angst vor wichtigen Prüfungen, in denen jeder von uns völlig auf sich allein gestellt ist, die Angst vor einem Vorstellungsgespräch oder auch vor neuen Herausforderungen, neuen Wegen im Berufsleben. Immer wieder zeigen wir eine ähnliche physiologische Reaktion. Der Adrenalinspiegel steigt an, und das Herz schlägt wesentlich schneller. Das Gefühl von Bedrohung macht sich breit und lähmt unsere Funktionstüchtigkeit. Instinktiv wollen wir solchen Situationen eher entgehen, als sie zu durchleben.

Aus meinen Erfahrungen in solch außergewöhnlichen Situationen habe ich gelernt, mir meine Angst zum Alliierten zu machen. Die Angst in neuen, herausfordernden Situationen des Alltags, kombiniert mit unseren Erfahrungen aus der Vergangenheit, hilft uns dabei, ungewöhnliche Energien zu mobilisieren und in zielgerichtetes Handeln zu transformieren. Nehmen wir Herausforderungen an und begeben uns in persönliche Grenzbereiche, haben wir die Chance, neue Erfahrungen zu machen und außergewöhnliche Ergebnisse zu erzielen.

Doch zurück zu meiner persönlichen Geschichte:

Ich landete recht unsanft in der Nähe eines Waldstückes. Sofort rollte ich meinen Fallschirm zusammen und vergrub ihn, um keine Spuren zu hinterlassen. Die Bedingungen dieses Unternehmens waren klar festgelegt. Um unbemerkt zu bleiben, würde ich mich ausschließlich in der Nacht bewegen; tagsüber hielt ich mich in geeigneten Verstecken auf.

Hochmotivierte französische Fallschirmjäger waren als Suchtrupps eingesetzt. Darüber hinaus waren die Bevölkerung, die Polizei, Bürgermeisterämter, Rundfunk und Presse der Region über Bewegungen ausländischer Soldaten informiert. Es war zudem eine Belohnung für Hinweise ausgesetzt, die eine Identifikation ermöglichen würden. Also keine befestigten Wege benutzen, Ortschaften unbedingt umgehen und keine Kontakte zur Bevölkerung; absolut unauffällig bleiben.

Die ersten zwei Tage verliefen ohne größere Probleme. Ich war sicher, am dritten Tag neue Verpflegung zu bekommen. Den sehnsüchtig erwarteten Funkspruch erhielt ich prompt am Abend zuvor. An einem genau definierten Ort, den ich über eine präzise Koordinate in meiner Karte ermittelte, würde ich frische Verpflegung vorfinden.

In der Dämmerung des nächsten Morgens erreichte ich plangemäß mein Ziel, einen abgelegenen Hochsitz. Ich war erschöpft, hatte meinen knappen Proviant gut eingeteilt, verspürte nun aber ein starkes Hungergefühl, unterstützt von der Vorstellung, ausgiebig essen zu können. Ich war müde. Die Anstrengungen der nächtlichen Fußmärsche unter der Last des Gepäcks machten sich bereits deutlich bemerkbar. Ich legte ein Seil von exakt fünf Meter Länge aus. Es verband den vereinbarten Hochsitzpfosten im rechten Winkel in westlicher Richtung mit meinem Zielpunkt. An der ermittelten Stelle trug ich nun vorsichtig den Erdboden ab, bis ich tatsächlich einen harten Metallgegenstand berührte. Das war geschafft. Eine Kiste; nur noch wenige Sekunden trennten mich von einer reichhaltigen Mahlzeit. Mir lief das Wasser im Mund zusammen. Ganz vorsichtig entnahm ich die Kiste dem Erdreich und trug sie zunächst an eine Stelle, die als geeignete Tarnung diente. Ich öffnete den Deckel der Kiste und traute meinen Augen nicht: die Kiste war leer. Ich war tief enttäuscht und wütend; ich konnte es einfach nicht glauben. Wieder und wieder schaute ich hinein, aber sie blieb, wie sie war: leer.

Was hatte das zu bedeuten? Das war so nicht abgesprochen. Grund genug also, an dieser Stelle das Unternehmen abzubrechen. Wieder breitete sich dieses starke lähmende Gefühl in mir aus. Ein Gefühl der Enttäuschung, ein Gefühl, versagt zu haben. Hatte ich einen Fehler gemacht? Ich analysierte zunächst noch einmal die Situation, ging alles nochmals Schritt für Schritt durch. Das war offensichtlich weder mein Fehler noch ein Zufall; dieses Ergebnis war beabsichtigt.

Also gut, ich nahm die Herausforderung an und richtete meine Aufmerksamkeit erneut auf meine Aufgabe. Schließlich hatte ich die Entscheidung getroffen, diese Aufgabe anzunehmen, und wollte mich nicht davon abbringen lassen. Zudem hatte ich jederzeit die Möglichkeit, mich per Hubschrauber aufnehmen zu lassen; dazu hätte ich per Funk nur ein Codewort durchgeben müssen.

Ich hatte die *Wahl*. Und damit wurde mir klar, mich jederzeit anders entscheiden zu können. Diese Freiheit gab mir zusätzliche Energie. An Aufgaben war überhaupt nicht zu denken; ich hatte diese Möglichkeit in meinem Reaktionsrepertoire an die letzte Position gesetzt.

Ich hatte ein klares *Ziel* vor Augen. Ich wollte unbedingt weitermachen, den noch vor mir liegenden Job angehen und den vereinbarten Aufnahmepunkt in der vorgegebenen Zeit erreichen. Es würde extrem schwer werden, doch ich wußte, ich hatte genügend innere Ressourcen, die mir helfen würden, an mein Ziel zu gelangen.

Die folgenden Tage wurden erwartungsgemäß hart. Neben meinen Observationsaufgaben, verbunden mit kraftraubenden nächtlichen Märschen, mußte ich mich auch noch um meine Verpflegung kümmern. Mein Körper schmerzte, ich war erschöpft, und die Zubereitung von Baumrindenbrot, Birkenspaghetti, Löwenzahnsalat und Tannennadeltee war mühsam, kostete zusätzliche Kraft, und das Ergebnis schmeckte widerlich.

Ich verlor Zeit. Schmerzen, Müdigkeit, Hunger und Durst wurden meine ständigen Begleiter. Ich hatte Gewicht verloren, meine Kraftreserven waren auf ein Minimum gesunken, die Nerven angespannt. Zudem wurde ich immer wieder von Krämpfen heimgesucht, die mich zu ständigen Pausen zwangen. Dadurch kam ich nur noch sehr langsam voran. Ich traute meiner Wahrnehmung kaum noch, hatte den bekannten toten Punkt längst überschritten. Ich bewegte mich wie in Trance, zählte jeden meiner Schritte. Ständig fragte ich mich: Ist mein Ziel noch o. k.? Bin ich noch o. k.? – Ressourcen-Check.

Am zwölften Tag erhielt ich erneut eine Information über ein Verpflegungsversteck und fand schließlich an dem beschriebenen Ort nach dem gleichen Verfahren einen Behälter. Diesmal hatte ich mehr Glück. Es war genügend Proviant enthalten, um die nächsten Tage zu überstehen. Mit neuen Kräften und neuer Motivation konnte ich die verlorengegangene Zeit wieder ausgleichen und erreichte nach genau 18 Tagen das vereinbarte Ziel. Ich hatte alle Aufgaben erfüllt.

Erfolg ist kein Zufall

Es war ein gutes Gefühl, es wieder einmal geschafft zu haben. Einmal mehr hatte ich meine Angst überwunden und war mit meiner Aufgabe gewachsen. Ich hatte meine Müdigkeit und die ständigen Schmerzen überwunden und den Hunger besiegt. Hatte erlebt, wozu ich in der Lage bin, um mein Ziel zu erreichen, um zu erreichen, was ich erreichen will.

Wie war mir das gelungen?

Erfolge zu haben ist kein Zufall. Ich war von Anfang an bereit, Ungewöhnliches zu tun, war beseelt von der Idee, Extremsituationen zu bestehen, und hatte mich gut vorbereitet. Ganz bewußt hatte ich mich für die harte Ausbildung entschieden. Ich wollte genau diese Erfahrungen in außergewöhnlichen Situationen machen. Ich wollte unbedingt zu dieser Gruppe von Leuten gehören, die in der Lage sind, derartige Aufgaben zu bewältigen. Das hatte für mich einen extrem hohen Wert.

Ich habe gelernt, was ich mir zumuten und welche Ergebnisse ich erzielen kann, wenn ich mich für eine Aufgabe engagiere; habe gelernt, wie mein Körper funktioniert und welche Bewußtseinsprozesse ihn begrenzen.

Es gibt eine Reihe von Möglichkeiten, diese Begrenzungen zu überwinden. Doch wichtiger als das Wissen um diese Möglichkeiten ist es, selbst zu handeln, sie selbst herauszufinden. Den Mut aufzubringen, Neues zu wagen, heißt auch, neue Chancen zu persönlichem Wachstum zu nutzen, heißt die Chance zu haben, sich zu entwickeln. Die Erfahrung müssen wir jedoch selbst machen. Erst der Schritt des eigenen Erlebens schafft neue Erkenntnisse.

Es muß nicht unbedingt ein „Combat-Survival" sein, um neue Sichtweisen zu erlangen. In meiner Tätigkeit als Outdoor-Coach habe ich immer wieder die Erfahrung gemacht, daß es nicht auf die Dimension der Herausforderung ankommt, sondern es vielmehr wichtig ist, sich überhaupt auf etwas Neues einzulassen, was deutlich außerhalb des bisher Gewohnten oder Bekannten liegt. Die Erfahrungsschwelle ist bei jedem Menschen verschieden, die Grenzen sind individuell. Entscheidend ist die Handlung, das Prinzip ist stets das gleiche:

Voraussetzung für persönliches Wachstum ist die Überwindung der eigenen Grenzen.

Diese Erkenntnis hat auch in unserem Berufsleben eine ganz wesentliche Bedeutung. Herausforderungen anzunehmen heißt, die Angst vor einem möglichen Scheitern zu überwinden, die gesetzten Ziele genau zu formulieren, uns voll und ganz auf das zu konzentrieren, was wir erreichen wollen. Wie im Survival ist es absolut notwendig, ständig die eigenen Handlungen zu überprüfen, um sicher zu sein, daß wir uns dem gesetzten Ziel auch annähern (Kurs-Check). Es ist wichtig zu prüfen, ob die eigenen Handlungen auch gewährleisten, die von uns gesetzten Ziele zu erreichen, oder ob gegebenenfalls Korrekturen notwendig sind, zum Beispiel die Änderung bestimmter Lebensgewohnheiten.

Wichtig ist es, daß wir in der Lage sind, auf Veränderungen flexibel zu reagieren, schwierige Situationen schnell zu erfassen und aktiv nach Lösungen zu suchen. Das ist besser, als auf die Hilfe anderer zu warten.

Survival-Training ist ein Weg zu erfahren, welche Ressourcen wir besitzen, die unser „Überleben" im Alltag sichern. Und damit kommen wir auch auf die eingangs gestellten Fragen zurück: Was zeichnet diese Fähigkeit aus?

Wir alle tragen diese Fähigkeiten naturgemäß in uns. Wir müssen sie uns nur bewußtmachen. Zum Beispiel die Fähigkeit, ungewöhnliche Dinge zu tun. Den Mut zu haben, etwas Neues zu wagen, ein Risiko einzugehen, eröffnet uns neue Möglichkeiten, schafft neue Sichtweisen. Uns bewußt zu machen, auf welche Weise wir funktionieren, ist eine der Voraussetzungen für zielgerichtetes, effizientes Handeln entsprechend der individuellen Ökonomie unserer verfügbaren Ressourcen.

Um zu wissen, was wir wirklich erreichen wollen, sollten wir uns mit unseren Zielen auseinandersetzen, sollten hinterfragen, was wir tun können, um diese Ziele zu erreichen. Wir sollten die Wirkung unseres Handelns prüfen, um sicher zu sein, auch das zu erhalten, was wir angestrebt haben. Wir sollten selbst unser Handeln bestimmen und eigene Möglichkeiten kreieren, um auf Veränderungen reagieren zu können.

Aktive Outdoor-Erfahrungen sind hervorragend geeignet für inneres Wachstum und persönliche Veränderung. Durch Wachstum und Veränderung haben wir die Möglichkeit, unser Leben aktiver und kreativer zu gestalten, selbstbewußter zu sein.

Überleben: kein Problem!

Teil 2

Outdoor-Praxis und -Prinzipien

Intelligente Organisation: Outdoor bahnt Wege

Dietrich Buchner

Die intelligente Organisation

Die „lernende Organisation" (Senge) wird transformiert in die intelligente Organisation, wenn folgende Prinzipien wirksam werden:

▶ das Prinzip der persönlichen Exzellenz

▶ das Prinzip der Selbststeuerung

▶ das Prinzip der Synergie

▶ das Prinzip der ganzheitlichen Veränderung

Diese Prinzipien werden durch ein fünftes Managementprinzip, das Coaching, verwirklicht. Diese fünf Prinzipien beinhalten alle jeweils die fünf Disziplinen der lernenden Organisation.

Die gemeinsame Vision steuert die ganzheitliche Veränderung als „Leitorientierung" für ganzheitliche Makro-Prozesse, sie regelt damit auch Selbststeuerungsprozesse auf der Mikroebene, wo die Anreize so gesetzt werden, daß sie visionskonform sind. Die Vision erzeugt ebenfalls kreative Spannung für die Entwicklung persönlicher Exzellenz sowie von Team- und Netzwerkexzellenz, die die Realisierung von Synergien möglich machen. Sie setzt die Herausforderungen, Wertehierarchien (Mission und Motivation) und die damit zu entwickelnden Kompetenzen. Der Manager sichert und verändert den Prozeß, in dem die Vision sich realisiert, weniger durch Führung als durch Coaching (vgl. Winner's Edge, Konzepte für Vorsprung, Wiesbaden 1996).

Analog lassen sich die anderen Sengeschen Disziplinen wie Systemdenken, mentale Modelle, Teamlernen und persönliche Meisterschaft
auf die vier Prinzipien und das Coaching der Prozesse abbilden.

Für die Entwicklung der intelligenten Organisationen sind die
Bausteine der lernenden Organisation notwendig und nützlich, sie
müssen aber, um im Mikrobereich anwendbar und umsetzbar zu
werden, durch wirksame Handlungsprinzipien (Wertestruktur)
abgebildet werden, die gleichermaßen alle Teile des Systems
steuern, verknüpfen, verändern, verbessern. Die intelligente Organisation entwickelt persönliche Exzellenz, steuert sich selbst,
produziert Synergien, und sie verändert sich ganzheitlich und doch
flexibel im Mikrobereich.

Outdoor und intelligente Organisation

Wie kann Outdoor das Entstehen der intelligenten Organisation
unterstützen? Die meisten Bürokratien oder die Menschen innerhalb von Bürokratien haben die Prinzipien der intelligenten Organisation allenfalls „verwaltet", kaum entwickelt, vielfach durch
Regelwerke konterkariert. Die Wege zur intelligenten Organisation führen nicht primär über Struktur- und Systemveränderungen
wie zum Beispiel die flache Hierarchie oder das totale Reenginee-
ring. Solche Veränderungen können unterstützen und müssen
irgendwann auch als Rahmen neu gesetzt werden. Vorrangig sind
aber die Veränderungen in den Köpfen und Herzen der Menschen.
Nicht die harten Faktoren bestimmen die weichen, es ist umgekehrt. Konzeptionelle Veränderungen in den Köpfen der Menschen setzen dabei zunächst den kognitiven Rahmen, dessen
Umsetzung Energie, Motivation und Herausforderung braucht:
die emotionale, körperliche Akzeptanz, über die Grenzen zu
gehen, neue Schritte zu wagen etc.

Das sind die Einstiege für Outdoor-Aktivitäten. Richtig ausgewählt und komponiert, können sie die Prinzipien der intelligenten Organisation repräsentieren. Sie stellen Modelle dar, deren Erfahrung nicht mental durchgespielt, sondern in der Regel auch körperlich ausagiert wird, ein Unterschied, der den Unterschied ausmachen kann. Halbe Sachen sind im Outdoor schlecht möglich. Du mußt es tun oder lassen. Beides ist o. k. Aber du kannst es nicht halb tun.

Wenn es für die intelligente Organisation „Standardprinzipien" gibt, die immer richtig sind, dann müßte es auch ein Outdoor-Standard-Programm geben, das diese Prinzipien abbildet. Das ist richtig und auch wieder nicht richtig. Selbststeuernde Systeme und Teile von Systemen sind nie identisch, die Lösungen dementsprechend auch nicht. Ganzheitliche Veränderungen bedeuten immer auch unterschiedliche Schritte, Methoden, Integrationen bei unterschiedlichen Organisationen etc. Ein Outdoor-Standard-Menü würde den Anforderungen nicht gerecht. Was die Spezifikationen und Notwendigkeiten sind, um sich auf den Weg zur intelligenten Organisation zu machen, und ob Outdoor dafür das geeignete Instrument ist, sollte erst einmal herausgefunden werden. In der Regel – und das entspricht dem Prinzip der Ganzheit – werden Indoor-Outdoor-Optionen mit Coachings und Transfers in einem neuen Rahmen aufeinander abgestimmt. Ganzheitlich heißt dann eben auch, die dazu passenden Strukturen und Systeme zu sichern.

Wenn sich traditionelle Unternehmensberatungen darauf konzentrieren, allein neue Strukturen für die Unternehmensprozesse zu planen oder Berichte abzuliefern, in denen sie die Wünsche des Top-Managements spiegeln, passiert zunächst einmal nichts. Die Veränderung beginnt erst, wenn das Management mit der „Implementierung" der Pläne beginnt. Druck, Power, Energie, Geld, Zeit, Kontrollen sind oft die Methoden, mit denen die Organisation neu strukturiert wird. „Don't force it, take a bigger hammer."

Eine elegantere Möglichkeit könnte die sein, eine intelligente Organisation zu etablieren, die diese Veränderungen weniger durch intelligente Berater als durch intelligente Handlungsprinzipien entstehen und leiten läßt, deren Verwirklichung von einem coachenden Management begleitet und integriert wird.

Aufbrechen

In manchen Unternehmen stehen wir heute an der Schwelle zur Verwirklichung dieser Vision der intelligenten Organisation. Aber weder die Unternehmenskulturen noch die Mitarbeiter, noch Kooperation sind dafür qualifiziert. Viel Unbewußtes ist dabei, das regelt und programmiert, das oft tatsächlich, oft nur scheinbar nützlich ist. Diese „alten" Denk- und Handlungsmuster gilt es aufzubrechen, zu hinterfragen, loszulassen oder zu integrieren.

Dazu eignet sich Outdoor, wenn es mit Transfer verbunden wird. In der Regel geben uns alte Programme Sicherheit, das Gefühl der Kontrolle und Kompetenz. Sie hindern uns aber gleichzeitig, Neues wahrzunehmen. Alte Umwelten, die gewöhnliche Jobsituation, die Konferenz- oder Schulungsräume bis hin zum Tagungshotel stecken voller Anker, die die alten Programme auslösen.

Outdoor heißt, diese Anker bewußt hinter sich zu lassen, sozusagen in eine ankerfreie Zone zu gehen. Das ist nicht leicht möglich, da auch die Kollegen, Chefs und Mitarbeiter solche Anker sind. Hilfreich sind jobfreie Inhalte und berufsfremde Aktivitäten, die ein neues, ungewöhnliches Spielfeld schaffen. Outdoor-Aktivitäten haben Ziele, die explizit gemacht werden müssen und die hin zu neuen Programmen führen. Es ist schon seltsam, wenn ein Chef seinem Mitarbeiter sein Leben anvertraut, ihm aber nicht zutraut, den richtigen Bleistift einzukaufen. Manch alte Programme können mit ihren negativen Auswirkungen bewußtgemacht werden, und manch neue Programme können die Flexibilität von Systemen erhöhen, ohne daß ich deshalb auf die alten Programme zu verzichten hätte. Was wäre, wenn ich meinem Mitarbeiter, dem ich mein Leben anvertraue, viel mehr in seiner Rolle zutraue, ihn dafür qualifiziere und ihm die Verantwortung übertrage?

Outdoor-Übungen sind Metaphern für Situationen im Alltag, wenn sie gut ausgewählt und im entsprechenden Rahmen durchgeführt werden. Wichtig ist dabei, daß die Analogie bewußt oder unbewußt transportiert wird. Gelingt das nicht, bleiben sie wenig effektiv.

Aufbrechen heißt dementsprechend, neue Möglichkeiten zu erfahren, neue Programme auszudenken und zu integrieren. Diese sind Alternativen, die hinzukommen, die das Repertoire bereichern, die Flexibilität erhöhen. Aufbrechen heißt nicht, alles, was bisher war, totzuschlagen, sondern dieses als eine und nicht die einzige Möglichkeit zu relativieren. Neue Möglichkeiten kommen hinzu: Selbststeuerung heißt, aus Alternativen diejenige auszuwählen, die in der jeweiligen Situation den größten Beitrag leistet.

Viele Menschen sind gar nicht in der Lage, an einer intelligenten Organisation mitzuwirken. Sie wollen gesagt bekommen, wo es langgeht, statt ständig neue Wahlentscheidungen zu treffen. Wenn das richtig ist, und für einige ist es richtig, dann sind sicher auch die alten „erfolgreichen" Programme dafür weiterhin richtig (führen, kontrollieren usw.).

Was aber ist mit den anderen? Was mit den Teams und Netzwerken, die den Erfolg der Organisation ausmachen? Was mit der gesamten Flexibilität der Organisation, sich zu verändern? Sollen deshalb diese Potentiale brachliegen weil es andere gibt, denen die intelligente Organisation mit ihren Ansprüchen nicht auf den Leib geschnitten ist? Outdoor sortiert. Wir erleben immer wieder Überraschungen und überraschende Entwicklungen. Wenn sich Tausende an einem gezielten Outdoor-Programm beteiligen, wird die kritische Masse erzeugt, die ausreicht, um den Rest zu bewegen!

Aufbrechen heißt Aufbruch zur intelligenten Organisation. Gut 20 Prozent stellen die kritische Masse dar, die begeistert, motiviert sich hinter die Veränderung stellen muß. Dann dürften sie genug Eigendynamik entwickeln, die Prinzipien der intelligenten Organisation zur Wirkung zu bringen. Auch das ist zu beachten: Diese

20 Prozent sind nicht nur Manager, aber auch Manager. Und nur Manager ins Outdoor zu senden, macht noch keine intelligente Organisation.

Persönliche Exzellenz

Die persönliche Exzellenz hängt direkt ab vom Selbstwert, den jemand in seiner Rolle erfahren kann, und von seinen Glaubenssätzen über sich selbst. Jobkompetenz definiert sich über diese beiden Ebenen: die individuelle Vision über die eigene Rolle und das eigene Wertesystem, die den Sinn geben und motivieren.

Bei Outdoor-Übungen wird oft die Frage gestellt: „Kann ich das"? Und – wenn ich das kann, lautet die Antwort, dann kann ich auch ganz andere Dinge. Oder: Wenn ich übers Feuer gehen kann, dann kann ich auch ... usw. Das ist aber nicht der entscheidende Punkt: Wenn ich über Feuer gehe, dann glaube ich, etwas über mich und meine Identität zu erfahren. Die Aussage eines Teilnehmers trifft genau den Punkt: „Ich bin derjenige, der über glühende Kohlen geht und der weiß, daß er es tut, wenn er es will." Er strotzt vor Selbstwert und Glauben an sich. Auch andere, die über das Feuer gehen, entwickeln ein solches Selbstverständnis. Übrigens gehen nicht alle übers Feuer, und darunter sind auch solche, die das gleiche Selbstverständnis haben.

Die persönliche Exzellenz, Personal Power, Energie etc. werden auf der Identitätsebene (ich bin) oder/und der Glaubensebene (ich glaube, ich will) geprägt, alle anderen Ebenen (ich kann/ich tue) hängen davon ab. Outdoor führt an die Grenze und darüber. Grenzüberschreitungen definieren die Identität, den Glauben über sich. Bürokratische Systeme haben die Tendenz, diesen Glauben einzugrenzen, geradezu zu verstümmeln, wenn sie das Regelwerk und die Arbeitsteilung zu weit treiben, indem sie den „Erlaubnis-Spielraum" kleinhalten, aber den Verbotsbereich großmachen.

Persönliche Exzellenz entwickelt sich wieder durch Grenzüberschreitungen in einem Kontext, der das erlaubt oder herausfordert. Alle Teile einer solchen Organisation müssen umlernen. Nicht die Regelung und damit Einschränkung des Spielraumes ist gefordert, sondern die Ausdehnung, die Ausgestaltung und damit das selbstverantwortliche Handeln auf der Basis definierter Rollenentwicklungen, Strategien und Kompetenzen. Diese Voraussetzung muß hergestellt werden — vorher oder nachher —, wenn die Outdoor-Erfahrung, die Metapher, als Starter und Anlasser funktionieren soll.

Stellen Sie sich vor, Sie haben Ihre Batterien voll geladen, sind motiviert bis begeistert über Ihre Grenzüberschreitungen im Outdoor, und nun stellen Sie sich auch vor, Sie kommen in die alte Situation zurück: dieselben Regeln, dieselben Einengungen, dieselben Mechanismen, dieselben Verhaltensweisen der Chefs usw. Nichts hat sich geändert. Wie glauben Sie, werden Sie sich dann fühlen? Man zeigt Ihnen, wie Sie über Ihren Schatten springen, welche Freude Sie dabei entwickeln, das Selbstgefühl, den Anspruch, und dann steckt man Sie zurück in Ihre alte Mickymaus-Rolle. Niemand kann Ihnen das wünschen.

Persönliche Exzellenz heißt „Rollenentwicklung" im Unternehmen und nicht Feuerlaufen. Es heißt Grenzüberschreitung, auch über die Grenzen des existierenden Regelwerkes und der bisherigen Ziele und Strategien hinaus. Das Feuerlaufen im Unternehmen sollte mindestens die gleichen Chancen bieten, heil hinüberzugelangen, wie das echte Feuer im Outdoor. Dann wird Exzellenz herausgefordert, und dann passiert sie auch.

Selbststeuerung

Selbststeuerung ist das Prinzip der ständigen Anpassung der Organisation an die Bedürfnisse der Kunden, an die Bedingungen des Marktes und der Umwelt. Die Steuerungsmechanismen hängen dabei von den Zielen beziehungsweise der Vision des Unternehmens ab. Bei Gewinnzielen sind zum Beispiel Profit-Center oder Gewinnanreize sinnvoll. Der dafür benötigte „Typ" ist der selbstverantwortliche Unternehmer, nach dem in vielen Unternehmen noch vergeblich Ausschau gehalten wird. Die meisten Unternehmen stellen keinerlei Kontext für Unternehmertypen dar, und deshalb halten sich dort auch keine auf.

Die intelligente Organisation, die die Selbststeuerung verwirklicht, wird diesen Kontext herstellen. Sie wird die Hierarchien und Bürokratien weitgehend abschaffen, sie wird das Management neu definieren und entwickeln, und sie wird Freiraum für Champions und Intrapreneure schaffen, sie wird Netzwerke strukturieren und zielkonforme Anreizsysteme schaffen. Sie mögen dort Projektleiter, Netzwerkmanager oder Profit-Center-Team heißen.

Selbstverantwortliche Unternehmer zeichnen sich unter anderem aus durch sensibles und kurzfristiges Handeln (Macher), das sich unmittelbar erfolgs- und ergebnisorientiert verändert. Rückversicherungen und langatmiges Einbetten in komplexe Entscheidungsnetze macht ihnen eher Kopfzerbrechen. Schnell entscheiden, flexibel handeln, überschaubare Strategien entwickeln und selbst umsetzen – darauf kommt es ihnen an.

Die Modelle dafür finden wir in zahlreichen Outdoor-Aktivitäten. Ein Floß zu bauen, das über ein Wildwasser trägt, bedeutet, eine Strategie für den Bau zu entwickeln, dabei möglichst andere einzubinden und zu überzeugen, die einzelnen Schritte zu entscheiden und umzusetzen. Gar mancher Unternehmer wurde im Outdoor entdeckt, der Initiative ergriff, voranmarschierte, realisierte, die Dinge umsetzte. Wenn die Fachkompetenz und Regelkenntnis nicht mehr die Krücken für Autorität oder Status sind, drücken sich andere Verhaltensmodelle stärker aus. Hochbeförderte Manager aus bürokratischen Stäben sind nicht unbedingt die besseren Unternehmer als zum Beispiel der Laborant oder der Verkäufer. Menschen, die distanziert abwägen, bewerten, kritisieren, sind für ein Unternehmen zwar auch nützlich, sie brauchen aber immer andere, die entscheiden, anpacken, tun, körperlich umsetzen. Sie brauchen sie insbesondere dann, wenn das Regelwerk fehlt, das ihnen sonst sagt, was falsch und richtig ist.

Outdoor ist körperlich, kinästhetisch, wie geschaffen für Macher, noch mehr für strategisch orientierte Macher mit Ideen. Die Wege durch den Dschungel sind manchmal für solche Teilnehmer nicht so kompliziert wie die Wege durch die Bürokratie.

Selbststeuerung ist ständige Korrektur, ständiges Lernen und ständiges Ausprobieren. Fehler sind eingebaut, werden gemacht und genutzt. Den Weg durch ein Areal zu finden, das unbekannt wie ein Labyrinth viele „Fehltritte" oder Sackgassen beinhaltet, kann nur gelingen, wenn Fehler markiert, bekanntgemacht und als Feedback genutzt werden. Systeme, die nicht die Experimentierbereitschaft für Fehler und Fehlversuche entwickeln, werden weder lernen noch sich steuern. Wer Fehler vermeidet, unterdrückt, vertuscht oder bestraft, der stagniert. Fehler werden dann zu Doppel- und Dreifachfehlern, Initiativen unterbleiben. Wer nichts macht, macht scheinbar auch nichts falsch, findet aber auch nicht heraus, wie es richtig sein könnte. Intellektuell hat sich diese Erkenntnis in Managementseminaren verbreitet. Es ist aber ganz anders, wenn im Outdoor körperlich durchgemacht werden muß, daß neue Fehler sinnvoll sind, um weiterzukommen. Es klingt widersprüchlich, daß Energien und körperliche Arbeit darauf verwandt werden sollen, Fehler zu machen, oder nennen Sie es Feedback zu erzeugen. Die Organisation, die das nicht tut, kann sich nicht selbst steuern. Das gilt ebenso für die einzelnen Teile der intelligenten Organisation.

Synergie

Synergie ist das Prinzip, durch Kooperation einen Mehrwert zu schaffen, der über die additiven Teameffekte hinausgeht. Organisationsformen, die das schaffen, sind zum Beispiel Teams, Netzwerkstrukturen, Hierarchien und Bürokratien. Synergie verwirklicht sich, wenn Menschen mit unterschiedlichen Kompetenzen eine gemeinsame Vision und Mission haben, wenn sie das Ganze im Blick haben und wenn sie Modi für die Zusammenarbeit finden, die solche Effekte erlauben und bestärken.

Genau darum kann es im Outdoor gehen. Zahlreiche Aktivitäten laufen unter Teambildung und verdienen diesen Anspruch. Es geht aber um mehr. Synergien in Großorganisationen sind Höchstleistungen, die durch die Verknüpfung von Expertise und Kompetenz, Stärken und ausreichender Masse entstehen. Viele Synergien sind technologisch definiert, wenn zum Beispiel zwei unabhängige Technologien komplementär eine neue Lösung zustande bringen. Immer aber müssen auch Menschen, Methoden, Denkstile und Kulturen zusammenwirken. Oft entstehen alleine schon daraus neue Mixturen, in denen ein Synergieklima zustande kommt. Es bilden sich informelle Netzwerke und strukturüberwindende Beziehungen, die geduldete Vorstufen für Netzwerkstrukturen sind, zu denen sie sich entwickeln können (Buchner, D., Schmelzer, J. A., Netzwerk-Management, in: Buchner, D., Hrsg., NLP im Business, Wiesbaden 1994).

Die intelligente Organisation, die solche Netzwerkstrukturen ermöglicht und die weitestgehend Selbststeuerung verwirklichen will, kann die Möglichkeiten des Outdoors nutzen, um zum Beispiel

- Kooperationsmodi bewußtzumachen
- Menschen und Teams näherzubringen
- die Synergien zu beschleunigen

Outdoor-Aktivitäten zwingen wie keine anderen Trainings- oder Coaching-Prozesse zur Offenheit, Nähe, direkter Kooperation, zu Win-Win-Spielen und Umsetzung von Teameffekten etc.

Wenn Tempo bei der Netzwerkbildung gefragt ist, Teams sich spontan bilden müssen und sofort wirksam werden sollen, dann sind Outdoors sinnvoll, aber nicht zu frühzeitig. Teams und Netzwerkeinheiten als temporäre oder auch dauerhafte Strukturen haben erst einmal einen Zweck, ein gemeinsames Ziel, die sie begründen. Ohne eine solche gemeinsame Plattform macht Outdoor nicht soviel Sinn wie mit ihr. Die Nutzung sollte aber auch nicht zu spät erfolgen, da sich durch Outdoor vieles stärker akzentuieren und klären, schneller auf den Punkt bringen läßt: Spielregeln, schwierige Rollen, Charaktere zeichnen sich deutlicher ab. Verbunden mit einer systematischen Auswertung durch Coaching, Encounter und Feedbacks, lassen sich die Analogien zum Netzwerk- beziehungsweise Teamalltag herstellen.

Das Prinzip der Synergie wird voll wirksam, wenn es mit Selbststeuerung, persönlicher Exzellenz und ganzheitlicher Veränderung verbunden ist. Outdoor integriert alle diese Prinzipien in unterschiedlicher Ausprägung; und es ist außerordentlich wichtig, nicht nur die näherliegenden und offensichtlicheren Teameffekte zu demonstrieren, sondern die durch Exzellenz, Öffnung und Selbstverantwortung entstehenden Synergien aufzudecken beziehungsweise nachzuweisen. Die Synergien in einem Team werden dadurch erzielt, daß das Team beziehungsweise Netzwerk erst den Nährboden beziehungsweise die Kultur für Exzellenz, Unternehmertum und Veränderung darstellt. Sicher muß man auch daran denken, die einzelnen nicht zu überfordern, wenn dieser Nährboden gelegentlich in Gruppendruck umschlägt – auch das eine wichtige Aufgabe der Coaches im Outdoor.

Ganzheitliche Veränderungen

Outdoor ist eine Metapher für Veränderung. Outdoor bricht auf, löst aus, fordert heraus, die Grenzen neu zu bestimmen. Grenzerweiterungen sind Veränderungen. Aber es sind nicht die Veränderungen, die das ganze System verbessern und wachsen lassen, dieser Prozeß wird in der intelligenten Organisation durch eine Reihe von Disziplinen sichergestellt, wie insbesondere die gemeinsame Vision und das Systemdenken.

Ganzheitliche Veränderungsprozesse erfordern komplexere Outdoor-Modelle, um realitätsbezogene Veränderungen initiieren und transferieren zu können. Am ehesten werden sie im Camp-Konzept verwirklicht, bei dem eine Gruppe von circa 20 Menschen zum Beispiel vier Tage zusammen ist, um eine Aufgabe zu erfüllen, eine Vision umzusetzen. Sie legen einen Weinberg an, in dem ein eigener Wein entsteht, oder bauen eine dauerhafte Brücke über einem Fluß, die den Regeln der Statik entsprechen muß. Daß sich eine Gruppe beziehungsweise ein System während eines solchen komplexen Prozesses verändert, ist nicht selbstverständlich oder selbstregelnd. Ein Team-Coach, besser noch zwei, die beobachten, bewußtmachen und intervenieren, sind notwendig. Erfahrungslernen ohne Coaching wird nicht die maximal mögliche Erkenntnis und Veränderung bringen. Ein Team-Coach nimmt Störungen oder Verstärker für Synergien eher wahr und kann dann daraus etwas für die Gruppe machen.

Ganzheitliche Veränderung heißt nicht notwendig Makro-Veränderung für die gesamte Organisation. Ganzheitlich ist auch die Veränderung, die in einem Teilsystem stattfindet und die insgesamt im System integriert wird. Wenn die intelligente Organisation sich durch viele kleine Prozesse verändert, brauchen diese einen gemeinsamen Nenner, eine gemeinsame Richtung, Abgleichungsprozesse, die Optimierung der Ressourcenverteilung, Interessenparallelitäten zwischen Mitarbeiter und Unternehmen oder Marktmechanismen und deren Integration durch Vision und Mission. Hier sind die Outdoor-Möglichkeiten begrenzt. Sie lassen sich aber mit anderen Methoden gut verbinden.

Outdoor: der Katalysator
für die intelligente Organisation

Outdoor kann nicht alles und beansprucht nicht, alles zu können. Die Prinzipien der intelligenten Organisation können aber durch Outdoor deutlich unterstützt werden. Als Modell und Katalysator kann Outdoor prägen und beschleunigen, wenn es um den Aufbau der Prinzipien der intelligenten Organisation geht.

Vielfach wird bei Outdoor bezweifelt, daß es dauerhaft wirkt, der Transfer gelingt. Dieser Zweifel wird in der Praxis dann zur Realität, wenn der Transfer nicht gemanagt beziehungsweise gecoacht wird. Wenn Sie den Transfer den Teilnehmern am Outdoor alleine überlassen, dann reduzieren Sie die Möglichkeiten des Outdoors auf persönliche Erfahrungen, aus denen der eine etwas zu machen weiß, woran der andere Spaß hat, mit denen der dritte nichts anfangen kann. Wenn Sie wirklich Veränderungen wollen und dafür nicht den Rahmen schaffen, werden Sie scheitern.

▶ Sie brauchen keine persönliche Exzellenz zu entwickeln, wenn der Rahmen im Unternehmen dafür zu eng bleibt.

▶ Sie brauchen keine selbstverantwortlich steuernden Unternehmer, wenn Regelwerke das Verhalten bis ins Detail vorschreiben.

▶ Sie brauchen keine Synergie-Modelle für Outdoor, wenn die Zusammenarbeit durch die Bürokratie oder Hierarchie gemanagt und angeordnet wird.

▶ Sie brauchen keinen Aufbruch für Veränderung durch Outdoor oder Camps, wenn zu Hause alles beim alten bleibt.

▶ Und Sie brauchen auch keinen neuen Managertyp, der das, was sich ohnehin nicht verändert, noch anders managen oder coachen sollte.

▶ Wenn Sie alles so erhalten wollen, wie es ist, sollten Sie nur dann Outdoor machen, wenn Ihnen der Spaß es wert ist.

Der neue Manager als Coach und Mentor

Wenn Sie aber Veränderung wollen, dann gibt es nur die ganzheitliche, nicht die halbherzige oder die Alibi-Veränderung. Sie haben Ihre Vision, jeder hat die gemeinsame Vision. Es gibt genügend kreative Spannung, um eine intelligente Organisation zu wollen. Und das heißt auch einen Managementstil, eine Managementkultur zu etablieren, die sich durch Prozeßsteuerung auszeichnet, die Rahmen setzt und Bedingungen schafft, in denen sich die vier Prinzipien der intelligenten Organisation verwirklichen können. Der Manager in einer intelligenten Organisation ist der ergebnisorientierte Coach. Er wird den Prozeß per Resultaten managen. Das bedeutet für ihn jedoch auch eine neue Rolle. Sein Auftrag wird sein,

- persönliche Exzellenz
- selbststeuernde Netzwerke
- Synergien und
- Veränderung ganzheitlich

zu coachen. Er wird die Rolle des Outdoors dafür nutzen, aber Outdoor wird ihn nicht zum Coach und Mentor ausbilden. Dazu bedarf es anderer Methoden und Curricula.

Resümee

Outdoor spielt heute eine große Rolle bei der Entwicklung der intelligenten Organisation. Seine Nutzung ist für die vier Prinzipien unterschiedlich stark möglich. Es läßt sich gut für persönliche Exzellenz und Team- und Netzwerksynergie einsetzen. Bei Veränderungen kann es aufbrechen und, in bestimmten komplexen Formen, wie zum Beispiel beim Camp, auch ein Modell für ganzheitliche Veränderung sein. Für das Prinzip der Selbststeuerung hat Outdoor eher eine Verstärkerrolle. Outdoor unterstützt das Coaching der Prozesse in der intelligenten Organisation. Ob Outdoor effektiv genutzt wird, hängt allerdings von den Transfers ab, die parallel gecoacht und als eigene Prozesse gestaltet werden müssen. Geschieht dies nicht, sollte man sich Outdoor sparen. Outdoor muß in ganzheitliche Veränderungsprozesse eingebettet sein. Erst dann kann es effektiv werden.

Ganzheitliches Lernen: Outdoor für Team- und Personalentwicklung

Susanne J. Gebhardt

„Wer nur das tut, was er immer schon getan hat, darf sich nicht wundern, wenn er nur das bekommt, was er immer schon bekommen hat." – Kurz: Wer etwas anderes will, muß etwas anderes tun und oft auch neue Fähigkeiten erwerben, seine Einstellungen und Überzeugungen verändern, sich verändern, lernen.

In Zeiten, die gekennzeichnet sind durch rasante und tiefgreifende Veränderungsprozesse in allen Bereichen des Lebens, in denen Menschen, Teams und Unternehmen auf der Suche nach Ihrer Vision sind, um eine Orientierung für ihr heutiges Tun zu haben, stellen sich für uns als Unternehmensberater und Coaches die Fragen:

► Wo gibt es neue Lernfelder, auf denen Menschen als einzelne und Teams losgelöst vom betrieblichen Alltag experimentell neues Verhalten ausprobieren, ihr Fähigkeitsspektrum erweitern, neue Einstellungen und Sichtweisen erproben, ihre Identität kritisch überprüfen können?

► Wie kann die Grenze rein kognitiven Lernens überschritten und ein ganzheitlicher Lernprozeß ermöglicht werden?

– ganzheitliches Lernen im Sinne der Integration von Körper, Geist und Seele der Menschen

- ganzheitliches Lernen, in dem wir all unsere Sinne, Sehen, Hören, Riechen, Fühlen und Schmecken, nutzen

- ganzheitliches Lernen dadurch, daß ein Lernkontext geschaffen wird, in dem Menschen – fern vom Alltag – die Dinge lernen können, die sie im Alltag brauchen

- ganzheitliches Lernen dadurch, daß es individuum-/persönlichkeitsorientiert und teamprozeßorientiert und aufgaben-/zielorientiert ist

Als Antwort auf diese Fragen entstand das Winner's-Edge-Outdoor als innovatives Instrument der betrieblichen Personal- und Organisationsentwicklung. Outdoor nimmt die Herausforderungen ganzheitlichen Lernens auf, indem es ein Lernumfeld schafft, welches die Prozeßstrukturen des Arbeitsumfeldes weitgehend analog abbildet, quasi ein „Realitätsspiel", eine Metapher ist.

Outdoor steht für ein erlebnis- und erfahrungsreiches ganzheitliches Lernprojekt, welches an der Schnittstelle zwischen Individuum, Team und Aufgabe angesiedelt ist:

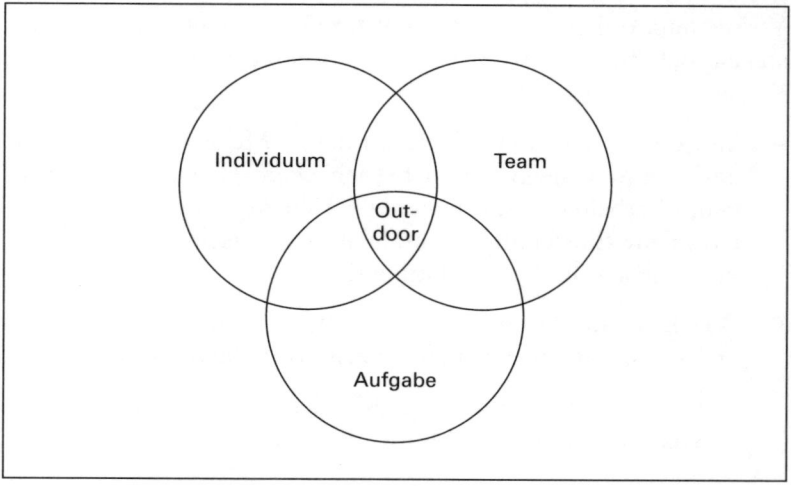

Damit bietet Outdoor Lernchancen an der Schnittstelle Individuum und Team:

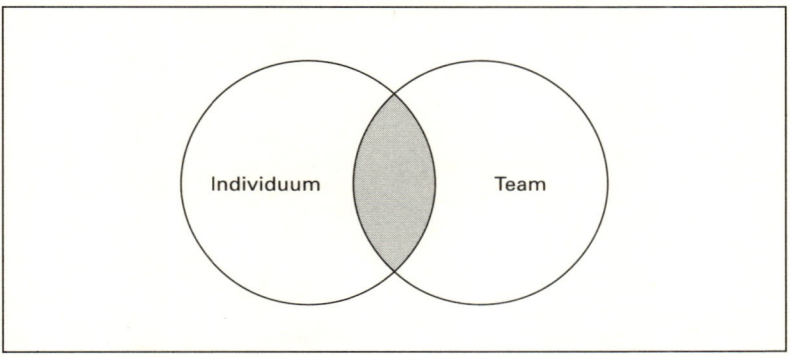

Beispiele:

▶ Fähigkeit des einzelnen, sich in ein Team zu integrieren, und Fähigkeit des Teams, einzelne zu integrieren, erweitern.

▶ „Spielregeln" im Team für den Umgang miteinander finden: Offenheit, Ehrlichkeit, Vertrauen, Akzeptanz, Fehlerkultur, Feedbackmechanismen, Respekt und Anerkennung von persönlichen Grenzen, Konfliktregelung, Service und Unterstützung des Individuums durch das Team, Verantwortung und Selbstverantwortung, Motivation und Selbstmotivation etc.

▶ Teamidentitätsprozeß reflektieren, Zusammengehörigkeitsgefühl entwickeln, gemeinsam gezielte Vision und Werte erarbeiten, Synergien erkennen und nutzen, Erfolgsfaktoren von Spitzenteams transparent machen.

Damit bietet Outdoor Lernchancen an der Schnittstelle Individuum und Aufgabe:

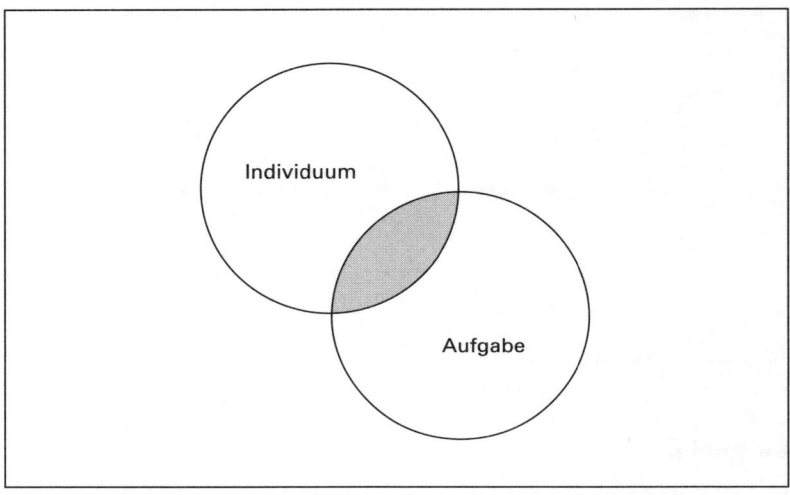

Beispiele:

▶ Den Mut finden, die wahrgenommenen persönlichen Grenzen (= „Rote Linien" – ein Schritt aus dem „Kreis der Gewohnheiten") zu überschreiten.

▶ Rechtfertigungs-, Schuldzuweisungs- und andere persönliche Strategien zur Vermeidung neuer Erfahrungen erkennen, alte Denkmuster überprüfen:

 – blockierende, selbst-limitierende Einstellungen und Glaubenssätze überwinden
 – Vertrauen und Selbstvertrauen gewinnen
 – Zugang zu persönlichen Ressourcen schaffen

Damit bietet Outdoor Lernchancen an der Schnittstelle Team und Aufgabe:

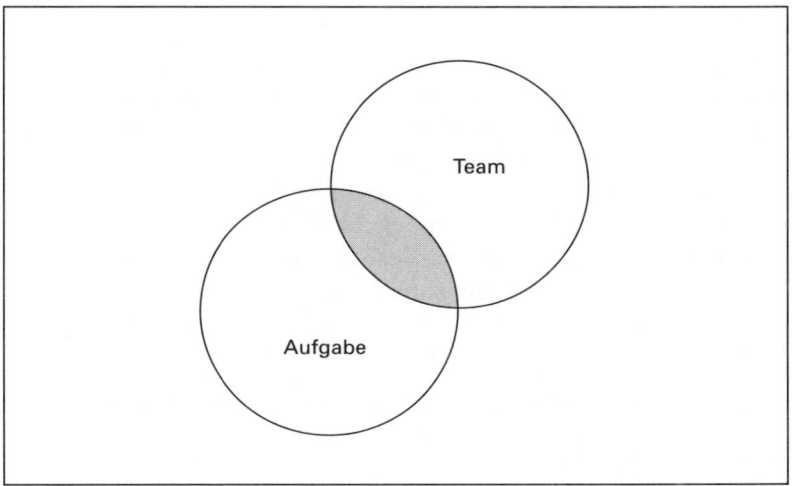

Beispiele:

▶ Ein der Aufgabe dienliches Organisations- und Führungskonzept gemeinsam entwickeln und umsetzen.

▶ Vorhandene Ressourcen erkennen und effizient nutzen (Zeit, persönliche Stärken, manpower, Mittel etc.).

▶ Funktionierende Strategien und Spielregeln finden (zum Beispiel Planung, Durchführung, Kontrolle).

▶ Leitlinien für Qualität und kontinuierlichen Leistungsverbesserungsprozeß sicherstellen.

Und auch für ganzheitliches Lernen im Outdoor gilt Einsteins Satz: „Das Ganze ist mehr als die Summe seiner Teile."

Outdoor: Raus aus dem Seminarraum, raus aus dem Betrieb, raus aus dem Hotel – und rein in die Natur

Am besten: Natur pur! Denn Natur macht ehrlich und konfrontiert uns unmittelbar mit unseren Stärken und Schwächen, Natur begeistert, fasziniert und fordert uns, fordert auch unseren verantwortlichen Umgang mit ihr; Natur liegt für die Mehrheit der „Schreibtischtäter" längst außerhalb des Gewohnten, bietet ungewohnte, oft neue Erfahrungsmöglichkeiten abseits unserer „Komfortzonen". Im Outdoor ist deshalb die Natur Rahmen und Trainingsmedium zugleich: zum Beispiel körperliche Bewegung und Essen im Freien, handwerklicher Umgang mit natürlichen Materialien, Schlafen in Zelten oder einer selbstgebauten Hütte.

Aufgabe: Selbst der längste Weg beginnt mit dem ersten Schritt ...

Selbstverständlich gibt es auch Aufgaben:

▶ Dies kann zum Beispiel konkret bedeuten, gemeinsam etwas zu bauen: eine Brücke, eine Hütte, ein Floß; der Kreativität sind hier keine Grenzen gesetzt. Die gemeinsame Vorbereitung und Planung der Aufgabe durch eine Projektgruppe ist hierbei bereits ein wichtiger Teil des Lernprozesses. Selbst die Verpflegung und der Service in Eigenregie kann ein Teil der Projektaufgabe sein.

▶ Die Aufgabe kann aber auch darin bestehen, gemeinsam einen vom Outdoor-Experten vorbereiteten Parcours zu durchlaufen, der verschiedene Übungen und damit Lernchancen umfaßt. Darin enthalten sein können zum Beispiel Steilwandklettern, Pfahlsprung, Vertrauensfall, Montainbike-Rallye, Feuerlauf etc.

Wichtig in bezug auf die Aufgabe ist:

▶ Sie besitzt „Symbolkraft", das heißt, sie kann als Metapher für andere Aufgaben im Leben, im Alltag verstanden werden. So kann zum Beispiel der Bau einer Brücke als Metapher für das

Zusammenführen zweier Teams stehen, der „Pfahlsprung" für das schrittweise Erreichen einer persönlichen Vision, das gemeinsame Steilwandklettern für das gemeinsame Beschreiten eines Weges, um als Team ein Ziel zu erreichen.

▶ Sie stellt eine echte Herausforderung dar in allen Bereichen des Denkens, Fühlens und Handelns. Sie beinhaltet Komplexität und fordert von den Teilnehmern unterschiedliche Fähigkeiten (zum Beispiel psychische, physische, soziale, kreative). Sie ermöglicht damit ganzheitliche Erfahrungen und ganzheitliches Lernen.

▶ Sie besteht darin, einen Schritt „raus aus der Gewohnheit" zu tun, sich einzulassen auf eine neue Erfahrung und dabei so weit zu gehen, wie man als einzelner oder als Team eben kommt. Was für den einen nur ein kleiner Schritt ist, mag für den anderen ein gewaltiger sein. Was für den einen der Sprung von der Spitze des Pfahls in die Tiefe ist, mag für den anderen der Schritt auf die erste Sprosse der Leiter sein. „Aufgabe" heißt somit nicht, einen allgemeingültig definierten Leistungsstandard zu erfüllen, sondern seine individuelle „Komfortzone" ein wenig zu erweitern, seine persönlichen Grenzen etwas weiter hinauszuschieben, um damit mehr Möglichkeiten zu haben, um flexibler und freier zu sein.

▶ Sie wird immer auch als Aufgabe und Prozeß des Gesamtteams verstanden, selbst da, wo scheinbar Einzelpersonen zeitweilig im Vordergrund stehen (wie zum Beispiel beim Pfahlsprung).

Coaching: Nimm das, was du hier gesehen, gehört und gefühlt hast, und binde es ein in dein Leben ...

Genauso wichtig wie die Auseinandersetzung mit der Aufgabe, ist das anschließende Coaching in Form von Einzel- und/oder Teamcoaching. Spätestens im Coaching wird jedem klar, daß es im Outdoor nicht um spektakuläre Mutproben à la Überlebens-training oder Pfadfinderromantik geht, sondern darum, die Outdoor-Erlebnisse und Erfahrungen zu besprechen und auszuwerten. Mit Hilfe eines erfahrenen Coaches werden die positiven Erlebnisse dauerhaft geankert und die darin enthaltene Kraft für den Teilnehmer auch zukünftig nutzbar gemacht. Gemeinsam suchen Teilnehmer und Coach nach Parallelen und konkreten Anwendungsmöglichkeiten im normalen (betrieblichen) Leben, wo die neuen Erfahrungen sinnvoll eingebracht werden können. Hier ist vom Coach nicht nur professionelle, breitgefächerte Coaching-Kompetenz (unter anderem Reframing, Ankertechniken, future pace), sondern auch Business-Know-how gefordert.

Indoor-Elemente: Es gibt nichts Praktischeres als eine gute Theorie

Neben den Outdoor-Aufgaben und dem Coaching runden Indoor-Elemente das Lernkonzept ab. Diese am ehesten als „klassisch" zu bezeichnenden Indoor-Elemente dienen dazu, eine „Klammer" um die draußen stattfindenden Übungen nebst Coaching zu bilden. Hierzu gehören themenbezogene Kurzvorträge externer und interner Referenten, moderierte Fragerunden und die Arbeit mit Lernmodellen genauso wie „Business-Themen-Message" – bezogene Sketche und Energizer. Durch die Indoor-Elemente wird der logische Zusammenhang und Business-Kontext der Outdoor-Aufgaben jederzeit transparent und nachvollziehbar für die Teilnehmer. Die Rolle des Coaches wird in diesem Part erweitert um die Facetten Management-Trainer, Moderator und nicht zuletzt auch Schauspieler und Entertainer.

Outdoor beginnt da, wo klassische Seminarmethoden an ihre Grenzen stoßen, der Erkenntnis folgend: Wer überholen will, muß aus der Normalspur heraus.

Synergie: Outdoor und Vernetzung in schnell wachsenden Unternehmen

Hans Vialon

Kennen Sie den folgenden Satz: „Ich weiß überhaupt nicht, was hier läuft und wer was macht"? Es ist der am häufigsten gesprochene Satz, den Sie von neuen Mitarbeitern in schnell wachsenden Unternehmen hören. Sie kennen damit schon das Hauptproblem solcher Unternehmen, die im folgenden kurz SWU genannt werden.

Der Nutzen des Outdoors für schnell wachsende Unternehmen

Es stellt sich die Frage, was sind SWU und wo findet man sie? In Wachstumsmärkten als auch in Situationen, in denen Betriebe erfolgreiche Innovationen am Markt plazieren, kann es zu einem starken Unternehmenswachstum kommen. Dies trifft beispielsweise auf neu gegründete Unternehmen, neu gebildete Sparten oder neu gegründete Tochtergesellschaften von bestehenden Unternehmen zu. Als abgrenzendes Merkmal von SWU gegenüber anderen Unternehmen wird hier die schnell ansteigende Anzahl der Mitarbeiter verwendet. Verzehnfacht sich die Anzahl der Mitarbeiter von circa drei bis fünf Personen in einem Jahr, dann wird an dieser

Stelle von schnell wachsenden Unternehmen gesprochen. Andere betriebswirtschaftliche Kriterien wie Umsatzwachstum oder Cash-flow werden hier nicht zur Abgrenzung berücksichtigt.

Das schnelle Mitarbeiterwachstum bedingt besondere Probleme, die hauptsächlich in einem ineffektivem Wachstum bestehen. Das zeigt sich darin, daß Teameffekte und Synergien ab einer bestimmten Mitarbeiteranzahl nicht ausgeschöpft werden beziehungsweise verlorengehen und das ursprüngliche Unternehmensziel, das ein „Startteam" am Anfang verbindet, durch den Wachstumsprozeß außer Sicht gerät. Ressourcen werden auf diese Weise schnell verschwendet.

Beispiel

Der Vorstand eines Großunternehmens hatte beschlossen, einen neuen Geschäftsbereich aufzubauen, dessen Ziel es ist, komplexe Investitionsgüter weltweit zu vermarkten. Hierzu wurde am Anfang ein „Startteam" von vier Mitarbeitern eingesetzt. Um das Geschäft erfolgreich betreiben zu können, wußte man, daß viele Spezialisten weltweit zusammenarbeiten müssen, um den Kunden für die komplexen Investitionsgüter einen entsprechenden Service bieten zu können. Das Startteam entschied sich deshalb dafür, gleich von Anfang an eine flache Organisation aufzubauen, die durch wenige Hierarchiestufen gekennzeichnet sein sollte, um ein weltweit vernetztes Arbeiten zu ermöglichen. Nachdem sich das Startteam schnell zu einem Aufbaustab mit verschiedenen Abteilungen entwickelt hatte, kam es jedoch anders als geplant. Die Abteilungen begannen, ihren „eigenen" Weg zu gehen, die Informationswege wurden immer länger, und die Abteilungsleiter waren zeitlich überlastet, so daß das ursprüngliche Unternehmensziel außer Sicht geriet, vernetztes Arbeiten bei einer flachen Organisation schon zu Beginn nicht gelebt wurde und durch mangelnde Koordination bestimmte Aufgaben doppelt erledigt wurden.

Das Beispiel veranschaulicht einige zentrale Probleme von SWU. Diese Probleme von SWU können mit Hilfe eines Outdoor-Trainings gelöst werden, so lautet die These, die hier vertreten wird. Das Outdoor-Training bietet dazu den folgenden Nutzen:

1. Die teilnehmenden Personen erfahren sehr schnell in einem ganzheitlich orientierten Lernprozeß, wie Teamsynergien systematisch ausgeschöpft werden können und wie durch teamübergreifende Kommunikation und kooperatives Verhalten ein gemeinsames Ziel mit effektivem Ressourceneinsatz erreicht werden kann.

2. Bereits im Anfangsstadium eines SWU wird eine teamorientierte Unternehmenskultur angelegt, die sich auf neue Mitarbeiter durch Vorleben überträgt. Versucht man, eine solche Kultur in einem einmal gefestigten, großen Unternehmen zu verändern, wäre das wesentlich teurer. Als Beispiele können hier die groß angelegten Business-Reengineering-Prozesse genommen werden, die unter anderem in diese Richtung zielen und derzeit in vielen Großunternehmen mit hohem Aufwand durchgeführt werden.

Entwicklung der Team-Ressourcen in schnell wachsenden Unternehmen durch Outdoor-Training

Voraussetzungen

Voraussetzung, um den Nutzen eines Outdoor-Trainings für SWU zu realisieren, ist, daß das Gelernte in der Tagesarbeit im Unternehmen entsprechend umgesetzt werden kann. Hierzu ist eine passende organisatorische Struktur notwendig, die das erlaubt (vgl. hierzu auch das beschriebene Beispiel). Zwei Ausgangspunkte sollen dazu unterschieden werden:

1. Die Unternehmensführung einer SWU bemüht sich von Anfang an, eine Netzwerk-Organisation zu etablieren. Netzwerk-Organisationen zeichnen sich dadurch aus, daß die Ressourcen auf ein Ziel projektbezogen ausgerichtet werden. Teams organisieren sich immer wieder neu, arbeiten hierarchiefrei und bündeln das für eine Aufgabe erforderliche Expertenwissen bereichsübergreifend. Die Ressourcen werden auf diese Weise immer wieder neu kombiniert, so daß Teameffekte und Synergien entstehen, die Innovationen, organisatorisches Lernen und Veränderungsprozesse ermöglichen und insgesamt zu einer effektiven Kooperation führen (vgl. Buchner, D., Schmelzer, J. A., Netzwerk-Management, in Buchner, D., Hrsg., NLP im Business, Wiesbaden 1994).

   In diesem Fall sind die organisatorischen Strukturen bereits vorhanden, um den Nutzen eines Outdoor-Trainings für SWU im Tagesgeschäft zu realisieren. Das Outdoor-Training kann hierbei als ein wesentlicher Baustein gesehen werden, die Netzwerk-Organisation weiter zu entwickeln und zu fördern beziehungsweise den Prozeß dorthin zu verkürzen.

2. Anders ist dies, wenn eher traditionelle, bürokratische Unternehmensstrukturen in SWU entstehen. Sie behindern insbesondere durch Hierarchiebildung und Karrieredenken einzelner Teameffekte und Synergien sowie das Arbeiten an einem gemeinsamen Ziel. Das tritt zum Beispiel zu Beginn einer SWU dann ein, wenn einzelne versuchen, ihre Bedeutung unabhängig von dem ursprünglichen Unternehmensziel dadurch zu erhöhen, daß sie möglichst viel Personal für sich beanspruchen und akquirieren – nach dem Motto: „Je mehr Personal ich habe und je mehr Hierarchiestufen ich betreue, desto wichtiger bin ich, desto mehr Macht habe ich, und um so mehr Geld muß ich bekommen."

   In diesem Fall sollte mit der Durchführung des Outdoor-Trainings das Bestreben zur Errichtung einer Organisationsform, zum Beispiel einer Netzwerk-Organisation, verbunden sein, die den Nutzen des Outdoor-Trainings auch im Tagesgeschäft wirksam werden läßt. Das Outdoor kann dann dazu als „Urknall" genutzt werden.

Ist der entsprechende organisatorische Ausgangspunkt bestimmt, wird er zusammen mit dem ursprünglichen Unternehmensziel zu einem passenden Business-Kontext verpackt. Dieser bildet dann den Rahmen, auf den alle Maßnahmen des Outdoor-Trainings entsprechend abgestimmt werden und in dem später die Umsetzung des Gelernten in der Tagesarbeit erfolgen kann.

Synergie- und Ziel-Gap

Um ein effektives Wachstum bei SWU zu gewährleisten, kommt es darauf an, wie eingangs erwähnt, die Ressourcen aller Mitarbeiter zu nutzen und auf mindestens ein gemeinsames Ziel zu fokussieren. Wird das nicht erreicht, entsteht ein Synergie- und Ziel-Gap, wie er in Abbildung 1 durch ein Phasenmodell dargestellt ist, das den Zusammenhang zwischen den Team-Ressourcen zur Zielerfüllung und einer bestimmten Anzahl von Mitarbeitern beschreibt. In dem Modell wird unterstellt, daß die Team-Ressourcen mit jedem neu gewonnenen Mitarbeiter überproportional anwachsen können. Wer einmal ein Brainstorming in einem Team miterlebt hat, kann diesen Zusammenhang bestätigen.

Startphase

In der Startphase ist es relativ leicht, die Team-Ressourcen vollständig zu nutzen. Das Startteam, vielleicht drei bis fünf Mitarbeiter, definiert sich durch das ursprüngliche Unternehmensziel – zum Beispiel Aufbau eines neuen Geschäftsfeldes, an dem systematisch gearbeitet wird. Jeder ist auf jeden angewiesen. Meistens findet durch eine räumliche Nähe der Mitarbeiter zueinander fortlaufend eine formelle und informelle Kommunikation über erzielte Arbeitsergebnisse statt (zum Beispiel Pausen, Meetings), bei der die weitere Vorgehensweise abgestimmt wird. Die Identifikation mit dem ursprünglichen Unternehmensziel und der dadurch resultierenden Aufgabe ist hoch. In Abbildung 1 wird dies dadurch verdeutlicht, daß die Kurve der potentiell möglichen Team-Ressourcen und die der tatsächlich genutzten Team-Ressourcen einen identischen Verlauf besitzen.

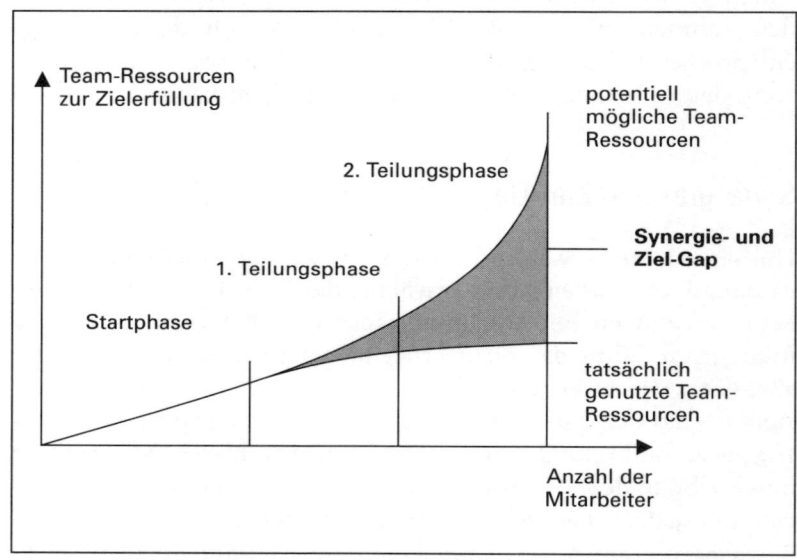

Abbildung 1: Phasenmodell zur Entwicklung der Team-Ressourcen in Abhängigkeit der Anzahl der Mitarbeiter in SWU

1. Teilungsphase

Die 1. Teilungsphase beginnt mit der Aufteilung des Ursprungsteams in Subteams, indem neue Mitarbeiter hinzukommen. Dieser Vorgang läßt sich mit einer Zellteilung vergleichen und macht die besonderen Probleme in dieser Phase deutlich. Bei der Zellteilung wird der genetische Code, der die Erbinformationen enthält, automatisch durch eine Duplikation weitergegeben. Das heißt, die Ursprungsinformation – Aufgabe – pflanzt sich eins zu eins fort und bleibt damit erhalten. Überträgt man das auf die Hinzunahme von neuen Mitarbeitern beziehungsweise die Bildung von Subteams, wäre das nur dann möglich, wenn *alle vorhandenen Informationen* weitergegeben würden. Die Bedingung, die damit verbunden sein muß, ist, daß jeder Mitarbeiter diese Informationen auch in der gleichen Weise interpretiert. Daß das in der Realität nicht zu erwarten ist, versteht sich von selbst. Verschärfend kommt hinzu, daß die Subteams schnell eine vom ursprünglichen Unternehmensziel abweichende Eigendynamik entwickeln, indem sie sich an selbst gebildeten Subzielen orientieren, zum Beispiel für einzelne Fachbereiche. Die Qualität und die Quantität der weitergegebenen Informationen bestimmt jedoch die Erhaltung des ursprünglichen Unternehmensziels. Das wirkt sich dementsprechend auf die effektive Nutzung der Team-Ressourcen und damit die Effizienz der Aufgabe aus.

In die gleiche Richtung wirkt ein weiteres Problem. Die Mitarbeiter konzentrieren sich schnell sehr stark auf ihre neu übernommenen, spezifischen Arbeitsaufgaben, um diese bestmöglich zu erfüllen, zum Beispiel Erstellung eines Produkthandbuches. Hierdurch verschwimmt in der Wachstumsphase häufig das ursprüngliche Unternehmensziel.

Beide Effekte haben zur Folge, daß die Team-Ressourcen für eine möglichst effiziente Aufgabenerfüllung im Sinne des ursprünglichen Unternehmensziels immer weniger ausgeschöpft werden. Es entsteht ein Synergie- und Ziel-Gap, der in der Abbildung durch die Differenz zwischen der Kurve der potentiell möglichen Team-Ressourcen und der tatsächlich genutzten Team-Ressourcen gekennzeichnet ist. Die Größe des Synergie- und Ziel-Gaps ist dabei um so kleiner,

▶ je besser es die Führung versteht, das ursprüngliche Unternehmensziel immer wieder in den Vordergrund zu stellen und die Mitarbeiter dafür zu gewinnen,

▶ je stärker die Führung versucht, die Vorteile einer Netzwerk-Organisation zu realisieren und sie vorzuleben, und

▶ je besser die Quantität und die Qualität der Informationsweitergabe ist.

2. Teilungsphase

Die 2. Teilungsphase beginnt mit der unbewußten Wahrnehmung des Synergie- und Ziel-Gaps durch die Mitarbeiter und die Führung. Sie ist unter anderem gekennzeichnet durch

▶ eine zunehmende Anzahl von Meetings

▶ Unzufriedenheit über mangelnde Zusammenarbeit

▶ unzureichende Koordination der Aufgaben, Doppelarbeit

▶ die Eigendynamik der Subteams nimmt egoistische Formen an, es bilden sich kleine „Fürstentümer"

▶ fehlendes übergreifendes Denken

▶ unterschiedliche Entwicklungsgeschwindigkeiten der Subteams

▶ den geäußerten Wunsch nach mehr Führung

Insgesamt kann man es förmlich spüren, daß es in der 2. Teilungsphase im „Gebälk" einer SWU knistert. Genau das ist der Punkt, an dem sich der Einsatz eines Outdoor-Trainings empfiehlt, um das ursprüngliche Unternehmensziel wieder in den Mittelpunkt zu stellen und die nicht genutzten Team-Ressourcen zu aktivieren.

Steigerung der Team-Ressourcen durch gezieltes Outdoor-Training

Warum überhaupt ein Outdoor-Training für SWU und keine „herkömmlichen Indoor-Seminare" durchführen, um den Synergie- und Ziel-Gap zu reduzieren? Die Form des Lernens ist beim Outdoor-Training ganzheitlich und erfahrungsorientiert (vgl. hierzu auch die einleitenden Kapitel in diesem Buch). Gerade in bezug auf das Thema einer effektiveren Nutzung von Team-Ressourcen ist diese Form des Lebens wesentlich besser geeignet als die rein kognitive Wissensvermittlung, die üblicherweise in Indoor-Seminaren verwendet wird.

Ein einfaches Beispiel soll dies verdeutlichen. Jeder kann sich an den Vorgang erinnern, wie er Fahrrad fahren gelernt hat. Das ging nicht allein durch theoretische Anleitung, sondern hauptsächlich über das konkrete Tun – ein ganzheitlicher Lernvorgang. Nicht nur der Kopf, sondern auch der Körper hat dabei eine Lernerfahrung gemacht, die er so schnell nicht vergißt, weil Informationen über Bewegungsabläufe im ganzen Körper gespeichert wurden. Daß dieser Lernvorgang hochgradig effektiv ist, zeigt sich darin, daß man Fahrrad fahren selbst dann noch kann, wenn man es über mehrere Jahre nicht getan hat. Das heißt, die hier gemachten Lernerfahrungen sind dauerhaft wirksam. Sie wurden innerhalb relativ kurzer Zeit gelernt und direkt in unbewußtes, automatisches Handeln überführt.

Das Lernen für eine effektive Nutzung von Team-Ressourcen in SWU ist selbstverständlich wesentlich komplexer, da mehrere Personen in Interaktion zueinander stehen. Doch gerade ganzheitliches Lernen mittels Outdoor-Training ermöglicht es in diesem Fall, daß Mitarbeiter mit Körper, Geist und Herz erfahren, was es heißt, Teamarbeit zu leben, da verschiedene Lernebenen gleichzeitig angesprochen werden. „When you are passive you forget; when you are active you remember" (Hahn, K., Hopes and Fears, 1945, S. 6).

Ziele eines Outdoor-Trainings

Um den Synergie- und Ziel-Gap (vgl. Abbildung 1) bei SWU zu füllen, kann ein spezifisches Outdoor-Training durchgeführt werden. In Anlehnung an die Problembeschreibung der vorangegangenen Kapitel stehen die folgenden Lernziele im Vordergrund:

1. Förderung von kooperativem und teamorientierten Verhalten, insbesondere bereichsübergreifend, durch die Entwicklung von Vertrauen

2. Erarbeitung von Spielregeln für die Zusammenarbeit

3. Verbesserung des Kommunikationsverhaltens an Teamschnitt-
   stellen

4. Nutzung der Eigendynamik von Subteams für die Erreichung
   eines gemeinsamen Ziels

5. aufgabenspezifische Bündelung von Kompetenzen

6. Stärkung der Selbstverantwortung bei Planung und Durchführung von Projekten

7. hierarchiefreies Arbeiten bei Betreuung durch einen Coach

Spezifische Outdoor-Übungen

Die Besonderheit an den Outdoor-Übungen ist die Konfrontation
von Teams mit schwierigen Situationen, die physischen und
psychischen Streß auslösen. Diese sind so konzipiert, daß keiner
Experte ist – anders als im Tagesgeschäft. Nur durch teamorien-
tiertes Verhalten lassen sich die Übungen lösen, so daß die
Meinung jedes einzelnen im Team gefragt ist. Die Teilnehmer
gewinnen bei Ausführung der Outdoor-Übungen die Erfahrung,
daß gegenseitiges Vertrauen, Sich-Unterstützen, Aufeinander-An-
gewiesensein, Verantwortung zu übernehmen und sich selbst
manchmal zum Wohle der Gruppe zurückzunehmen für die
Lösung der Aufgabe am wertvollsten ist.

Bei den Übungen selbst werden gruppendynamische Prozesse
ausgelöst, die den Status quo der Gruppe in bezug auf ihre
Arbeitsweise unverfälscht widerspiegeln. Für den Trainer bieten
sich hiervon ausgehend Ansatzpunkte, die Gruppe auf die zu
erreichenden Ziele schwerpunktbezogen weiter zu entwickeln.
Grenzt eine Gruppe zum Beispiel permanent schwächere Teammitglieder aus, wird dieses unkooperative Verhalten stärker als
andere Punkte thematisiert. Das kann passieren, wenn „dominante
Männer" in Übungen, bei denen körperliche Kraft eine gewisse
Rolle spielt, die Beiträge von „körperlich schwächeren Frauen"
übergehen und nicht integrieren.

Das Netz

Abbildung 2: Das Netz

Eine Gruppe von Teilnehmern wird in zwei oder mehr Teams mit zum Beispiel zehn Personen plus jeweils einem Trainer aufgeteilt. Das *gemeinsame Oberziel besteht darin, daß alle Teilnehmer unter Nutzung aller Netze durch die Löcher* von einer Seite auf die andere befördert werden, ohne dabei die Netzfäden zu berühren. Pro Team ist ein Netz vorhanden – vgl. Abbildung 2. Von den oben genannten Lernzielen stehen beim Netz zwei im Vordergrund:

1. Förderung von kooperativem Verhalten, insbesondere bereichsübergreifend

2. aufgabenspezifische Bündelung von Kompetenzen

Für die Bewältigung der Aufgabe bestehen zum Beispiel die folgenden Handicaps:

▶ Die Löcher dürfen nur einmal benutzt werden. Danach werden sie verschlossen.

▶ Die Löcher besitzen eine unterschiedliche Größe, so daß ein planvolles Handeln notwendig ist. Es ist deshalb sinnvoll, eine Strategie zu entwickeln und festzulegen, wer durch welches Loch befördert werden soll.

▶ Bei Berührung des Netzes muß der Teilnehmer zurück auf die Ausgangsseite, zuzüglich eines weiteren Teilnehmers.

▶ Es wird ein Zeitbudget vorgegeben.

(Darüber hinaus werden noch weitere Einschränkungen vorgegeben, die die Sicherheit der Teilnehmer berühren und hier nicht erwähnt werden müssen.)

Nach der Bekanntgabe der Aufgabe beginnt die eigenverantwortliche Durchführung durch die Gruppe. Der Status quo der Gruppe in bezug auf ihre Arbeitsweise im Anfangsstadium der Übung läßt sich im allgemeinen wie folgt kennzeichnen:

▶ Als erstes sucht sich jede Gruppe ein „eigenes" Netz, ohne daß dies konkret zugewiesen wurde oder das in der Aufgabenstellung erwähnt wurde (Abgrenzung des eigenen Territoriums).

▶ Danach erfolgt eine mehr oder weniger ausgereifte Diskussion über den Weg, die Aufgabe zu lösen.

▶ Die Kommunikation ist unkoordiniert. Einige handeln sofort, andere verharren in der Diskussion.

▶ Dominante Führungspersönlichkeiten zeigen sich sofort und versuchen, den Prozeß zu bestimmen, ohne die Meinungen von vermeintlich Schwächeren zu integrieren.

▶ Einzelgänger stehen unbeteiligt und skeptisch etwas von der Gruppe entfernt – „Das klappt sowieso nicht, was die vorhaben."

▶ Es bilden sich kleinere Subteams, die sofort eine Eigendynamik entwickeln.

Kurz gesagt, die Gruppen kooperieren nicht untereinander, um das gemeinsame Ziel zu erreichen, nämlich alle Teamteilnehmer durch die Netze zu schleusen. Dementsprechend kann sich auch keine aufgabenspezifische Bündelung von Kompetenzen ergeben.

Nachdem sich die ersten Mißerfolge im weiteren Verlauf der Übung einstellen, setzt ein Lernprozeß für das Team ein. Neue Verhaltensweisen werden ausprobiert, um die alte Vorgehensweise zu verbessern.

▶ Mögliche Erfolge werden bei anderen Teams abgekupfert.

▶ Jedes Team verbessert mit zunehmender Anzahl durch das Netz gereichter Personen seine Verhaltensweise und wird schneller, weil bestimmte Aufgaben herausgebildet und diese selbständig entsprechend einer „natürlichen" Spezialisierung nach Neigungen und Fähigkeiten übernommen werden. Beispielsweise beobachtet jemand das Netz, damit es nicht berührt wird, oder ein anderer übernimmt aufgrund seiner körperlichen Stärke das Anheben der durchzureichenden Personen.

▶ Die Gruppe beginnt Erfolge zu feiern, indem sie sich über jeden freut, der die andere Seite erreicht hat. Das gibt eine zusätzliche Motivation für die Erreichung des gemeinsamen Ziels.

▶ Über den Erfolg werden häufig die anfänglichen Kritiker und Außenseiter wieder eingefangen, weil sie am Erfolg teilhaben wollen.

▶ Erst in der Endphase der Übung beginnen wenige Teams, an den verschiedenen Netzen zu kooperieren. Es findet plötzlich eine übergreifende Kommunikation statt. Zum Beispiel erkennt jemand, daß an einem anderen Netz jemand steht, der das gleiche Problem hat und allein versucht, von einer Seite des Netzes auf die andere zu kommen.

Nach Ablauf der Zeit wird in einer anschließenden Diskussionsrunde, die der Trainer moderiert, das Ergebnis besprochen. Die

Teilnehmer reflektieren die Wahrnehmung des eigenen Verhaltens und die Wahrnehmung des Gruppenverhaltens. Typische Aussagen sind beispielsweise:

▶ „Warum haben wir nicht gleich mit den anderen kooperiert?"

▶ „Unser Team hat sich einfach ganz schnell ein eigenes Netz gesucht."

▶ „Wir hätten gleich am Anfang eine bessere Aufgabenteilung absprechen sollen, dabei hätte einer von uns den Prozeß moderieren müssen."

▶ „Einige haben diskutiert, andere haben gleich losgelegt."

Ziel der Diskussion ist es letztlich, die Lernerfahrungen bei den Teilnehmern zu vertiefen und zu verankern, damit sie diese in bezug auf die Lernziele in weiteren Übungen noch verbessern können.

Das Outdoor-Training ist deshalb in mehrere Abschnitte aufgegliedert. Einerseits können hierzu systematisch Übungen hintereinander aufgebaut werden, zum Beispiel ein Floß bauen, mit dem eine gesamte Gruppe ein Gewässer überqueren soll (zielorientiertes und gemeinschaftliches Handeln), oder die Überwindung einer Mauer von verschiedenen Seiten (Kooperation zwischen verschiedenen Teams bei verteilten Aufgaben – sichern, heben, stützen etc.). Andererseits ist es möglich, eine umfassende Aufgabe zu stellen, die in Teilschritten zu lösen ist, zum Beispiel in vier Tagen zwei Hochsitze in zwölf Meter Höhe zu bauen (vgl. Gebhardt, S., Camp, in: Buchner, D., Hrsg., Team-Coaching, Wiesbaden 1995).

Den Abschluß jeder Diskussion bildet ein Transfer der Ergebnisse auf die Tagesarbeit im Unternehmen, so daß sich die gemachten Erfahrungen auch in veränderten Verhaltensweisen der Tagesarbeit wiederfinden. Hierzu werden konkrete Maßnahmen festgehalten, häufig in Form von Spielregeln, auf deren Einhaltung sich die Teilnehmer committen. Zum Beispiel:

▶ „Wir setzen bei Teamsitzungen immer einen Moderator ein, der von Sitzung zu Sitzung wechselt."

- „Wir bilden für bestimmte Aufgaben bereichsübergreifende Expertenteams."
- „Wir gestalten die Schnittstellen von Teams zu Verbindungsstellen um."
- „Wir integrieren Minderheiten."

Erfolgspotential eines Outdoor-Trainings für schnell wachsende Unternehmen

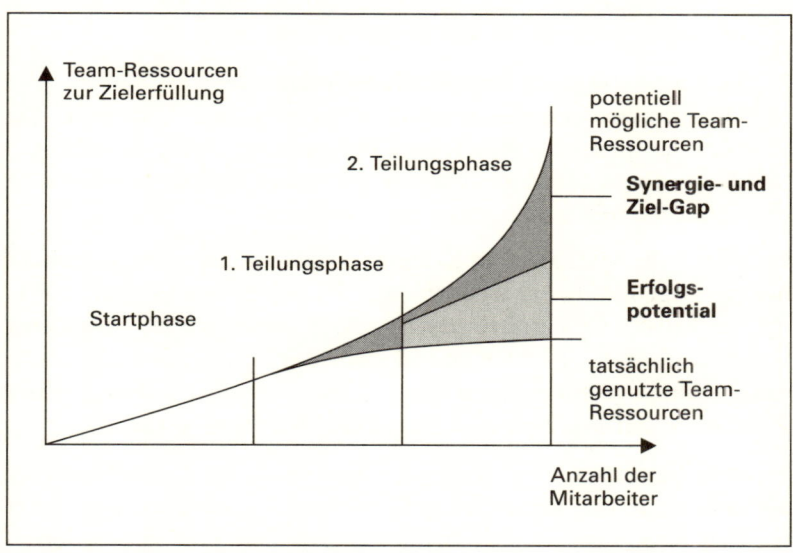

Abbildung 3: Erfolgspotential eines Outdoor-Trainings für SWU zur Füllung des Synergie- und Ziel-Gaps

Der Erfolg des Outdoor-Trainings kann mit einem veränderten Verlauf der Kurve der tatsächlich genutzten Team-Ressourcen beschrieben werden, wie ihn Abbildung 3 beispielhaft zeigt. Sie wird *wesentlich* durch ein gezieltes Outdoor-Training nach oben beeinflußt. Die helle Fläche kennzeichnet dabei beispielhaft das Erfolgspotential eines Outdoor-Trainings. Für das Erfolgspotential eines Outdoor-Trainings für SWU zur Ausschöpfung der Team-Ressourcen in bezug auf das ursprüngliche Unternehmensziel sind hauptsächlich zwei Bestimmungsgrößen wesentlich:

1. **Eine frühzeitige Durchführung**

   Wird eine gut funktionierende Teamkultur, die neu hinzukommenden Mitarbeiter quasi automatisch durch Vorleben übertragen wird, durch ein gezieltes Outdoor-Training bereits im Anfangsstadium einer SWU angelegt – Lernen am Modell –, ist dies wesentlich kostengünstiger, als eine gut funktionierende Teamkultur in einer großen, bestehenden und gefestigten organisatorischen Einheit zu entwickeln.

2. **Eine unterstützende Organisationsstruktur**

   Die im Unternehmen gewählte organisatorische Struktur, wie zum Beispiel eine Netzwerk-Organisation, sollte es zulassen, die in einem Outdoor-Training gelernten Verhaltensweisen im Unternehmen umzusetzen und zu leben.

Hier kann die Metapher der Zellteilung aus der Einleitung nochmals herangezogen werden. Wenn in den Ursprungsteams einer SWU die „richtige" Teamkultur durch ein Outdoor-Training gelernt wurde und diese anschließend in einer dazu passenden Organisationsstruktur gelebt werden kann, pflanzt diese sich ähnlich einer Zellteilung auf neu hinzukommenden Mitarbeitern fort.

Es ist zu erwarten, daß Outdoor-Trainings in der Zukunft stärker als bisher für die Vermittlung komplexer Lerninhalte eingesetzt werden. Das bezieht sich nicht nur auf den hier geschilderten Einsatz bei SWU, sondern auch bei anderen Problemstellungen, zum Beispiel im Bereich der persönlichen Leistungsentfaltung, der Kommunikation. Im Vergleich zu konventionellen Lernmethoden ist der Lernerfolg intensiver, dauerhafter und schneller erzielbar – aufgrund der ganzheitlichen, erfahrungsorientierten Basis. Unternehmen, die in der Zukunft das Veränderungstempo in Umfeld und Wettbewerb meistern wollen, werden verstärkt auf Outdoor-Trainings zurückgreifen.

Wahrheit:
Outdoor-Erleben
als kinästhetische Metapher

Anders und Iris Seim

„Weshalb sprichst du immer in Gleichnissen und Metaphern?"
fragte ein Mann seinen Freund. „Die Leute halten dich deshalb
für hochmütig und machen sich über dich lustig. Es ist mir
allmählich peinlich, dein Freund zu sein." „Du gleichst einem
Papagei", erwiderte der Freund und ging seiner Wege. Der
andere lief wütend hinter ihm her. „Wie konntest du mich nur
so beleidigen?" rief er und drohte seinem Freund mit Schlägen.
„Weshalb bist du so wütend?" fragte dieser. „Hast du denn
überhaupt nicht verstanden, was ich sagen wollte?" „Aber das
versteht doch jedes Kind", erwiderte der Gefragte ärgerlich.
„Du wolltest damit sagen, daß ich gedankenlos nachplappere,
was andere reden; daß ich keine eigene Meinung habe, daß
ich leere Worte von mir gebe, ohne zu wissen, was sie
bedeuten; daß ich ... " „Siehst du", unterbrach ihn sein Freund,
„wie viele Worte du brauchst, um das zu sagen, was ich mit
einem Wort gesagt habe? Eben deshalb spreche ich in Gleichnissen, sie sind kurz und treffend; und jeder kann sie verstehen.
Sie sind das Bekannte, durch das wir uns das Unbekannte
verständlich machen, indem wir dieses mit jenem vergleichen."
„Du hast recht", gestand der andere, „und ich bin stolz darauf,
dein Freund zu sein." (Branster, G., Die Ochsenwette, Rostock
1985)

Als Trainer steht man vor der Herausforderung, Seminarinhalte so zu „verpacken" und auf den Punkt zu bringen, daß sie nachhaltig haften bleiben und auf den Arbeitsalltag übertragen werden.

Ein kreatives Werkzeug hierfür ist die Verwendung von Metaphern: Bildern, Gleichnissen und Geschichten, die die Eigenschaft haben, komplexe Ideen so zu verdichten, daß sie die Botschaft einfach und verständlich machen. So gesehen drückt eine Metapher eine Sache in den Begriffen einer anderen aus, wobei diese Verknüpfung ein neues Licht auf die beschriebene Sache wirft. Metaphern sind nicht die Erfahrung selbst, sondern bieten eine Möglichkeit, über Erfahrungen zu reden. Eine tatsächliche Erfahrung ist nur der Person zugänglich, die sie auch macht. Metaphern werden benutzt, um bei der Durchführung einer Veränderung zu unterstützen. Sie erlauben dem Zuhörer seinerseits, die Metapher in den Begriffen seiner eigenen Erfahrung zu repräsentieren.

Ob eine Metapher als Lehrmittel effizient „wirkt", hängt davon ab, ob sie als bedeutsam erlebt wird. Konkret bedeutet dies, daß eine Metapher um so wirksamer ist, je mehr sie an ein Gefühl, an eine körperliche Erfahrung – an die Kinästhetik – gekoppelt ist. Je stärker das Gefühl, um so einprägsamer die Erfahrung.

Das Lernen auf Seminaren findet üblicherweise auf der visuellen und auditiven Ebene statt; die kinästhetische Ebene wird meist außen vor gelassen.

Viele Unternehmen stehen infolge der enormen Geschwindigkeit, mit der sich der gesellschaftliche und technologische Wandel vollzieht, immer wieder vor dem Problem, zukunftsorientierte Strategien zu entwickeln, mit denen sie die anstehenden Herausforderungen bewältigen.

Dementsprechend steigt der Bildungsbedarf – die Bewußtseinsindustrie ist der derzeit am schnellsten wachsende Dienstleistungssektor. Zwangsläufig stellt sich die Frage der Effizienz im Sinne von Verankerung und Transfer des Gelernten.

Outdoor-Trainings bieten in höchstem Maße die Möglichkeit der Verknüpfung von auditiven und visuellen Inputs mit dem körperlich erlebbarem Lernen. Durch den hohen Anteil an Erfahrungslernen entsprechen sie den Ansprüchen an Effizienz und Übertragung der Lerninhalte.

Outdoor-Übungen bieten zwei Ansatzmöglichkeiten für Transfer

1. Wie jemand die Outdoor-Aufgabe löst, sich durch sie bewegt, als Metapher für seine „Bewegung" durch seine Lebens- und Arbeitsaufgaben.

2. Das Meistern von angstbesetzten Herausforderungen auf der Outdoor-Strecke wird auf vergleichbare Alltags-Herausforderungen des Teilnehmers übertragen.

Wie aber sieht die Praxis aus?

Die Outdoor-Übungen stellen die Teilnehmer vor unterschiedliche Herausforderungen. Wie jede Herausforderung im Leben, gehört zu deren Bewältigung, sich zuerst einen Überblick zu verschaffen, um dann Bewältigungsstrategien und Ressourcen aus der persönlichen Vergangenheit zu sammeln. Anschließend wählt man eine Strategie oder Vorgehensweise aus und führt sie durch.

Wir als Trainer und Coaches beobachten, *wie* sich eine Person durch die Outdoor-Aktivität hindurchbewegt. Dadurch bekommen wir Hinweise darauf, wie ein Teilnehmer denkt in bezug auf seine Ziele und welche persönlichen Lösungsstrategien er haben könnte. Somit verstehen wir unter einer kinästhetischen Metapher das „Wie" in bezug auf Bewegungen und Ausdruck einer Person, übertragen auf die Bewältigungsstrategien im beruflichen Alltag.

Wir möchten noch darauf hinweisen, daß es im folgenden nicht darum geht, Personen zu kategorisieren oder in „eine Schublade" zu stecken. Das zu beobachtende Verhalten bietet die Möglichkeit einer Diskussionsgrundlage im Anschluß an eine Outdoor-Übung.

Im folgenden einige Praxisbeispiele:

„Die Ablehner"

Eine Führungskraft, die bei der Bewältigung einer schwierigen Outdoor-Aufgabe die Hilfe von anderen ablehnt, wird wahrscheinlich auch im beruflichen Alltag nicht die Ressourcen der Mitarbeiter nutzen und sich selbst vielleicht zu große Lasten aufbürden. Hilfe wird gleichgesetzt mit „Fehlermachen" und Schwäche. Dieses Verhalten schließt Kooperation aus und verlangsamt die Zielerreichung.

Ebenso ist zu beobachten, daß jene Personen, die Hilfe mit Schwäche gleichsetzen, anderen an der falschen Stelle helfen, um die „Konkurrenz zu schwächen", und dadurch in Outdoor-Teams depotenzierend wirken.

Die Herausforderung der Coaches und der Gruppe besteht darin, diese Personen anhand von speziell darauf ausgerichteten Gruppenübungen erfahren zu lassen, daß Teams und Gruppen mehr zu leisten imstande sind als ein einzelner.

„Die Ziellosen"

Häufig sind Personen dabei, die sich keine klaren und effizienten Ziele setzen können. Zu beobachten ist dies während der Durchführung einer Übung daran, daß diese Personen eher auf ihre Füße schauen, anstatt ihren Zielpunkt im Auge zu behalten und den Füßen zu erlauben, Gleichgewicht zu fühlen. Dies trifft für Übungen zu, bei denen Balance die entscheidende Rolle spielt, zum Beispiel das Hochseil, und welche im folgenden als Hintergrund dienen. Oftmals fangen sie gleich an zu agieren, jedoch ohne Commitment. Das Ziel zu erreichen ist eher vom Glück abhängig als von ihren Fähigkeiten. Es ist unwahrscheinlich, daß diese Teilnehmer ihre sonstigen Ziele im Leben mit einiger Konstanz erreichen. Auch sind sie als Führungsperson nicht gut imstande, Ziele so zu vermitteln, daß sie von allen Ebenen verstanden werden und erreichbar sind.

Hier bietet sich an, das Muster derart zu unterbrechen, indem die Übung gestoppt und die Betroffenen aufgefordert werden, eine klare, positive Zielformulierung zu äußern.

Die Relevanz einer präzisen Zielformulierung im persönlichen und beruflichen Alltag wird unterstrichen.

„Die Umfaller"

Dies sind Teilnehmer, die sich bis zur „Zielgeraden" langsam und sorgfältig durch die Übung hindurchbewegen. Auf der letzten Strecke zum Ziel hin beeilen sie sich, fallen und vergeben sich dadurch ihren Erfolg. Häufig haben diese Personen im Beruf auch die Erfahrung gemacht, daß sie auf der Strecke bleiben und Kollegen befördert und bevorzugt werden. Negative Glaubenssätze wie zum Beispiel „Wer hoch hinaus will, wird tief fallen", „Ich bin ein Versager" oder „Ich werde es nie zu etwas bringen" sind meistens die Ursache.

In der Reflexionsphase bietet sich an, darüber zu sprechen und diese Glaubenssätze über sich und die Welt in Frage zu stellen.

„Die Beschwichtiger"

Diese Teilnehmer mögen für sich eine durchaus effiziente Strategie für die Meisterung von Outdoor-Übungen entwickelt haben; sie ändern aber ihre Richtung und ihre Art, sich zu bewegen, aufgrund der Vorschläge der anderen Teilnehmer und scheitern deshalb gegebenenfalls. Dies ist oftmals ein Hinweis darauf, daß ihnen die Meinungen und Bewertungen von anderen wichtiger sind als ihr Vertrauen in sich selbst.

Sie verarbeiten Informationen von anderen, als ob diese eine dementsprechende Entscheidung verlangten. Sie möchten vielleicht etwas gerne tun, haben aber Probleme, es aus eigener Kraft durchzusetzen, ohne andere zu fragen. Sozialer Kontrolle sind sie stark ausgesetzt. Jemand, der die Meinung anderer als Maßstab für sich selbst nimmt, möchte in der Regel wissen, was andere über ihn denken beziehungsweise was andere gemacht haben. Sie akzeptieren gerne Feedback und lernen daraus. Dies kann sich der Coach zunutze machen, indem er sie auffordert, den eigenen Gefühlen zu vertrauen, und mit ihnen gemeinsam Referenzerfahrungen sucht.

„Das Leben ist ernst"

Manche Teilnehmer können außerhalb des Übungsrahmens lachen und „gut drauf sein", machen jedoch ein sehr ernstes Gesicht während des Übungsablaufes. Wenn sie ihre Gesichtsmuskulatur anspannen, spannen sie ihren Körper an und verlieren automatisch ihr Gleichgewicht. Das gleiche trifft häufig in deren Leben zu: Sie scheinen zu glauben, die Arbeit sei ernst. Auch hier sind meist fest verwurzelte Glaubenssätze die Ursache, die es in Frage zu stellen gilt.

„Die Ersten und die Letzten"

Immer wieder nehmen Personen teil, die die Übungen grundsätzlich als erster oder letzter durchgehen. Teilnehmer, die stets als erste gehen, bekommen selten die anderen Personen in der Gruppe mit, sie beenden die Übung so schnell wie möglich und schalten anschließend ab. Dadurch, daß sie die wesentlichen Impulse und Stimuli aus sich selbst beziehen, vergeben sie sich die Möglichkeit, aus der Erfahrung der anderen zu lernen. Des weiteren vermitteln sie den anderen Teilnehmern, unwichtig zu sein. Personen, die als letzte gehen, ziehen häufig die gesamte Aufmerksamkeit der Gruppe auf sich, sowohl im Falle des Gelingens als auch im Falle des Scheiterns.

Die Betroffenen werden von den Coaches auf diese Muster und deren Wirkung – auch auf andere – hingewiesen und dazu aufgefordert, neue Varianten auszuprobieren.

„Kopfschütteln und Auf-die-Lippen-Beißen"

Dies sind Hinweise auf negative Selbstgespräche, gegebenfalls Selbstanklagen. Das führt dazu, daß die Betroffenen in einem Problemzustand verharren, sich verkrampfen und dadurch ihr Gleichgewicht verlieren. Mit Hilfe der anderen Teilnehmer wird auf ein positives Selbstgespräch hingearbeitet, welches mit Gelingen der Übung verankert wird.

Zusammenfassend gesagt, bestehen die Aufgaben der Outdoor-Trainer darin, zum einen präzise wahrzunehmen, wie sich die Teilnehmer selbst und im Zusammenspiel mit anderen durch die Aufgaben hindurchbewegen; zum anderen müssen die Trainer als Coaches den Teilnehmern andere Verhaltensmöglichkeiten anbieten, um neue Muster zu prägen und zu erlernen. In der anschließenden Reflexionsphase ermöglichen sie den Teilnehmern, ihre Erfahrung mit ihrem Alltag zu verknüpfen.

Aus dem Gesagten ersehen wir die Bedeutung und die Möglichkeit des Outdoor-Erlebens. Durch die Auseinandersetzung mit der Dramatik in manchen Outdoor-Events werden die Teilnehmer zudem in hohem Maße in einen assoziierten Zustand versetzt — im Gegensatz zum dissoziierten Zustand, in dem der Teilnehmer quasi als Beobachter auf das Geschehen und sein eigenes Handeln und Erleben schaut. Das Erlebte wird aufgrund der Gefühlsintensität stark eingeprägt. Für sich genommen sind die Outdoor-Erlebnisse — wie jede Wirklichkeit erster Ordnung — bedeutungsmäßig leer. Auf einer zwölf Meter hohen Stange hochzuklettern, kann für einen Menschen völlig sinnlos sein und für einen anderen zu einem bedeutsamen Ereignis in seiner persönlichen Weiterentwicklung werden. Eine Reihe von Outdoor-Aktivitäten bereiten, trotz objektiver Sicherheit durch Gurte etc., fast allen Teilnehmern erhöhte Angst. Diese Angst löst zweierlei Impulse aus: den Wunsch nach Rückzug oder „Angriff". In einem erfolgreichen Outdoor-Programm werden die Teilnehmer dahingehend unterstützt, Schritte über ihre eigenen inneren Begrenzungen oder „roten Linien" zu wagen, Linien, die die bisherigen „Sicherheitszonen" angezeigt haben. Ein erfolgreicher Schritt über diese Linien löst starke Gefühle von Glück und der Meisterung aus, auch Flow-Erleben genannt. Dieser innere Zustand jenseits von Angst und Langeweile wird definiert durch die optimale Herausforderung an das Können und Wissen eines Menschen, mit einem absolut positivem Gefühl, potentiell gefährliche Kräfte zu kontrollieren. Alle unangenehmen Aspekte des Lebens werden vergessen, da in einem Zustand völliger Konzentration kein Raum bleibt für unwichtige Informationen. Handeln und Bewußtsein sind eins. Zukunft und Vergangenheit werden unwichtig, die Aufmerksamkeit wird gebündelt in der Gegenwart. Dieser außerordentlich ressourcevolle Zustand, ausgelöst durch, etwas Unerwartetes erreicht und die Sicherheit schützender Routine aufgegeben zu haben, kann genutzt werden zum Ausbalancieren von Situationen aus dem Alltagsleben des Teilnehmers, in denen er gerade vor angstbesetzten Situationen „kneift". Wir induzieren also diese Flow-Zustände, indem wir ein Individuum mit einer angstbesetzten Aktivität konfrontieren und es an die äußersten Grenzen seiner Fähigkeiten unterstützend begleiten.

Die Vorgehensweise sieht dabei am Beispiel des „Pamper-Poles" – liebevoll auch „Pizza-Teller" genannt – wie folgt aus: Die Teilnehmer sollen einen zwölf Meter hohen Baumstamm hochklettern. Oben ist eine kleine Plattform, auf der man sich aufstellt, um von dort zu einem Seil zu springen. Durch Gurte und Seile ist die Übung absolut sicher. Trotzdem erleben die meisten Personen starke Höhenangst (deshalb „die Pampers"). Wenn der Teilnehmer sich dazu entscheidet, seine Angst zu überwinden und über eigene innere Grenzen zu gehen, wird mit ihm im Vorfeld besprochen, vor welchen, ähnlich gestalteten Herausforderungen er in seinem Alltagsleben steht. Er erlebt diese Situation aus der Erinnerung im Vorfeld innerlich durch. Dann beginnt er, zielgerichtet in einem Zustand völliger Konzentration, mit dem Aufstieg. Nach Erreichen des obersten Punktes auf der Stange richtet der Teilnehmer sich auf. Ein Gefühl von Meisterung, manchmal Glück und absoluter Balance stellt sich ein. In diesem Gefühl von Freude, etwas Unerwartetes erreicht zu haben, etwas, was man sich vorher nicht einmal vorstellen konnte, läßt er wieder seine problematische Alltagssituation aufkommen und erlebt sie neu, diesmal mit den Ressourcen. Fast immer werden in diesem Moment neue Entscheidungen darüber getroffen, wie diese Klasse von Herausforderungen zukünftig im Alltag angegangen wird. Nach der Meisterung der „roten Linie" wissen die Teilnehmer, daß sie sich selbst verändert haben, das Selbst gewachsen ist.

Gerade diese Art von Aufgaben, bei denen die Teilnehmer erfahren, daß sie weit mehr zu leisten imstande sind, als sie sich selbst und anderen zugetraut haben, machen Angebote, zukünftig den sicheren Kreis der Gewohnheiten zu verlassen und neue Wege zu gehen. Die Teilnehmer werden angeleitet, sich auf neue, unberechenbare Situationen einzustellen. Die Anforderung, denen sie sich gegenübergestellt sehen, erfordert, manchmal um des eigenen Überlebens willen, den bedingungslosen Einsatz der gesamten Person. Man erfährt sich als Tänzer auf dem Seil, ohne sicherndes Netz, und damit jeden seiner Schritte als außerordentlich bedeutungsvoll und relevant. Das dramatische ist der „Brennstoff der Transformation". Diese Übungen wecken Mut und Risikobereitschaft und fördern dadurch Stolz und Selbstvertrauen. Erstarrte Muster werden aufgeweicht und zu Kreativität und Flexibilität wird ermuntert.

Wichtig ist aber auch zu bemerken, daß die Anerkennung und der Respekt vor den eigenen Grenzen und den Grenzen anderer Teilnehmer eine hohe Priorität haben – sowohl im Outdoor-Parcours als auch im persönlichen und beruflichen Alltag.

Abschließend sei zu bemerken, daß das Outdoor-Erleben mit anderen eine Metapher ist. Die Teilnehmer haben die Chance, die anderen und sich selbst ohne Maske zu erleben und zu erfahren, daß gerade in einem Klima von Offenheit und gegenseitigem Vertrauen vorhandene Ressourcen zu Synergien im Team optimiert werden. Der Grundstein für ein vernetztes Denken in komplexen Zusammenhängen und implizit damit auch für Erfolg wird gelegt.

Lernen:
Der Körper geht voran

Heiner Koppermann

*„90 Prozent dessen, was unser Gehirn zu jedem Zeitpunkt auf-
nimmt, sind Informationen bezüglich unserer Bewegung im Raum.
Bewegung ist daher ein idealer Kanal, um unserem Gehirn neue
Verhaltensweisen beizubringen."*

Dieser Beitrag will den Einsatz von Outdoor-Übungen, im Rahmen einer kinästhetischen Metapher, als einen effizienten Weg des
Managementlernens aufzeigen. Mit Managementlernen sind dabei
insbesondere der Erwerb grundlegender Fähigkeiten der sozialen
Kompetenz wie Leadership, Teamarbeit, Motivation, Konfliktlö-
sung, Planen und Umsetzen und auch mehr selbstbezogene
Fähigkeiten wie Selbstbewußtsein, Zutrauen, Umgang mit eigenen
Ängsten, Zugriff auf eigene Ressourcen usw. sowie die dazu
passenden Verhaltensänderungen gemeint.

Traditionelles Lernen

Die meisten von uns assoziieren Lernen mit Schule. Eingezwängt
zwischen einen Tisch und einen Stuhl, ist wohl jeder von uns
irgendwann einmal im Leben mit allerlei Inhalten und Theorien
konfrontiert worden. Später im Leben setzt sich dieses Konzept
fort, und nach der Schule folgen Lehre, Studium, Fortbildungen,
und alle haben sie eins gemeinsam, nämlich die Sequenz, nach der
Inhalte und Fähigkeiten vermittelt werden: von der Theorie, das

heißt über den Kopf und das Verstehen, über das Üben, das heißt mit dem Körper probieren, hin zum Können, also dem Tun.

Diese Lernsequenz hat sich bis in fast alle Lernbereiche erhalten. Ich will sie kurz an einem Beispiel erläutern: Vor einigen Jahren habe ich mich entschlossen, Skifahren zu lernen. Ich begab mich also zu einem Wintersportort und schloß mich einem Skikurs an. Daß mein Körper noch nichts mit dieser neuen Form der Bewegung anfangen konnte, wurde mir bereits am ersten Tag nach Anlegen der Skier bewußt. In der ersten Skistunde erklärte mir dann der Skilehrer, wie ich auf den Brettern zu stehen hätte, und führte uns in die Physik des Skifahrens ein: Knie beugen, Gewicht leicht nach vorn, Stockeinsatz, Schneeflug usw. Eines ist mir bis heute in lebhafter Erinnerung geblieben, nämlich daß ich vom Kopf her ganz genau verstanden hatte, was zu tun ist, mein Körper aber einfach unfähig schien, dies alles auf den Schnee umzusetzen, und mich einfach wieder und wieder der Gravitation anheim fallen ließ. Während ein ständiger innerer Dialog mir vorflüsterte, was ich tun müsse, waren meine diversen Gliedmaßen mehr damit beschäftigt, eine halbwegs aufrechte Figur beizubehalten.

Viele Jahre später, nach deutlichen Fortschritten im Skifahren, nahm ich erneut an einem Skikurs teil, diesmal Buckelpistenfahren in Colorado. Schon von Anbeginn an wurde klar: Diese Skilehrerin hatte einen ganz anderen Ansatz. Sie verlor nicht ein Wort an Buckelpistenfahren-Theorie, sondern bat uns, einfach auf die ersten Buckel zuzufahren und „hinzuspüren", was unser Körper uns signalisierte. Dann forderte sie uns auf, mit diversen verschiedenen Gewichtsverlagerungen zu experimentieren und wieder einfach nur zu spüren, wann wir uns am wohlsten und sichersten fühlten. Auch danach kein Wort zur Theorie! Schon nach wenigen Buckeln hatte mein Körper seinen Weg gefunden, einigermaßen elegant die Hindernisse zu umfahren – ich hatte eine neue Fähigkeit erlernt, ohne im eigentlichen zuvor verstanden zu haben, was zu tun war; mein Körper hatte all das übernommen.

Dieses Beispiel soll den Grundunterschied verdeutlichen, auf dem Lernen durch Outdoor basiert: Forme zuerst deine Bewegungsabläufe, deinen Körper neu, und der Verstand wird (dann) folgen. Dem zugrunde liegt die Erkenntnis, daß das Ändern des kinästhetischen Anteils einer Erfahrung, also den Körpergefühlen, der effizienteste Weg ist, um einer Person neue Verhaltensweisen nahezubringen. Das bedeutet aber, daß wir die Art unseres Denkens dadurch verändern können, daß wir unsere Bewegungsabläufe ändern. Traditionelles Lehren/Lernen ging oft von der umgekehrten Prämisse aus: erst verstehen, dann tun können.

Daß der Weg „erst Körper, dann Verstand/Geist" erfolgversprechend ist, wird uns auch intuitiv klar: Fast alle unsere ersten menschlichen Fähigkeiten wie Laufen, Mit-den-Händen-Fassen, Sprechen usw. haben wir durch Experimentieren beziehungsweise Kopieren der Umgebung erlernt.

Wer einmal in die Verlegenheit gekommen ist, einer anderen Person die eigene Muttersprache nahezubringen, wird gemerkt haben, wie wenig theoretisches Verständnis wir in der Regel von unserer Muttersprache haben. Wir haben sie nicht über Grammatik und Semantik gelernt, sondern durch Probieren und Kopieren. Wer andererseits einmal eine Fremdsprache erfolgreich erlernt hat, tut sich in der Regel deutlich leichter, noch eine zweite oder dritte Fremdsprache zu erlernen. Der Effekt hier ist, daß Lernen dann optimal wird, wenn wir schon einmal eine Erfahrung gemacht haben, die zu dem, was wir neu hören, sehen (lesen), fühlen, in Beziehung steht. Das Gehirn kann dann über Assoziationen das Neue mit Bekanntem verknüpfen und so das Neue relativ leichter integrieren.

Auch die menschliche Evolution basiert viel stärker auf den körperlichen Erfahrungen, als unser verstanddominiertes Leben heute vermuten läßt. So war zum Beispiel das menschliche Gehirn bereits zu den größten Teilen „fertig" entwickelt, bevor der moderne Mensch und Frühformen der Sprache überhaupt erst auf der Bildfläche erschienen. Dies macht auch eine der überraschenderen Erkenntnisse der Kommunikationsforschung verständlich, daß sich nämlich nur circa zehn Prozent unserer Kommunikation auf der Basis sprachlicher Inhalte (das *Was*) vollzieht, während circa

90 Prozent via Stimme, Tonalität und Körpersprache (das *Wie*) vermittelt werden.

Natürlich läßt sich diese Erkenntnis noch auf ganz andere Bereiche menschlichen Lernens übertragen, und Managementlernen ist nur ein Beispiel dazu.

Das Outdoor-Umfeld

Outdoor-Elemente im Managementkontext werden von uns wie folgt eingesetzt:

Die Teilnehmer unserer Outdoor-Kurse erleben die verschiedenen Outdoor-Übungen als Mitglied eines Teams, das aus teilweise einander bekannten, aber auch gänzlich unbekannten Mitgliedern bestehen kann. Diese Teams bekommen bestimmte Aufgaben wie zum Beispiel das Erklimmen einer Steilwand gestellt und werden dann im wesentlichen sich selbst überlassen, um diese Aufgabe im Team zu bewältigen.

Das zugrundeliegende Konzept ist das *Ausdehnen der eigenen Komfortzone*, das heißt das physische Tun neuer Dinge und das Erleben neuer Körpergefühle, um so die Basis für neues Verhalten zu schaffen. Hiermit schließen wir an die beschriebene neue Lernsequenz an: zuerst mit dem Körper erfahren (noch ohne zu verstehen), dann mit dem System Körper-Geist integrieren und erst dann, als Konsequenz, verstehen.

Beispiele aus dem Alltag

Um deutlich zu machen, was wir mit der kinästhetischen Komponente von Verhaltensänderungen meinen, hier noch einige Beispiele:

Herzinfarkt führt zur plötzlichen massiven Änderung des Lebensstils

Hier handelt es sich um den Fall, wenn der Körper zur absoluten Notbremse greift, um zu signalisieren: Jetzt reicht's! Viele Menschen erkennen dieses Signal, lernen daraus und stellen ihr Leben grundlegend um. Andere wiederum haben die Fähigkeit, auch ein derart deutliches Signal noch zu verdrängen, und leben so weiter wie zuvor – bis zum nächsten Infarkt.

Das Gefühl überwiegt den Verstand: Analyse versus Intuition

Wohl jeder von uns hat schon einmal Situationen erlebt, in denen das Gefühl, die eigene Intuition und die Ratio, die Logik, der Kopf zwei verschiedene Richtungen bezüglich einer Entscheidung einschlagen. Die Business-Entscheidung: Die Zahlen sagen „nein" und doch können wir ein gewisses Gefühl nicht loswerden, daß sich dahinter eine gute Idee verbergen könnte. Oder beim Hauskauf: Lage, Preis und Ausstattung legen den Kauf nahe, und doch macht sich ein ungutes Gefühl in der Magengegend breit.

In vielen Fällen stellt sich dann heraus, daß das wenig greifbare Gefühl valide Einwände ins Spiel bringt, auf die zu hören uns in der Regel weiterbringt, als sie zu ignorieren.

Und als Gegenbeispiel natürlich die nahezu endlosen Fälle versuchter und doch erfolgloser Verhaltensveränderungen bei Mitarbeitern durch rein kopfgesteuerte Trainings- und Seminarkonzepte ohne jegliche kinästhetische Komponente und nachweislich auch ohne jeden nachhaltigen Erfolg.

Gehe ich heute an einem Seminarraum vorbei, in dem Mitarbeiter hinter in Konferenzordnung aufgestellten Tischen auf einen Overheadprojektor starrend einem monoton dozierenden Seminarleiter lauschen, und schaue ich dann noch in die trüben Mienen der Teilnehmer, dann sagt eine Stimme in mir: Schau her, hier werden wieder Tausende von Mark für effektlose Trainings verbraten.

Natürlich haben weder Ratio noch Intuition für sich allein immer recht oder unrecht. Am besten fahren daher diejenigen Menschen, die einen Weg für sich gefunden haben, beide als wertvolle und notwendige Entscheidungshilfen zu nutzen. Als Konsequenz sollte daher jedes Trainingsprogramm – und nicht nur reine Outdoor-Programme – kinästhetische Komponenten miteinbeziehen, um maximales Lernen sicherzustellen.

Nachhaltigkeit des Lernens

Angesichts der allerdings noch wenig verbreiteten Praxis des Lernens über eine kinästhetische Metapher wollen wir kurz einen Blick auf die Nachhaltigkeit eines solchen Lernens werfen.

Jedes Verhalten, das zweimal wiederholt wird, ist eine Gewohnheit. Das bedeutet aber, daß ein mehrfach von uns im/mit dem Körper erlebtes Ereignis die Kraft hat, neue Gewohnheiten in uns anzustoßen. Dies ist aber genau der gewünschte Effekt in Managementtrainings: Der frühere Einzelgänger erfährt echtes Teamgefühl als etwas Angenehmes im eigenen Körper und ist fortan geneigt, dies auch aktiv zu reproduzieren.

Hinzu kommt das spielerische Element. Schiller soll einmal gesagt haben: „Erst wenn der Mensch spielt, ist er ganz Mensch."

Denn beobachtet man Menschen, insbesondere Kinder, beim Spiel, so stellt man fest, daß dabei die Ressourcen besonders reichhaltig zur Verfügung stehen und eingesetzt werden. Kombiniert mit dem sich einstellenden Spaß am Spiel, ist dies eine vorzügliche Basis für Exzellenz menschlichen Tuns und Schaffens.

Typische Beobachtungen, Lerneffekte und Evidenzen

In unseren diversen Outdoor-Trainings beobachten wir genau diese Effekte wieder und wieder, und ich möchte an dieser Stelle zur Verdeutlichung noch einige illustrierende Beispiele geben.

Starrer Körper – starrer Geist

Kursteilnehmer, welche sich vor Beginn eines Trainings durch eine gewisse Steifheit der Bewegungen, eine Inflexibilität des Körpers auszeichnen, stellen sich in anschließenden Übungsbesprechungen beziehungsweise der Teamarbeit auch geistig als weniger flexibel heraus. Sie möchten bei arrivierten Lösungsansätzen verharren und sträuben sich gegenüber Neuerungen.

Gelingt es, diese Teilnehmer zu einem flexibleren Einsatz ihres Körpers zu bewegen, beobachtet man auch eine zunehmende Flexibilität im Denken dieser Menschen.

Das Verweigern von Hilfe anderer

Lehnen Teilnehmer im Gerät die Hilfe ihrer Teamkollegen ab, so läßt sich dies meist direkt auch auf ihren Arbeitsstil im Betrieb übertragen: Es fällt ihnen schwer, um Hilfe zu bitten beziehungsweise sie anzunehmen, da sie dies als eigene Schwäche interpretieren.

Wir verschaffen diesen Menschen ein Erlebnis (zum Beispiel beim Erklimmen einer Steilwand), bei dem sie eine bestimmte Aufgabe nur dann erfolgreich lösen können, wenn sie sich auf die Hilfe anderer verlassen. Dieses neue Gefühl baut die bestehenden Mauern gegenüber der Inanspruchnahme von Hilfe ab.

Sich von Teamkollegen abhängig machen

Das Gegenstück sind Teilnehmer, welche sich quasi klettenartig an Teamkollegen anklammern. Sie machen den eigenen Erfolg von der Hilfe anderer übermäßig abhängig („Ich gehe nur, wenn er geht") und vertrauen nicht auf eigene Ressourcen.

Wir helfen diesen Teilnehmern, mit Teamunterstützung eine Aufgabe zu vollbringen (zum Beispiel Pfahlsprung), die sie im letzten Schritt doch allein tun. Für viele ist dies ein besonders bewegender Moment, der auch für die Umstehenden sichtbar im Körper erlebt wird.

Vom Sie zum Du: die Überwindung menschlicher Distanz – Nähe ertragen, genießen, suchen lernen

Wir beobachten Fälle, in denen langjährige Arbeitskollegen sich per „Sie" anreden und insgesamt einander gegenüber recht distanziert sind. Nach dem gemeinsamen Erlebnis einer erfolgreich erklommenen Steilwand nehmen diese Teilnehmer sich voller Freude in die Arme, bieten sich erstmals das „Du" an und sehen im Gegenüber nun eher den Menschen als nur den „Kollegen".

Das Annehmen einer gereichten helfenden Hand (in der Steilwand) beziehungsweise das Stützen eines Teammitgliedes (im Vertrauenskreis) sind nur einige der vielen Momente, wo Körperkontakt mit einem an sich fremden Menschen als etwas Positives, Natürliches und Helfendes erlernt werden kann.

Sich fallen lassen können – Vertrauen

Vertrauen ist gut – Kontrolle ist besser. Dieser Spruch prägt viele Menschen so stark, daß es ihnen schwerfällt, überhaupt jemandem zu vertrauen. Zu spüren, daß dies jedoch sicher möglich ist (zum Beispiel beim Vertrauens-Fall), ist für viele Teilnehmer ein tiefbewegendes Erlebnis.

Mal selbst ein „Schwacher" sein

So mancher „starke Manager" wird beim Anblick der Pfahlsprung-Übung schwach. Dieses neue Gefühl, einmal nicht der Starke, sondern einer von den meist zahlreicheren weniger Starken zu sein, ist für diese Teilnehmer eine wichtige neue Perspektive, die sie fortan besser in anderen erkennen und verstehen werden.

Anderen etwas und dann etwas mehr zutrauen

Es wird zuwenig delegiert in typischen Unternehmen. Warum? Weil man den anderen nicht zutraut, die jeweilige Aufgabe genausogut wie man selbst zu erledigen.

Outdoor-Trainings vermitteln zahlreiche Erlebnisse, in denen genau dies von den einzelnen Teilnehmern neu bewertet wird. Da beobachtet der Teilnehmer zum Beispiel den Gehbehinderten, der als erster den Pfahlsprung absolviert, oder die Rollstuhlfahrerin, welche eine entscheidende Stütze beim Spinnennetz darstellt, oder aber den Buchhalter, den man als graue Maus ansah, wie er nun das Team bis zur Erfüllung der Aufgabe führt.

„Frauenpower"

Gerade beim Pfahlsprung kommt es immer wieder vor, daß die Frauen im Team als erste die Herausforderung annehmen. Und so mancher Mann hat uns schon gestanden, er sei nur gesprungen, weil es ihm eine Frau vorgemacht habe und er dies nicht auf sich sitzen lassen könne. Zwar sind dies nicht gerade die besten Beweggründe, doch werden diese Männer diesen weiblichen Kollegen fortan auch im Job mehr Respekt zollen.

In allen genannten Fällen kommt es für den Coach natürlich darauf an, den Teilnehmern das erste Referenzerlebnis des jeweils neuen Gefühls (zum Beispiel sich flexibel geben, Hilfe annehmen, auf eigenen Beinen stehen) zu vermitteln. Auf dieses Referenzerlebnis wird der Teilnehmer dann eine neue Ressource aufbauen können. Zusätzlich haben die Teilnehmer gelernt, was Teamarbeit bedeutet und was sie vollbringen kann. Sie werden dieses Hilfsmittel auch im Berufsalltag verstärkt einsetzen wollen.

In Summe stellen Outdoor-Trainings eine nahezu ideales Umfeld dar, Glaubens- und Verhaltensveränderungen anzustoßen, und zwar in einem anderen als dem eigentlichen Arbeitsumfeld. Es ist dies der große Wert einer Metapher: Die Veränderung beziehungsweise das neue Verhalten wird vom *Un(ter)bewußten* aufgenommen und integriert, ohne daß das *Bewußte* in uns (die Routine, innere Killerphrasen, alte Denkschemata) im Wege stehen. Das Lernen erfolgt aus dem Kontext herausgelöst. Wie umfangreich und nachhaltig dieses Lernen geschieht, hängt im wesentlichen von den Qualitäten des trainingsbegleitenden Coaches ab. Ihr/Ihm fällt die entscheidende Aufgabe des Lerntransfers vom Körperempfinden in den Berufsalltag zu – und da sind Profis gefragt.

Innovationsdynamik: Outdoor ist Lernmodell für Veränderung

Josef A. Schmelzer

Professionelles Outdoor ist eine intensive Lernmethode. Durch Outdoor werden Fähigkeiten, Einsichten und vielleicht auch Haltungen vermittelt und in sehr kurzer Zeit gelernt, die an einer Universität, wenn überhaupt, nur mit sehr viel höherem Zeitaufwand und viel geringerem Effekt gelernt werden könnten.

Es gibt kaum ein Lernmodell, welches zentrale Veränderungsziele, die die Arbeit und Beziehungen in einer konkreten Gruppe betreffen, in kurzer Zeit effektiver beeinflußt als die Konfrontation mit Situationen, wie sie in einem professionellen Outdoor präsentiert werden.

Effektives Outdoor hat in der Regel einen eigenen Rhythmus, in dem sich Aktion und Reflexion abwechseln. Die Reflexion gibt den Teilnehmern Zeit, das intensiv Gelernte und Erlebte zu verarbeiten, zu generalisieren und auf andere (Arbeits-)Kontexte zu übertragen, in denen das Gelernte ihnen nützlich sein könnte. Und das genau ist das Angestrebte. Deswegen ist für den optimalen Nutzen eines Outdoor-Programms wichtig, daß Lernexperten (und/oder auch Experten für das zu Lernende) an Konzeption und Umsetzung des Programms mitwirken. Ihre gestalterische Leistung ist wichtig für die Dramaturgie der Lernerlebnisse und für die Unterstützung der Generalisierungs- und Übertragungsprozesse.

Aus der Lerntheorie wissen wir, daß der Mensch um so intensiver lernt, je intensiver die beim Lernen auftretenden Eindrücke sind und je unmittelbarer die Feedbackschleifen für „richtiges" beziehungsweise „falsches" Verhalten sind. Da kurze Feedbackschleifen auch ein Merkmal des mit „Flow" (Mihaly Csikszentmihalyi) bezeichneten Glückszustandes sind, kommen solche Zustände auch bei Teilnehmern in Outdoor-Programmen vor. Überhaupt ist das Lernen in professionellen Outdoor-Programmen weniger von Frustration gekennzeichnet, sondern mehr von Anstrengung, Selbstüberwindung und Spaß/Stolz.

Die unmittelbare und intensive Veränderungswirkung des Outdoor hängt damit zusammen, daß dieses eben nicht Abenteuerromantik (und damit Verharren im Gestern) bedeutet, sondern unmittelbares Erlebnis von Aufbruch, Grenzüberschreitung und Teams-Synergie – je nach Lern-/Programm(ierungs)ziel, zu dessen Erreichung das Outdoor-Projekt konzipiert ist und eingesetzt wird. Der Körper und seine Sinne werden aktiv eingesetzt, um den Geist neu zu programmieren.

Professionelles Outdoor basiert auf einer humanistischen Philosophie in ihrem ursprünglichsten Sinne. Der Mensch wird als Geist- und Körperwesen – als Einheit gesehen und gefordert. Er muß sich als Geist-Körper-Einheit bewähren. Auf sich gestellt oder im Team – je nach Design und angestrebter Lernerfahrung.

Alte Programme von Verharrung werden überschrieben und durch Muster von Aufbruch und Veränderung ersetzt. Die intensive sinnliche Erfahrung unter direkter Beteiligung des Körpers ist deswegen die effektivste, weil wir eben so gebaut sind. Es geht auch darum, die aufgrund der biologischen Entwicklung des Menschen vorliegenden Gegebenheiten nicht als Beschränkungen zu beklagen, sondern aktiv nutzend einzusetzen.

Outdoor ist wie das Einbrennen neuer aktueller Programme in ein Speichermedium. Es kann viel bewirken und in kurzer Zeit dauerhafte Veränderung initiieren und ist damit auch sehr ökonomisch. Am besten ist es, wenn Outdoor-Design und -Durchführung von den Beratern geliefert werden, die auch den Veränderungsprozeß des Unternehmens betreuen. So wird sichergestellt, daß das Outdoor-Programm optimal auf die wirtschaftlichen und kulturellen Veränderungsziele des Unternehmens abgestimmt ist.

Die Innovationsdynamik und das Veränderungstempo eines Unternehmens leben davon, daß die Mitarbeiter wagemutig Neues denken, alte Grenzen überschreiten, Initiative ergreifen, Risiko eingehen und daß sie dieses auch im Team leben.

Genau dafür ist Outdoor Lernmodell par excellence. Der Mensch wird auf die Füße gestellt und lernt Veränderung, während er in Bewegung ist und seinen Standort laufend verändert. Bewegung/Motion schafft Emotion – zur Arbeit, zur Gruppe und zum Unternehmen (und emotionales Lernen ist wirksamer als emotionsloses Lernen).

Das Entscheidende zum Thema Outdoor ist, daß es als wirksames Lernmodell verstanden wird.

Outdoor ersetzt auch Kleinkriege in Unternehmen. Wenn die Kontrahenten erst einmal in einer mit Lebensangst verbundenen Übung aufeinander angewiesen waren, ist anschließend die Welt für die Beteiligten anders, als sie vorher war.

Bewegen Sie sich und Ihre Mitarbeiter, nutzen Sie Outdoor!

Flexibilisierung:
Vor dem Erfolg steht die Angst

Dietrich Buchner

Wahrscheinlich wollen Sie Erfolg. Erfolg ist die Folge von etwas, nämlich von der Erwartung, von der Vorstellung, von dem Fokus. Wer die nicht hat, wer keine Vision oder kein Ziel kennt, kann auch die Folge seines Handelns nicht als Erfolg erfahren.

Viele Menschen, die beklagen, sie hätten keinen Erfolg und hätten alles versucht, ihn zu erreichen usw., haben keine genaue Vorstellung davon, was genau es für sie bedeutet, wenn sie sagen, sie möchten Erfolg haben, was genau sie wahrnehmen als Ergebnis ihres Handelns, das sie als Erfolg bezeichnen würden. Die Vorstellungen sind diffus, wie im Nebel, im unklaren. Oft ist das einzige, was klar ist, daß ich da, wo ich jetzt bin, nicht sein möchte. Ich bin vielleicht frustriert, und ich spüre die Spannung und vielleicht die Chance, die darin besteht, aus der Frustration weg zu wollen, etwas Neues zu finden.

Erfolg ist die Folge von dem, was ich mir vorstelle. Wenn ich Ängste habe, behindere ich mich, solche Vorstellungen zu entwickeln. Ich habe zum Beispiel Angst vor Veränderung, Angst vor Fehlern, vor Versagen. Ich befürchte oder ich weiß, was ich nicht bin, was ich nicht will und was ich nicht kann und mache mir meist nicht bewußt, daß ich damit den Grundstein dafür lege, keinen Erfolg zu haben. Da ich das vielleicht unbewußt erlebe, finde ich gute Gründe, meine Ängste zu rationalisieren, meine Behinderungen, die ich mir selbst auferlege, zu rechtfertigen. Oft geschieht das, indem ich sie anderen oder den Umständen, dem Umfeld „in die Schuhe schiebe". Ich mache mir selbst vor, daß die mich begrenzenden Dinge nicht in mir, sondern außerhalb von mir liegen.

Outdoor ist der Umgang mit Begrenzungen und Ängsten. Wir haben Ängste unterschiedlicher Art: Angst vor Höhen, Angst vor Neuem und Unbekanntem, Angst vor dem Ergebnis unserer eigenen Handlungen, Angst vor Fehlern, Angst vor Blamage ...

Aber Ängste, die uns begrenzen, haben gleichzeitig gute Absichten und positive Aufgaben: Sie schützen vor Verletzungen, Lebensgefahr oder vor Leichtsinn und anderem. Wir sollten also Ängste nicht verteufeln. Das gilt nicht für Ängste, die übersteigert und krankhaft sind, die sich zum Beispiel in einer Phobie äußern; diese klammern wir hier aus. Auch mit diesen kann man und muß man im Outdoor umgehen: Wenn zum Beispiel jemand eine Steilwand besteigen möchte, der unter Höhenangst leidet, die eine Phobie ist, wird ein erfahrener Coach wirksame Phobietechniken anwenden und den Teilnehmer Schritt für Schritt an größere Höhen heranführen, um ihn sicher zu machen, denn er lernt, zwischen krankhafter Phobie und gesunder Angst zu differenzieren und letztere in sein Verhalten zu integrieren.

Erfolg ist zweitens die Folge von Handlungen. Es nützt mir wenig, wenn es mir gelingt, die Ziele zu formulieren, mir meine Vision vorzustellen oder eine Erwartung sehr klar auszudrücken und dafür einen Plan zu machen. Planen nützt nichts, wenn ich es nicht tue. Erfolg hängt also vom Tun ab, vom Handeln, von meinen Aktionen. Und selbst wenn ich mir ein wunderschönes Ziel, eine sehr attraktive Vision, vorstelle, kann es passieren, daß mich Ängste daran hindern zu handeln.

Und dann habe ich zum Beispiel auch die Angst, etwas verlassen zu müssen, etwas aufzugeben. Ich habe die Angst, Schritte ins Unbekannte zu tun, ich habe die Angst, etwas falsch zu machen. Vielleicht habe ich auch die Angst, nicht ans Ziel zu kommen und mich als Versager zu blamieren.

Wer Erfolg haben will, dem bleibt nichts anderes übrig, als mit seinen Ängsten umzugehen, sie als nützliche Prozesse zu integrieren und auf sie zuzugehen.

Warum haben bestimmte Menschen Erfolg? Weil sie zur Angst gehen. Es ist nicht richtig, daß erfolgreiche Menschen weniger Angst hätten als andere, sie gehen nur anders damit um. Manche sind ausgesprochen angstgesteuert – könnte man behaupten –, denn wenn immer sie spüren, daß sie Angst fühlen, dann gehen sie auf sie zu. Das Motto „Geh zur Angst" könnte sie leiten, wenn es nicht tatsächlich anders wäre. Sie lassen sich durch Ziele leiten und durch ihre Ängste mitteilen, welche Schwächen sie überwinden müssen, welchen Gefahren sie ins Gesicht sehen müssen, um tatsächlich zum Ziel zu gelangen, und sie nehmen dies als Herausforderung an, der sie als erste begegnen.

Ängste im Outdoor

Ängste im Outdoor äußern sich genauso wie zu Hause. Der eine fühlt sich gelähmt, der andere verneint sie, der dritte ist herausgefordert, sofort zu handeln, der vierte wartet erst einmal ab, wie es andere tun usw.

Ängste im Outdoor lassen sich aber besser als zu Hause bewußt und erlebbar machen, aussprechen und beschreiben. Wer von seinem Alltag dissoziiert ist, kann in einer solchen Situation eher zugeben, daß er Angst hat, insbesondere, wenn andere dies auch tun. Wenn bewußtgemacht wird, daß Angst etwas Gutes ist, kann der Kopf frei werden, die eigenen Erfahrungen mit der Angst relativ unzensiert herauszulassen, an sich heranzulassen und die Programme zu erkennen und zu reflektieren, die ablaufen, wenn Angst in unterschiedlichen Situationen auftritt.

Drei Beispiele:

1. Die Angst, nein zu sagen

Die Teilnahme am Outdoor ist freiwillig, wie auch die Teilnahme an jedem einzelnen Ereignis im Outdoor. Wer jedoch zum Outdoor kommt, hat implizit meist schon die Vorannahme für sich getroffen, daß er „an den verschiedenen Outdoor-Übungen teilnehmen muß". Oft wird eine solche implizite Spielregel von den Teilnehmern unterstellt. Sie kann erheblichen Gruppendruck auf den einzelnen ausüben, wenn sie nicht explizit in Frage gestellt wird, aber auch dann ist der Gruppendruck immer noch groß, eine Übung machen zu sollen.

Mancher hat vor der Übung selbst weniger Angst als davor, nein zu sagen. Darauf kommt es aber gerade an, daß zunächst einmal die Entscheidung dazu, etwas zu tun oder nicht zu tun, eine individuelle Entscheidung sein muß. Selbst dann, wenn der äußere Rahmen ein Team ist und die Integration eines Teams über der Einzelentscheidung zu stehen scheint.

„Nein" zu sagen bedeutet dann primär, sich der Frage zu stellen: Bin ich noch *in* dem Team oder bin ich *draußen?* Ein guter Outdoor-Coach wird diese Perspektive verändern und dies mit Hilfe des Teams beziehungsweise der Gruppe so regeln, daß das „abweichende" Verhalten nicht nur toleriert, sondern integriert wird. Wie er sich diesem Modell nähert, in welchem Tempo und mit welchen Lernerfahrungen, wird er situativ entscheiden. Wir können aber unterstellen, daß bei einem guten Coach dessen eigene Angst davor, daß sich ein Teilnehmer übernimmt, größer ist als der Mut, ihn durch die schlechte Erfahrung lernen zu lassen.

2. Die Angst vor Fehlern

Wer aus einer Kultur kommt, in der Fehler nicht erlaubt sind oder, schlimmer noch, bestraft werden, und dieses Programm verinnerlicht hat, äußert diese Limitierung insbesondere als Angst vor

Versagen, Angst davor, eine Herausforderung nicht zu schaffen, Angst, die daran hindert, den Versuch überhaupt zu wagen.

Outdoor-Übungen, die mit solchen Ängsten elegant umgehen, sind zum Beispiel solche, die Suchprozesse als Teamaufgabe stellen. Sie bauen Fehler zwangsläufig ein, um zum Erfolg zu kommen. Das heißt, daß sich Fehler durch die Erfahrung als Fehlversuche und damit als Gelerntes herausstellen: So geht es nicht, also müssen wir einen anderen Weg wählen. Bei einem solchen sich häufig wiederholenden Muster werden bald Fehler bewußtgemacht, um die Möglichkeiten, zum Erfolg zu kommen, zu vergrößern. Fehler werden damit zum Feedback, und das Team, das die meisten Fehler macht, hat die höchste Wahrscheinlichkeit, den Erfolg als schnellstes zu erzielen.

In einer solchen „Teamkultur" werden die, die den Fehler machen, dann geschätzt, wenn sie ihre Fehler anderen mitteilen und diesen ihre Erfahrung vermitteln, aus der sie lernen können. *Nicht der Erfolg ist der entscheidende Beitrag, sondern der Versuch.* So gesehen läßt sich auf der Basis solcher Übungen im Outdoor auch eine „Programmierung" erzielen, die etwa lautet: Es kommt nicht auf den erfolgreichen Abschluß eines Versuchs an, sondern auf den Versuch. Die eigentliche Grenzüberschreitung ist nicht, den Zwölf-Meter-Pfahl zu erklimmen, sondern der Versuch, es zu tun.

„Die Grenze zu erfahren und mich selbst zu erleben, wie ich mit der Grenze umgehe."

3. Die Angst vor Veränderungen

Immer dann, wenn meine Modelle und Vorstellungen über mich selbst herausgefordert werden, kann mich das schmerzen. Ich kann es als einen Angriff erfahren auf meinen Selbstwert, meine Selbstvorstellung, meine Identität und auf meine Glaubenssätze über mich und meine Beziehung zur Umwelt.

Wer gelernt hat, daß Vertrauen gut, Kontrolle aber besser ist, und wer danach lebt, wird sich bei verschiedenen Übungen im Outdoor, die auf die Unterstützung der einen und das Vertrauen des anderen angewiesen sind, schwertun. Er wird diesen Übungen gegenüber Ängste entwickeln, die ganz natürlich aus seinem Modell, die Dinge zu kontrollieren, statt anderen zu vertrauen, zu erklären sind. Es gibt Teilnehmer, die die einfachste Vertrauensübung, wie zum Beispiel den Vertrauenskreis, nicht machen wollen, weil sie den Kontrollverlust spüren, wenn sie die Augen schließen. Kontrollverlust äußert sich im Outdoor in *Lähmungen*, die verhindern, daß Körper, Verhalten und Orientierung beweglich oder flexibel sind. Kontrollverluste äußern sich zum Beispiel in *Verneinungen*, in denen die Übungen schlicht und einfach als unsinnig abgetan werden.

In solchen Fällen hilft in der Regel ein ganz langsamer, Schritt für Schritt vollzogener Ausbau der Erfahrung, dem anderen vertrauen zu können. Die Steigerung von einer ganz einfachen Vertrauensübung bis hin zu einer Übung, in der der Teilnehmer sein Leben in die Hände der anderen Teilnehmer gibt, ist eine Erfahrung, die unmittelbar das Glaubenssystem (Kontrolle ist besser) erschüttert und Veränderungen erzeugt, die letztlich integriert sein wollen. Es wird zwischen der Erfahrung und der Integration Versuche und Irrtümer geben, wahrscheinlich auch zeitweilige Rückfälle in die Verneinung und in die Rückkehr zum alten Glaubenssatz.

Der entscheidende kritische Schritt zur Veränderung ist die Konfrontation mit der Entscheidung, sich auf andere zu verlassen oder es zu lassen. Treffe ich die Entscheidung zugunsten des ersteren, dann bleibt mir nichts anderes übrig, als zu vertrauen und mich in die Hände der anderen zu begeben. Vermeide ich diese Entscheidung, bleibe ich, wo ich bin. Vor diese Frage sind die Teilnehmer durch unterschiedliche Übungen im Outdoor gestellt. Der Coach wird jedem diese Entscheidung selbst überlassen und sie nicht in die eine oder die andere Richtung drängen oder (dazu noch) Druck ausüben. Er wird auch verhindern, daß dieser Druck durch die Gruppe entsteht.

Die Rolle des Coaches

Der Coach wird bewußtmachen, was abläuft – und dies gilt für alle drei Beispiele. Ängste sind Schutz, sind Notwendigkeiten, sind wichtige Funktionen, sind Behinderungen, Beklemmungen, sind Gefühle, sind letztlich Wahrnehmungen.

Diese Wahrnehmungen bewußt zu erleben, darauf kommt es an. Nicht die Art und Weise, wie mit Ängsten umgegangen wird, ist dann das Entscheidende, sondern zu wissen, welche Angst da ist, wie ich sie erlebe, das heißt wahrzunehmen, was ich mit ihr mache, wie ich mit ihr umgehe, wie ich sie mir erhalte, wie ich sie nutze und wie ich sie überwinde, wenn ich es will.

Das ist der Prozeß, den das Outdoor in verschiedenen Varianten leisten kann, und das ist auch die Voraussetzung dafür, daß die Erkenntnisse mit den eigenen Ängsten im Berufs- oder privaten Alltag umgesetzt werden können. Es ist die Aufgabe eines guten Coaches, diesen Transfer in den Alltag sicherzustellen. Er wird dies tun durch Analogien, durch Anknüpfungen an Ereignisse, die entsprechend sind, durch Anknüpfungen und Verankerungen an zukünftigen Routinen, die ablaufen und die die gleichen Ängste beinhalten. Die Teilnehmer können dann ihre neuen Fähigkeiten flexibel einbauen. Ängste sollen keine Gefängniswärter sein, sie sollen nicht behindern, begrenzen, sondern sie sollen eine gute Fee, eine gute Begleitung und eine ständige Herausforderung sein. Sie zu erfahren, sie zu erfühlen und, wenn ich es will, zu überwinden, ist der Weg zum Erfolg.

Mehr Mut:
Outdoor klärt Risikoverhalten

Sylvia Skwiercz

Wunder ist nicht nur im unerklärten Überstehen der Gefahr; erst in einer klaren, reingewährten Leistung wird das Wunder wunderbar.

Rainer Maria Rilke

Die Notwendigkeit, risikobehaftete Entscheidungen zu treffen, wird durch den steten Wandel des Wirtschaftslebens zunehmend dringender. Es erfordert Mut, Neues auszuprobieren und das Risiko eines Fehlschlages hinzunehmen.

Die Motivation, sich mit Risikoverhalten auseinanderzusetzen, ist in deutschen Unternehmen unterschiedlich hoch. Branchen, in denen der Wandel der Technik stark ist, wo die Entwicklung der Informationsverarbeitung rasant vorangeht oder wo der Wettbewerbsdruck am Markt hoch ist, sind gezwungen, neue Wege zu gehen. In diesen Unternehmen setzen sich die Führungskräfte mit ihrem Risikoverhalten auseinander.

Kleine Firmen oder Neugründungen sind in puncto Risikoverhalten erfolgreich etablierten Unternehmen oft überlegen. Dieser Vorsprung ergibt sich aus der einfachen Tatsache, daß Newcomer mit ihrem Einsatz viel zu gewinnen und wenig zu verlieren haben. Entscheidungen werden von wenigen Personen getroffen und können aufgrund der überschaubaren Firmengröße relativ unkompliziert umgesetzt werden. In großen und jahrelang am Markt agierenden Unternehmen sieht die Situation anders aus: Hier durchlaufen Projekte viele Entscheidungsstufen. Von der ersten Idee über den Projektantrag bis zu den verschiedensten Präsentationen vor den einzelnen Entscheidungsinstanzen werden die neuen Aktionen auf die Sicherheit des zu erwartenden Erfolges hin geprüft. So entsteht bei den Projektleitern und Führungskräften der Druck, Ideen zu präsentieren, die hohen Sicherheitserwartungen entsprechen müssen.

Die Folgen für die etablierten Unternehmungen sind absehbar: Bei der Abschätzung des Risikos wird auf bewährte Instrumentarien zurückgegriffen. Es dominieren die eingefahrenen Praktiken. Die Folge: Ähnliche Produkte werden ähnlich vermarktet. Man handelt sich Uniformität, Austauschbarkeit, Profilverlust ein.

In der Betriebswirtschaftslehre beziehen wir die Entscheidungsmodelle auf zwei Extrempunkte: die absolute Sicherheit oder die absolute Unkenntnis über das Ergebnis einer Entscheidung. Das Intervall zwischen der Unsicherheit und der Sicherheit ist als Risikobereich definiert. Im Falle einer Risikoentscheidung geht man davon aus, daß eine Entscheidung zu unterschiedlichen Ergebnissen führt, von denen die Wahrscheinlichkeit des Eintreffens geschätzt werden kann.

Die Polarität zwischen vollem Risiko und Sicherheit		

– Unsicherheit
– vollkommene
  Ignoranz
– Konsequenzen
  der Entscheidung
  unbekannt
	Risiko	– Sicherheit
		– vollkommene
		  Information
		– alle Konsequenzen
		  der Entscheidung
		  bekannt

Die Entscheidung selbst und die mit dem Risiko verbundene Verantwortung liegen jedoch, nach wie vor, beim Menschen.

Die psychologischen Komponenten beim Risikoverhalten

Welches Maß an Unsicherheit bei wichtigen Entschlüssen toleriert wird, wird von der Disposition des Entscheiders bestimmt. Ob eine Führungskraft bereit ist, Risiko und die damit verbundene Verantwortung auf sich zu nehmen, ist abhängig von der Persönlichkeit, sozusagen „Typ-Sache".

Entscheidungstypen		
Risikobereitschaft hoch „Pionier"	durchschnittlicher Entscheidungstyp	Sicherheitsstreben groß „Bewahrer"

Jeder der beiden extremen Entscheidungstypen hat Vor- und Nachteile. Der Risikofreudige ist bereit, eine Entscheidung zu treffen, auch wenn die Konsequenzen der Maßnahme nicht eindeutig prognostizierbar sind. Der Wunsch, ein neues Ziel zu erreichen, ist die treibende Kraft. Hier ist hohes Potential für großen Erfolg, aber auch für Fehlschläge gegeben. Der Risikotyp ist ein Mensch, der gerne handelt. Die risikofreudigen Persönlichkeiten haben eine ausgeprägt dynamische Orientierung. Die Entscheidungen fallen schnell. Diese Entscheidungsstrategie wird von Markteinsteigern oder Unternehmern bevorzugt, deren Entwicklungschance im Angebot neuartiger Produkte oder Dienstleistungen liegt. Die Führungskraft muß bereit sein, die Verantwortung für die Folgen zu übernehmen.

Am anderen Ende der Skala der Entscheidungstypen ist der Sicherheit liebende Mensch plaziert. Er bevorzugt gründliches Nachdenken und Abwägen, bevor eine Entscheidung gefällt wird. Diese erfolgt erst, wenn möglichst viele Kriterien über das eintretende Ereignis bekannt sind. Der Prozeß der Informationsbeschaffung und des Abwägens zieht Entscheidungsprozesse in die Länge. Diese Entscheidungsstrategie ist besonders in großen Unternehmen zu finden, wo Verantwortung auf viele Schultern verteilt wird. Die Führungskräfte versuchen, das Risiko zu minimieren. Es besteht die Gefahr, an Entwicklungen nicht teilzunehmen und in alten Strukturen zu verkrusten.

Der Entscheidungsdruck, der auf der Führungskraft lastet, wird durch den Wandel verstärkt. Der technologische Fortschritt, die Entwicklung der Informationsverarbeitung und die sich stetig ändernde Marktsituation zwingen den Unternehmer, schneller zu reagieren. Manche Unternehmen greifen diese Entwicklung (durch feste Institutionen) auf und etablieren Projekte der Unternehmensentwicklung, die sich in den Schlagworten „Change Management" und „lernende Organisation" widerspiegeln. Erfolgreiche Unternehmen zeichnen sich dadurch aus, daß sie, statt zu reagieren, offensiv neue Strategien einschlagen. Gerade durch die Bereitschaft, Maßnahmen durchzuführen, die originell und deren Ergebnisse nicht getestet sind, verschaffen sich innovative Firmen den Vorsprung vor dem Wettbewerber. Vor diesem Hintergrund stellt sich die Frage: „Wie gehen die Führungskräfte unseres Unternehmens mit risikobehafteten Entscheidungen um?"

Der Umgang mit dem Risiko als Lernprozeß

Outdoor ist eine Trainingsmethode, die mit unterschiedlichsten Lernzielen verbunden sein kann. Outdoor-Seminare können dazu dienen, Teamgeist zu fördern. Sie eignen sich aber auch dazu, Führungsverhalten zu verbessern, Problemlösetechniken zu erlernen, Umgang mit schwierigen Situationen und Konflikten zu üben und anderes mehr.

Bei diesen Lernzielen ist auch ein Umgang mit Risiko-Verhalten enthalten. Outdoor-Kurse enthalten immer mindestens zwei der folgenden Rahmenbedingungen:

▶ Die Veranstaltung findet an einem fremden Ort in der Natur statt.

▶ In einer neuen sozialen Umgebung (Teilnehmer kennen sich nicht oder nehmen, wenn sie sich schon kennen sollten, neue Rollen an).

▶ Es werden Aufgaben gestellt, die für den Teilnehmer neu und ungewohnt sind.

Der Teilnehmer lernt, mit dem Unbekannten umzugehen. Das Unbekannte kann sein:

▶ über glühende Kohlen laufen

▶ einen Hochstand im Wald bauen

▶ eine Exkursion durch unwegsame Natur machen

▶ in einer Gruppe auf einem Segelschiff soziales Verhalten erkunden und anderes mehr

Immer geht es auch darum, den Teilnehmer in eine für ihn unbekannte Situation zu führen. Die Auseinandersetzung mit Unbekanntem ist bei Outdoor-Seminaren fester Bestandteil der Lernerfahrung. Der Umgang mit Fehlern und Fehlschlägen ist ein genauso wichtiger Lerneffekt wie das vielleicht neue Selbstvertrauen, in kritischen Situationen das Richtige getan zu haben.

Im Outdoor werden die Lerninhalte so vermittelt, daß die Lernenden durch das aktive Handeln Gefühle der Unsicherheit, Angst, Freude am Erfolg, Streß und Spaß in der Gruppe erleben können. Je nach Ergebnis der Übungen sind Gefühle der Begeisterung, des Glücks oder auch des Versagens und der Scham zu erwarten. Die Lerninhalte werden so vermittelt, so daß Kopf, Herz und Hand zum Einsatz kommen. Outdoor setzt mit den in der Natur erlebten Übungen – als Erweiterung zu den herkömmlichen Trainingsformen – den Schwerpunkt auf die Erlebens- und Handlungsebene. Dies stellt den hohen Lerneffekt dieser Trainingsform sicher.

Der bewußte Umgang mit Neuland ist im Outdoor als *Lernsituation* definiert. Der Teilnehmer kann neue Handlungsstrategien ausprobieren. Diese Spiel- und Übungssituation ist im Alltag nicht gegeben. Bei Fehlentscheidungen im Unternehmen kann das Ergebnis der Firma gefährdet sein. Im Training soll der Seminarbesucher den Umgang mit Risikosituationen erleben können, zunächst ohne die Belastung durch die Firmenverantwortung. Im Outdoor kann der Betroffene neue Handlungsalternativen ausprobieren und die verschiedenen Stufen eines Veränderungsprozesses durchschreiten. Der Trainer hilft, das Erlebte zu reflektieren und Erkenntnisse aus den Übungen abzuleiten.

Der Seminarteilnehmer verbringt eine intensive Zeit mit der Herausforderung, neue Problemstellungen zu meistern. Hierbei spielen die Aspekte des Risikos und der Sicherheit eine große Rolle. Einerseits ist der Mut, sich mit Neuem auseinanderzusetzen, erforderlich. Andererseits lernt der Teilnehmer, neue Handlungen so durchzuführen, daß sie durch Sicherheitsmaßnahmen gestützt werden.

Die Risikostaffel

Outdoor-Veranstaltungen werden mit einem hohen Aufwand an Sicherungen für Gesundheit und Leben der Teilnehmer organisiert. Es gehört zur Verpflichtung des Veranstalters, den Teilnehmer nicht in lebensbedrohliche Situationen zu führen. Bei allen Übungen muß für die Sicherheit für Leib und Leben gesorgt werden. Die Sicherung beginnt beim absolvierten Erste-Hilfe-Kurs und beim bereitstehenden Erste-Hilfe-Kasten, geht weiter zu Sicherheitsgurten und Helmen für Kletterübungen, bis hin zur trainierten Sicherungsmannschaft und zur Verteilung von Sicherungsaufgaben im Team. Outdoor-Training kann nach unterschiedlichen Graden an Risiko-Einbindung realisiert werden.

Beispiel

Outdoor-Training wird mit einer Gruppe im Gebirge durchgeführt. Primäre Aufgabe ist es, einen Berg zu ersteigen, wo teilweise Hindernisse überwunden werden sollen. Ziel der Veranstaltung ist es, bei der Bergbesteigung die eigenen Grenzen kennenzulernen, sie zu überwinden sowie sich mit dem Thema „Teamarbeit" auseinanderzusetzen. Die Teilnehmer sind keine Sportler oder Kletterkünstler, sondern normale Mitarbeiter eines Unternehmens. Diese Veranstaltung kann in mehreren Schwierigkeitsstufen durchgeführt werden.

Einstiegsrisiko

Für die Unterkunft ist gesorgt. Proviant wird mitgebracht. In einzelnen Exkursionen durch die Bergwelt erleben die Mitglieder Herausforderungen durch sportliches Ersteigen des Berges. Herausforderungen erleben die Teilnehmer beim Klettern an einfachen Felswänden und beim Überwinden einzelner Hindernisse wie kleineren Schluchten und Flüssen. Die Teilnehmer erhalten Sicherheitsausrüstung und werden vom kundigen Outdoor-Coach unterstützt, die Aufgaben zu lösen. Die Auseinandersetzung mit dem eigenen Risikoverhalten führt die Gruppenmitglieder zu Lerneffekten im Umgang mit Neuland.

Objektiv erfahrbare Sicherheitsfaktoren	Subjektiv erfahrbare Unsicherheitsfaktoren
– Unterkunft – Verpflegung – Einweisung und Betreuung durch den Trainer – Tagesablauf	– ungewohnte Umgebung – ungewohnte körperliche Anstrengung – Überwindung von Ängsten im Umgang mit der Aufgabenstellung – Verhalten der Teammitglieder in ungewohnten Situationen

Die Gestaltung der Outdoor-Veranstaltung enthält eine Mischung von objektiv nachvollziehbaren Sicherheitsfaktoren und subjektiv wahrnehmbaren Unsicherheitsfaktoren.

Mittlere Risikostufe

Die Gruppe fährt zum Outdoor in die Bergwelt. Zelte, Campingausrüstung und Nahrungsmittel werden mitgeführt. Es handelt sich bei der Unternehmung nicht mehr um einzelne Exkursionen. Es muß eine festgelegte Strecke in einer vorgegebenen Zeit zurückgelegt werden. Die körperliche Anstrengung wird durch den Transport der Ausrüstungsgegenstände erhöht. Der Coach leitet die Gruppe an, mit der Sicherheitsausrüstung umzugehen. Bei der Bewältigung der Aufgabenstellungen hält der Coach sich zurück und überläßt es der Gruppe, Wege zur Überwindung des Berges, der Hindernisse und der Transportart des Gepäcks zu finden. Der Coach greift dann durch Rat und Tat ein, wenn die Sicherheit der Teilnehmer durch falsche oder gefährliche Aktionen bedroht ist.

Objektiv erfahrbare Sicherheitsfaktoren	Subjektiv erfahrbare Unsicherheitsfaktoren
– Verpflegung – Ausrüstung – Tagesablauf ist vorhanden. Wird nicht mehr so fest vorgegeben	– ungewohnte Umgebung – ungewohnte körperliche Anstrengung – Überwindung von Ängsten im Umgang mit der Aufgabenstellung – Verhalten der Teammitglieder in ungewohnten Situationen – Problemlösung bei ungewohnter Aufgabenstellung gefragt – Verantwortung für den Tagesablauf, Strukturierung der Aufgabenstellungen verschiebt sich vom Trainer auf die Teilnehmer – Die Teilnehmer werden selbständiger agieren können. Müssen aber mehr eigenständig entscheiden – Die Entscheidungen sind, da die Teilnehmer keine Erfahrungen haben, unsicher. Aufgabe ist es, mit der Unsicherheit fertig zu werden

Die Risikogestaltung der Outdoor-Trainings kann noch gesteigert werden:

Überlebenstraining

Die Gruppe fährt nur mit Notausrüstung und bergkundigem Coach ins Gelände. Der Coach gibt bei Fragen Auskunft und begleitet das Team als Sicherheitsexperte, der darauf achtet, daß Sicherheitsvorkehrungen richtig getroffen werden, gibt aber keine ausführlichen Anweisungen, sondern zeigt die Gefahren auf. Das Team hat die Aufgabe, Strategien zu erarbeiten, das vorgegebene Ziel in der festgelegten Zeit zu erreichen, und zwar so, daß keiner der Teilnehmer gefährdet wird.

Objektiv erfahrbare Sicherheitsfaktoren	Subjektiv erfahrbare Unsicherheitsfaktoren
– Ausrüstung – Anwesenheit eines erfahrenen Trainers	– ungewohnte Umgebung in ungewohnten Situationen – ungewohnte Aufgabenstellung – Unterkunft muß gesucht werden – Nahrung muß gesucht werden – Überwindung eigener Ängste – höhere Herausforderungen durch Sicherung von lebenswichtigen Faktoren – unbekannte Entscheidungssituationen – Fertigwerden mit der körperlichen, sachlichen und organisatorischen Anforderung – Bewältigung von Unsicherheit über einen längeren Zeitraum

Die Faktoren, die Sicherheitsgefühl vermitteln, können reduziert und die Unsicherheit erzeugenden Komponenten vermehrt werden.

Der Schwierigkeitsgrad der Risikostaffel bestimmt das Maß, in dem die Kompetenz mit Risiko umzugehen, aufgebaut und weiterentwickelt wird.

Die Rolle des Outdoor-Coaches

Die Rolle des Coaches verändert sich in den verschiedenen Stufen des Outdoors. In der Einstiegsstufe hat er eine stark anleitende Funktion (Instruktor). Die organisatorischen Anleitungen nehmen einen großen Teil der Zeit in Anspruch. In der mittleren Stufe wird der Coach weniger anweisen und seinen Einsatz stärker auf die Anleitung zur Problemlösung verlagern. Im dritten und schwierigsten Fall muß der Coach kaum noch organisatorische Betreuung ausüben, sondern spezialisiert sich auf die Prozesse, die bei den einzelnen Personen und in der Gruppe ablaufen, um gegebenenfalls einzugreifen. Die Erfahrungen der eigenen Grenzen können bei den Teilnehmern unterschiedliche Formen annehmen: Konflikte zwischen den Teilnehmern, starke Ängste, Streßverhalten. Dies muß der Coach aufgreifen können und den Teilnehmern helfen, für sie individuelle Lösungsmöglichkeiten zu erarbeiten.

Der erfahrene Outdoor-Coach wird die „Risiko"-Stufen in Abhängigkeit von seiner Wahrnehmung der Teilnehmergruppe so handhaben, daß für die Teilnehmer ein maximaler Lernerfolg möglich ist. Hierzu gibt es keine Standardlösungen.

Der Erfolg

Ziel der Übungen ist es, nicht nur Einsichten und Kenntnisse zu sammeln, sondern auch Selbsterkenntnis zu erlangen. Die Selbsteinschätzung wird durch die Outdoor-Erfahrung verbessert. Möglicherweise stellt der eine oder andere fest, daß er mit den gestellten Aufgaben wesentlich besser als erwartet fertig geworden ist. Dies wird ihn ermutigen, in Zukunft entschlossener oder sorgfältiger mit risikoreichen Entscheidungen umzugehen. Andererseits kann es auch von Vorteil sein, festzustellen, daß die Ergebnisse nicht so gut sind. Wenn die Selbsteinschätzung sich verändert und „erweitert", kann der Betroffene daraus „bessere" Entscheidungsstrategien für die Zukunft entwickeln.

Wie reagiere ich? Wo sind meine Stärken und Schwächen in unbekannten Situationen, wenn die mir bekannten Verhaltensweisen nicht mehr einsetzbar sind? Was kann ich in solchen Situationen aktiv tun, um meine Entscheidungskompetenz in solchen Fällen zu erhalten? Die Antworten auf diese persönlichen Fragen soll jeder Teilnehmer beim Outdoor individuell entwickeln.

Die Entscheidungssituationen bewußt erleben und das eigene Verhalten in unbekannten Situationen kennenzulernen, ist ein wesentlicher Lernwert des Outdoors. Gerade Führungskräfte, die im Geschäftsleben häufig Entscheidungen unter Unsicherheit treffen müssen, profitieren von diesem Vorgehen.

Samurai:
Outdoor und volle Konzentration

Rainer Jähnig

Möglicherweise mag die Analogie von Samurai und Teilnehmer eines Outdoor-Trainings befremdlich wirken. Klingen da nicht martialische Töne an? Und welche Gegner gilt es, auf dem Trainingscamp zu bezwingen?

Eine Analogie ist nur dann sinnvoll, wenn wir aus ihr lernen können. Wie kann die japanische Kampfkunst uns Mittel an die Hand geben, die Erfahrung im Outdoor-Training besser zu verstehen und damit zu vertiefen?

„Outdoor" heißt nicht nur außerhalb des Seminarraumes lernen, sondern steht für eine neue Art des Lernens. Es gilt, ganzheitlich mit und durch den Körper zu lernen. Mit dem Samurai nutzen wir die Erkenntnis, daß anfangs der Geist dem Körper folgt. Unser Körper eröffnet uns Möglichkeiten, Erfahrungen intensiver zu erleben und zu bewahren, so daß wir optimale Chancen nutzen können, eine neue Haltung zu uns selbst und zu Herausforderungen zu gewinnen.

Die einzige Voraussetzung, die der einzelne mitbringen muß, ist die Bereitschaft, sich auf neue Erfahrungen einzulassen und sie schließlich zu genießen. Dazu ist keine herausragende körperliche Fitness und keine Akrobatikleistung vonnöten, sondern allein die Offenheit für persönliches Wachstum. Mann oder Frau, jung oder alt, für jeden können solche Übungen eine Bereicherung ihrer Lebenserfahrung sein und gleichzeitig der Grundstein für eine neue Haltung im Berufs- und Alltagsleben.

Der Samurai stellt den Feind dort, wo dieser sich befindet. Der Schauplatz der Auseinandersetzung ist das Schlachtfeld. Dieses befindet sich jedoch nur scheinbar an einem speziellen Ort außerhalb seiner selbst. Der wahre Gegner, der da heißt Zaudern, Gedankenlosigkeit, Unentschlossenheit, Augen verschließen, steckt in uns selbst. Ihm müssen wir uns stellen. Der Sieg heißt Klarheit und Entschlossenheit. Die Erweiterung unserer Grenzen geschieht durch Konfrontation mit uns selbst. All dies weiß der Samurai, und sein Training ist darauf abgestellt. Die Techniken für den Zweikampf, seien es Schwert-, Faust-, Griff- oder Wurftechniken, sind nur das technische Rüstzeug, um sich selbst zu stellen. Nur der Sieg über sich selbst zählt letztlich. So wie der Samurai im Training das Holzschwert benutzt, um seine Partner nicht zu verletzen, sind die Übungen im Outdoor so sicher gestaltet, daß optimale Lernerfahrungen gewährleistet sind.

Greifen wir aus der Vielzahl der Übungen eine heraus, die zentral steht für Erweiterung der eigenen Grenzen:

Die Besteigung eines Mastes. Für die wenigsten von uns dürfte dies eine alltägliche Form der Morgengymnastik sein. Deshalb auch die verständlichen ersten Reaktionen beim Anblick der bevorstehenden Aufgabe wie „Das schaffe ich nie" oder „Das versuche ich erst gar nicht". Gerade hier zeigt sich, daß der Kampf nicht gegen einen äußeren Gegner geführt werden muß, sondern gegen eigene, an der Entfaltung hindernde Überzeugungen und festgefahrene Denkstrukturen. Ziel ist es, den Geist zu befreien von Klammern und Einengungen, denn Grenzen sind dort, wo wir sie selbst ziehen.

Die Aufgabe für jeden einzelnen besteht darin, abgesichert durch das Team, so weit den Mast zu besteigen, wie es für ihn möglich ist. Dies wird für jeden unterschiedlich sein, denn jeder hat seine Grenzen woanders. Der Samurai zeigt uns den Weg. Er atmet tief in seinen Bauch, seinen Hara, und gewinnt dadurch die Kraft, so daß er letztendlich gesammelt „im Bauch ist". Der Weg, um seine Grenze zu erweitern, besteht in der konzentrierten Atmung. Stellt sich auf dem Weg nach oben ein Zögern ein, hindert uns die

Erregung, einen weiteren Schritt zu tun, dann gilt es anzuhalten, bewußt durchzuatmen, sich zu konzentrieren und sich dann zu entscheiden, die jetzige Grenze mit dem nächsten Schritt zu erweitern. Mittels des SAKE-Modells lassen sich diese Schritte leicht merken: „S" steht für Stop, wenn die Grenze erreicht ist, „A" für Atmen, „K" für Konzentration und „E" für Entscheidung.

Wie beim Samurai heißt der Weg nicht blindes Drauflos-Stürmen, was den Niederschlag durch den Gegner zur Folge hätte, sondern klare Bewußtheit. Das Wegdrängen von Angst und Erregung wäre somit das Verpassen von Lernchancen. Ein wahrer Samurai nimmt seine Spannung wahr und spürt auch das Zittern seiner Knie. Mit dieser Spannung, die ihm zur Energie wird, konfrontiert er sich und nutzt sie schließlich zur Grenzerweiterung.

Von der Bereitschaft des Samurai, zu jeder Zeit und in jeder Situation mit dem Tod konfrontiert zu sein und dadurch jeden Augenblick so zu leben, als sei es der letzte, können wir Wachheit und Lebendigkeit lernen. Der Samurai läßt sich bewußt auf den Augenblick ein, er gibt sich nicht passiv hin wie ein zur Schlachtbank geführtes Opferlamm. Durch seine Entschlossenheit bestimmt er die Situation.

Eine Ahnung dessen, was der Samurai erfährt, kann uns die Besteigung des Mastes geben, wenn wir uns auf die Herausforderung einlassen. Das Beispiel eines Mannes sei angeführt, der es sich nicht hat träumen lassen, an dieser Übung teilzunehmen, weil er als Kind mal von einem Apfelbaum gefallen war und sich einige Brüche zugezogen hatte. Zusätzlich zur normalen Spannung kam bei ihm noch die Höhenangst hinzu, was für ihn eine doppelte Herausforderung war. Das Zutrauen zum Team gab ihm die Unterstützung, Schritt für Schritt den Mast zu erklimmen, bis er schließlich ganz oben stand. Er traute sich jedesmal bis zu dem Punkt, wo scheinbar die Grenze des für ihn Erreichbaren lag, um sich dann jedesmal neu mit voller Bewußtheit zu entscheiden, einen Schritt weiter zu gehen. Die Methode des Schritt-für-Schritt-Gehens in voller Bewußtheit erlaubt die Konfrontation mit seinen Grenzen und damit gleichzeitig deren Überwindung.

Der Sinn des Trainings wäre verfehlt, sähe man ihn im Lernen, zu Hause den Dachboden schneller hochzukraxeln, denn das Ziel liegt keineswegs im Erlernen einzelner Fertigkeiten, sondern im Aneignen einer neuen Identität. Die Technik, das Schwert zu führen, macht noch keinen Samurai, genausowenig wie das Herumturnen zu einer Grenzerweiterung verhilft. Grundlegende Bedingung für das Erlangen eines neuen Selbstverständnisses ist die Haltung, etwas mit vollem Herzen zu tun. Der Samurai transzendiert die Technik, das Schwert zu führen, zu einer inneren Haltung, die unabhängig ist von einzelnen Situationen.

Der ständige Transfer der inneren Haltung des Samurai auf sein gesamtes Leben gibt uns Mittel für unser Selbstverständnis an die Hand. Nach seinem Selbstverständnis gefragt, antwortet der Samurai nicht mit dem Beherrschen einer speziellen Technik wie „Ich kann das Schwert gut führen", sondern mit der festen Überzeugung „Ich bin ein Samurai". Weil er jeden Augenblick so lebt, als sei er sein letzter, und ihn voll lebt, kennt er auch – bezüglich dieser Entschiedenheit – keine Trennung zwischen Berufs- und Privatleben. Denn wie im Kampf Zögern und Halbherzigkeit tödlich sind, so rauben diese Haltungen generell Energien und erzeugen Schaden.

Aus dem Gefühl heraus, die Grenzen in einer Situation erweitert zu haben, entwickelt sich die Bereitschaft, solche Gefühle in weiteren Handlungen zu erleben und somit eine generelle Haltung von Offenheit. Mit einer Identität wie „Ich bin jemand, der Herausforderungen annimmt" oder „Ich liebe es, meine Grenzen auszuloten" werde ich sowohl im Berufs- als auch im Privatleben Hindernisse und Schwierigkeiten als Chancen zur Veränderung begreifen.

Mit der Erkenntnis des Samurai, daß er ständig im Training ist und es keine Trennung zwischen Alltag und Schulung gibt, beginnt der Transfer direkt bei der Besteigung des Masts. Jeder kann – unter Anleitung des erfahrenen Trainers – seine Erfahrung der Grenzerweiterung mit konkreten persönlichen Zielen koppeln und damit Energien freisetzen, die ihn wachsen lassen. In dem angeführten Beispiel nutzte der Mann das Gefühl des „Sichüberwindens" als Kraft für eine immer wieder verschobene Auseinandersetzung mit einem Mitarbeiter. Ein anderer Teilnehmer verknüpfte sein „Gipfelerlebnis" mit dem konkreten Ziel, sein jahrelanges Zögern, sich um eine verantwortungsvollere Stelle im Betrieb zu bewerben, abzulegen. Er gewann die innere Sicherheit, sich der neuen Aufgabe zu stellen.

Sowie in der Kampfkunst die Abfolge der Herausforderungen sinnvoll gestaltet ist, so ist beim Outdoor die Besteigung des Mastes eingebettet in vorbereitende Übungen, damit auf die vorher entfalteten Ressourcen zurückgegriffen werden kann. Die gegenseitige Unterstützung im Team lehrt den Teamgedanken neu zu begreifen. Damit wächst das Sich-Trauen und das Vertrauen zu sich und dem Team.

Wenn der Samurai im Rückblick auf seinen Schwertweg mahnt: „Mit einer nicht benutzten Waffe an der Hüfte zu sterben, das möchte ja wohl keiner." (Musashi, M., Fünf Ringe, München 1994), so meint er, daß es tragisch wäre, abzutreten, ohne seine Fähigkeiten, Grenzen zu erweitern, kennengelernt und ausgelotet zu haben. Es gilt, das erhebende Gefühl, sich überwunden zu haben, zu erleben und ins tägliche Leben zu tragen. Oder wie ein Teilnehmer mit stiller Freude nach dem Aufstieg sagte: „Ich hab' schon viele Seminare besucht, aber das hier ... Das Gefühl läßt sich nicht beschreiben. Du mußt es einfach erlebt haben."

Champions:
Vom Opfer zum Akteur

Dietrich Buchner

Wenn Sie Projekte, Produkte, Innovationen daraufhin analysieren, was genau den Erfolg ausmacht, werden Sie Ähnliches feststellen wie andere vor Ihnen und wie wir. Bei unseren Modellierungen von Prozessen, die außergewöhnlich erfolgreich abliefen, untersuchten wir die Bedingungen und treibenden Kräfte, die Programme des Erfolgs. Es stellen sich dabei immer wieder die gleichen typischen Muster heraus, gelegentlich in unterschiedlicher Ausprägung, zum Beispiel:

- einfache, verständliche Ziele
- sichtbare Unterstützung durch das Management
- Fokussierung der Organisation
- Champions, die das Projekt treiben

Champions machen den Unterschied, und um Ihnen zu zeigen, worin dieser besteht, bitten wir Sie, sich das Gegenteil eines Champions vor Augen zu führen. Nennen wir es „Opfer". Überall in Ihrem Unternehmen sind „Opfer" verbreitet, die sich und anderen das Leben schwermachen. Sie erkennen sie daran, was sie über sich und andere sagen, was sie tun (oder nicht tun) und wie sie aussehen. Dahinter steckt, was die „Opfer" über sich selbst, ihre Rolle und ihre Beziehung zum Unternehmen glauben. Opfer brauchen Peiniger, von denen sie „abhängig" sind. Wenn sie keine haben, schaffen sie sich welche.

Eine typische Aussage eines Opfers lautet zum Beispiel: „Ich kann noch so viele Ideen haben, ich kriege doch nicht das Geld, um sie umzusetzen." Opfer sehen erst einmal die Probleme: „Das ginge ja, aber bei uns hat keiner die Kompetenz, so einen Versuch glaubwürdig zu machen", oder: „Wir müssen erst einmal das Problem klären, und das Problem ist … "

Da Probleme in der Regel in der Vergangenheit liegen, haben Opfer eine Tendenz, in den Rückspiegel zu sehen statt nach vorne. „Das hat noch nie geklappt." Hier offenbart sich ein weiteres Bedürfnis der Opfer, sich abzusichern, nach hinten in die Vergangenheit zu ankern. Sie tun sich entsprechend schwer, in die Zukunft reichende Ziele zu formulieren: „Von dort, wo ich bin, will ich zwar weg, aber ich weiß auch nicht wohin" wäre eine ehrlichere Aussage als die, die das häufiger umschreibt: „In diesem Unternehmen hat man doch sowieso keine Chancen, man kann sich noch so anstrengen."

Opfer lösen Kritik aus, weil sie permanent anderen unterstellen (projizieren), daß sie ihnen etwas wollten, und das in der Form der Rechtfertigung tun (geringer Selbstwert). Sie neigen dazu, zu generalisieren, und machen dann aus einer einzigen Niederlage einen Dauerzustand, der sie bei geringen Anlässen (Anker) immer wieder in eine schlechte Physiologie bringt: gebeugte Haltung, Kopf nach vorn, wie ein Kind, das sich schlecht fühlt. Bei älteren Opfern verfestigt sich diese Körperhaltung und ist nur schwer auflösbar, jedenfalls nicht durch ein Vier-Tage-Outdoor oder sonstiges Training.

Nicht alle Fälle sehen so bemitleidenswert aus und sind so hoffnungslos, denn zwischen den extremen Prügelknaben und dem Champion gibt es alle Schattierungen und viele Alternativen, für die sich das Outdoor lohnt.

▶ Diese haben die Chance, zu begreifen, was sie sich selbst antun.

▶ Sie können lernen, sich aus der Opferhaltung in die Akteurshaltung zu verändern.

▶ Sie können die Freude erkennen, die sie erfahren, sich selbst zu schätzen und selbst verantwortlich zu sein.

▶ Sie können den Unterschied zwischen „erleiden" und „gestalten", „verharren" und „verändern" oder „weg von" und „hin zu" erfahren.

Outdoor hat nicht den Zweck, „Opfer" zu Akteuren oder Champions zu verwandeln; das wäre zu einfach. Der Unterschied zwischen beiden ist ein Identitätsunterschied, der sich im Outdoor allenfalls bewußtmachen und als Angebot anderer möglicher Programme erleben läßt.

Das andere Programm des Akteurs oder Champions läßt sich genauso beobachten wie das des Opfers. Der Champion fokussiert sich weniger auf die Probleme als auf die Lösungen. Er fragt nicht, warum etwas nicht geht oder warum etwas schwierig ist. Er fragt, wie es geht und was er tun muß, um die Schwierigkeiten zu überwinden. Dies fällt ihm deshalb leicht, weil er ein Ziel (hin zu) hat, das er erreichen will, und weil seine Orientierung in die Zukunft gerichtet ist.

Seine Sprache lautet: „Was wäre, wenn wir das täten?" und sein Tun ist: „Was wäre, wenn wir das probierten?" Es ist für ihn dann aber kein Probehandeln, sondern echt. Was er tut, nimmt er ernst („Samurai") und konterkariert es nicht durch Glaubenssätze über sich oder andere, die ihn limitieren könnten. Er glaubt, ich schaffe es, ich bin der Richtige, und ich werde durch andere unterstützt.

Er kreiert sich damit eine ausgesprochen ressourcevolle, kämpferische Haltung, ist dabei nicht immer angenehm für andere, insbesondere solchen, die gerne in sich, ihrer Vergangenheit ruhen, und die, die nichts verändern wollen. Er kann lästig sein bis unangenehm, weil er sein Ziel, die Sache, vor die Empfindungen und Wünsche anderer stellt. Der Champion braucht dann gelegentlich einen Schuß Respekt und Kooperationsbereitschaft, wenn er die Belange anderer ganz aus den Augen zu verlieren droht.

Diese Skizzen zweier unterschiedlicher Modelle wollen wir als Orientierungen für den Veränderungsprozeß im Outdoor nutzen:

vom Opfer	→	zum Akteur (Champion)
von der Problemorientierung	→	zur Lösungsorientierung
vom negativen „Weg von"	→	zum positiven „Hin zu"
vom Vergangenheitsbezug	→	zum Zukunftsbezug
von „Stuck" (Festgefahrensein)	→	zur Handlung
von der Schuldzuweisung	→	zur Selbst ...

Nochmals: Es geht beim Outdoor nicht darum, ein „Opfer" zu einem „Akteur" umzukrempeln; es geht darum alternative „Programme" anzubieten für jeden, und vor allem für die, die ein bißchen unter ihrer Opfermentalität leiden. Es geht aber auch darum, die Champions in allen von uns zu wecken und zu verstärken. Der Champion ist keine Persönlichkeit, der Champion ist ein Modell für eine nützliche Rolle. Diese Rolle kann im Prinzip jeder in jeder Aufgabe spielen. Die Fragen im Outdoor (und analog zu Hause im Job) lauten zum Beispiel:

- Was glaube ich über meine Umwelt?
- Was glaube ich über mich? Was ist mein Rollenverständnis?
- Was will ich?
- Was ist meine Strategie?
- Was ist meine Kompetenz, was kann ich?
- Was entscheide ich? Was tue ich?

Der Outdoor-Coach kann mit diesen Fragen elegant tief verankerte Programme erkennen und durch präzise Fragen aufbrechen und mit neuen Möglichkeiten konfrontieren. Dazu stehen ihm zahlreiche unterschiedliche Übungen zur Verfügung.

Im Outdoor gibt es keine feindliche Umwelt, die Probleme macht. Ein Feuer ist ein Feuer, ein Pfahl ein Pfahl, ein Sumpf ist ein Sumpf. Alles, was ich darüber denke, ist meine Story, meine Geschichte, die ich daraus mache. Wer über das Feuer laufen will und sich dabei darauf konzentriert, sich die Füße zu verbrennen, und wer dann geht, wird sich höchstwahrscheinlich seine Füße verbrennen. Ein kluger Coach wird versuchen, das zu verhindern.

Das Stellen der genannten Fragen und die kongruenten Antworten darauf lassen ein anderes mentales Modell erkennen, das signalisiert, daß der Feuerläufer es unbeschadet überstehen wird. Diesen Zustand mit seinen Ressourcen aufzubauen, ist das Geheimnis der Fähigkeit der Coaches.

Oder der Pfahl, zwölf Meter hoch, schwankend mit Strickleiter zu besteigen und mit abschüssiger Fläche, um sich draufzustellen (natürlich gesichert). Das führt bei einigen Teilnehmern schon beim bloßen Anblick zum Flattern im Bauch oder zum Zittern der Knie. „Opfer" nehmen solche Herausforderungen erst einmal nicht an. „Das bringt mir nichts", ist die harmlose Formulierung. „Das muß ich mir nicht antun", oder „Wer sich so etwas ausdenkt ist .. " ist „respektlos". Der Coach wird solche Reaktionen, Rationalisierungen und Beschuldigungen von vornehinein umgehen, indem er den Rahmen dafür so setzt, daß letztlich das (selbstbewußte) Nein übrig bleibt, und das sollte bei jeder Outdoor-Übung erlaubt sein.

Mancher „Champion" treibt sich so schnell, daß auch hier ein hilfreicher Aufbau der Ressourcen und der aufgabengerechten Einstellung ein Verlangsamen sinnvoll macht. „Macht doch nicht so lange, ich will jetzt hoch", oder „Die Vorbereitung dauert mir zulange" sind schon mal Sprüche von solchen Akteuren. Es ist nicht nur ein Gebot der Sicherheit, sondern auch die Chance der Verinnerlichung und Ankerung der Erfahrung, die dabei den Transfer erleichtern. Und darauf kommt es an.

Wer sich im Outdoor entscheidet, etwas zu tun, braucht (automatisch) ein „Akteur-Muster":

▶ Er kann nicht einen Pfahl erklimmen, wenn er vergangenheits-, problembewußt oder ohne Ziel wäre, außer wenn der Pfahl inmitten eines Sumpfes mit lauter Krokodilen wäre.

▶ Er kann die Schuld daran, daß er sich nicht übers Feuer wagt, nicht anderen geben, es ist seine Entscheidung. Und er kann lernen, daß es sein Ding und sein Nein ist, zu dem er steht.

Das „Champion-Modell" soll nicht verleiten, Outdoor als sportlichen Wettkampf zu repräsentieren, sondern als ein Modell der eigenen Identität, die sich selbstverantwortlich den Herausforderungen der Umwelt stellt. („Das ist für mich hier eine Grenze, die ich überschreiten will. Ich kann es nur, wenn ich es tue.")

Hierzu eignen sich solche Übungen besonders gut, die zu kontinuierlichen eigenen Entscheidungen zwingen, wie zum Beispiel das Survival in unterschiedlicher Form als Individualaufgabe,

▶ als gute Mischung von Glaubenssätzen über mich, meine Möglichkeiten und meine Rollen: Als Champion will ich ..., habe ich den Auftrag ..., bin ich verpflichtet auf ... usw. ... Die Grenzen meiner Aufgaben bestimme ich. Es ist meine Verantwortung, Unterstützung zu bekommen usw. Hierzu eignen sich zum Beispiel das Fokus-Camp, um diese Glaubenssätze im Teamkontext aufzubauen, aber im Prinzip auch jede Aufgabe, die Grenzüberschreitungen mit Zielsetzungen provoziert und bewirkt;

▶ als Strategie, wie Ziele aktiviert und Ressourcezustände und Kompetenzen aufgebaut werden, die Handlungen auslösen, um Probleme zu überwinden und sich und andere zu bewegen (Fokus-Camp, Floßbau, Steilwand, verschiedene Tauübungen sind Beispiele);

▶ als sichtbare Verhaltensmodelle und Denkmuster wie zielorientiertes Lösungsverhalten und Handlungsorientierung, aktives Überwinden von Barrieren, Wegräumen von Schwierigkeiten durch Tun. Alle genannten Übungsbeispiele wirken sich auf der Verhaltensebene aus, wenn sie schon auf anderen übergeordneten Ebenen (Strategie, Glauben, und Identität) verarbeitet werden.

Wenn es dem Coach gelingt, die logischen Ebenen der „Champion-Modelle" eines Outdoor-Teilnehmers so zu bearbeiten, daß er Zugang gewinnt und diesen dann mit entsprechenden Übungen verstärkt und ankert, dann sind starke Ressourcen für Programme verfügbar, deren Transfer auf den Joballtag möglich wird.

Selbstwert:
Über die Grenze gehen

Frank Görmar

Bei „Outdoor" kann es um tiefgreifende Veränderungsprozesse gehen. Tiefgreifend meint, es geht um unsere alten Muster, die wir in der Kindheit gelernt haben. In dieser Zeit lernen wir eine Menge Dinge, entwickeln viele unserer Fähigkeiten und setzen die Grundsteine für unseren Glauben und die Werte, die für unser Leben wichtig sind. Leider waren in der Zeit unserer Kindheit die meisten anderen Menschen ziemlich groß und mächtig. Daher, und aus vielen anderen Gründen, gibt es Muster in uns, die früher gut und richtig waren, jetzt aber nicht mehr passend für unser Leben sind.

Glaubenssätze

Die meisten Werte und Glaubenssätze, die wir damals und später gelernt haben, sind uns heute allerdings sehr nützlich. Zum Beispiel glauben wir ohne weiteres daran, daß morgen die Sonne wieder aufgehen wird. Das ist besser, als sich immer wieder überraschen zu lassen, auch wenn es irgendwann einmal schiefgehen könnte. Andere persönlichere Glaubenssätze wie „Wenn ich nur will, schaff ich es auch!" stützen uns in wichtigen Situationen. An unsere Glaubenssätze glauben wir, ohne so recht sagen zu können, warum. Manche sind auch gänzlich unbewußt. Einschränkende Gewißheiten können lauten „Eigentlich mag mich niemand!" oder „Ich bin viel zu weich für einen Geschäftsmann" oder „Alle, die Geld verdienen, haben einen schlechten Charakter" oder

„Ich muß für alles hart kämpfen". Kennen Sie solche Sätze bei sich? Das sind Ängste, die mehr aus Gewohnheit als aus Berechtigung weiter gelebt werden. Manchmal treten sie nur als Gefühl in Erscheinung, das Sie dann hindert, etwas Wichtiges in Angriff zu nehmen.

Glaubenssätze sind an sich weder wahr noch falsch. Sie tendieren allerdings dazu, sich selbst zu bestätigen. Wenn Sie etwa überzeugt sind: „Eigentlich mag mich keiner!" werden Sie dazu neigen, diese Annahme auch zu beweisen. Auf einer Feier weichen Sie, mit diesem Glauben programmiert, geschickt den Blicken der anderen aus und neigen etwa zu kurzen, etwas schroffen Antworten. So erfüllt sich Ihre Prophezeiung, die anderen könnten Sie womöglich nicht leiden, scheinbar von selbst.

Diese Selbstverstärkung und der lange gewohnte Umgang mit unseren beschränkenden Glaubenssätzen macht ihre Veränderung sehr schwer.

Sicherheitszonen

Begrenzende Glaubenssätze schränken also unseren Freiraum zum Handeln spürbar ein. Diesen eingeschränkten Freiraum werden wir im folgenden unsere „Sicherheitszone" nennen.

Unsere Sicherheitszone ist behaglich. Alle Aktionen innerhalb dieser Grenzen sind ungefährlich, da schon hinreichend bekannt.

Die Grenzen unserer Sicherheitszone spüren wir, wenn sich irgend etwas in unserem Körper meldet. Zum Beispiel ein Zittern, ein Kloß im Hals oder ein Blackout. Manchmal sind solche Ängste gute Ratgeber und warnen uns, zum Beispiel nicht über die Balkonbrüstung zu steigen.

Grenzüberschreitungen

Der Weg der Herausforderung geht da entlang, wo Angst sich meldet. Hatten Sie beim Schwimmenlernen Angst? Und heute? Heute gibt es auch Dinge, von denen Sie, wenn Sie sie überhaupt erst andächten, glauben würden: „Völlig unmöglich, absurd!" Wie unsere Outdoor-Übungen, die erscheinen vielen zunächst als nicht zu bewältigen.

Genauso erging es Manfred. Als er den Parcours sah, dachte er daran, vielleicht doch wieder heimzufahren. Manfred wurde bei den ersten Übungen immer aufgeschlossener. Dann kam seine Angstübung: der Mast. Der Mast ist zwölf Meter hoch und hat einen Durchmesser von weniger als 20 Zentimeter. Die ersten elf Meter erklettert man mit einer Strickleiter, dann geht es direkt am „Mast" an Metallkrampen zur Spitze, die als kleine Plattform abgeflacht ist, so daß sich der Kletterer darauf stellen kann. Er ist über Seile durch sein Team gesichert. Zum Abschluß springt der Kletterer an ein circa zwei Meter entferntes Trapez oder in die Seile und wird langsam abgelassen.

Vor der Übung überlegen sich die Kletterer ein Ziel, das sie gern erreichen möchten und das eine Grenzüberschreitung für sie darstellt oder das ihnen zumindest nicht besonders geheuer ist. Für dieses Ziel, als Metapher sozusagen, werden sie den Mast besteigen, und zwar soweit, daß sie ihren „normalen Aktionsraum" verlassen haben. Das ist das Ziel, nicht unbedingt, die ganze Übung vollständig durchzuführen.

Manfreds Mast

Manfred möchte als nächster auf den Mast. Er hatte schon in den vorigen Übungen zunehmend mehr gewagt. Der Mast ist die stärkste Herausforderung für ihn. Manfred bittet uns, ruhig zu sein, ihm aber ab und an Ratschläge von unten zu geben, wenn sie nötig sind. Nach den Sicherheitschecks geht er auf den Mast zu; schon die ersten Meter auf der Strickleiter sind nicht leicht.

Kurz bevor ich die Strickleiter verlasse, die an der flachen Seite des Masts hängt und mächtig wackelt, wird mir etwas schwindlig. Meine Arme scheinen mir schwächer, zittrig und wie von einem fremden Körper. Mein Körper entscheidet sich, weiter zu klettern. Oder soll ich, wie sonst, lieber hier auf halber Strecke aufhören? Niemand wird sich was dabei denken, oder? Na ja, ein paar Stufen noch. Ich spüre die Blutleere in meinem Kopf: kitzelnde Schläfen. Die Stimmen der anderen und die Geräusche dringen wie von fern zu meinem mentalen Hochsitz. Vieles in mir schreit: Tu's nicht! Mir ist heiß, als ich die nächste Stufe nehme: Die Zeit kriecht im Schneckentempo.

Sehr langsam erreicht Manfred die Miniplattform ganz oben auf dem Mast. Die Sicherungsmannschaft strafft ruhig die Seile. Das ganze Team starrt gebannt auf Manfred. Alle wissen, wie viel Überwindung ihn das kostet. Keiner atmet hörbar. Die Gruppe fokussiert Manfred und ist bereit zu helfen, sobald er Hilfe braucht.

Ich kann jetzt die Plattform in Höhe meiner Nase fassen. Ich muß mich etwas zurücklehnen, um weiter zu klettern. Mir ist schwindlig! Noch eine Stufe mehr. Das rechte Knie wackelt und bringt damit den Mast in Fahrt. RAKET rufen die von unten: *Ruhen ... Atmen ...* und dann? Ach ja: *Konzentrieren, Entscheiden* und *Tun.* Ein Schritt noch. Mein Fuß ist wie festgeklebt. Ich will, aber mein Selbst noch lange nicht ...

Ich bitte die anderen, meine Beine zu lotsen. „Du hast noch zwei Krampen weiter oben!" Ich steige weiter. „Ja, so ist's gut!" Jetzt sehe ich die anderen aus meinem Team unten, seltsam klein, stehen. Die meinen's gut mit mir und geben mir aus ihrer Perspektive gute Tips nach oben. Trotzdem streikt mein Bein noch immer.

Jetzt kurz entschlossen nach oben ziehen und abstellen. So, das hat geklappt. Der Mast zittert noch stärker als ich selbst. Mein anderes Bein ist, so scheint es mir, noch Kilometer von der Plattform entfernt. Einige Muskelgruppen halten durch. Ich habe mich für ein „Weiter" entschieden. Andere Muskeln scheinen eher schon mit dem Abstieg beschäftigt. Mein Bauch ist auch noch im Weg. Wann hab' ich mir das Ding nur angefressen? Wie groß er ist! – Beinahe! Meine mutigen Anteile haben gerade eine Aktion gewagt: mein rechtes Bein kämpft um den Rand der Plattform. Die Hand ist noch im Weg, die kann ich aber nicht wegnehmen. Jetzt läuft die Zeit davon ... Wie lang kann ich das noch halten? Die Hand etwas weg, nur nicht runter sehen, der Magen dreht sich, falle ich schon? Nee, komisch das Bein ist drauf.

So und jetzt gleich aufstehen, dann aber gar nix mehr denken, nur starten und dann darauf vertrauen, daß alles klappt. Aufstehen geht ja normalerweise auch. ... Aaahhhh. Die Hände und Arme ausbreiten. Mein Blick saugt sich in den Horizont und dann in die Schweizer Alpen. Jedes einzelne Haar stellt sich mir auf – Wind um die Nase, die Arme wie Schwingen gespreizt, im Bauch ein Schwarm Zugvögel. Von ferne das Klatschen des Teams.

Manfred steht oben, und uns allen sind Tonnen von der Seele gefallen. Ich glaube, daß auch andere aus meiner Gruppe Tränen in den Augen haben. Manfred ist weit gegangen. Jetzt steht er da und kann es nicht fassen.

Ich kann es nicht fassen, aber es ist schön. Ich hab' mich nun mit kleinen Schritten gedreht und kann jetzt das Trapez sehen, das ich anspringen soll. Ich will aber lieber nach unten springen und die anderen sehen, wenn sie mich fangen. – „Ich springe jetzt!" ... „mmmmpffff – ahh" Es ist vorbei. Ich bin kribbelig und voller Adrenalin. Das kann man keinem erzählen, wie toll das ist. Nie hätte ich gedacht, daß ich das packen kann.

Da kommt Norbert, unser Coach, und nimmt mich in Empfang.

Ankern

Er läßt Manfred Zeit, sich zu sammeln. Jetzt ist das Gefühl des Über-sich-Hinausgehens noch frisch und ungefiltert durch Sprache und Erzählung darüber. Im Coaching geht es nun darum, die persönliche Kraft, die eben eingesetzt und nun noch in ihrer einzigartigen Weise für den Betreffenden spürbar ist, auch für die zukünftigen Herausforderungen verfügbar zu machen. Jeder erlebt das Erweitern seiner Grenzen anders. Es geht nicht darum, herauszufinden „wie", sondern vielmehr darum, dieses Erleben auch an die Ziele im Leben zu heften, die es noch zu erreichen gilt.

Manfred beschreibt sein Überwinden der Angst mit dem Gefühl von einem *„Schwarm Zugvögel im Bauch"*. Er weiß genau, wann er diesen Schwarm wieder rufen wird. Dann wird er auch wissen, daß sein mulmiges Gefühl im Bauch, das ihn früher von vielem abgehalten hat, zwar eine gute Warnung sein kann, aber auch eine Ermunterung, jetzt vorsichtig und nachhaltig weiterzugehen. Und daß er es schaffen wird.

Eine neue Ressource

Manfred hat seinen „normalen Aktionsraum" drastisch erweitert. Er war, als er die *Zugvögel im Bauch* spürte, weit entfernt von seiner gewohnten Gleichgewichtslage. Alles in ihm war in Aufruhr. Es spricht vieles dafür, daß wir solche extremen Zustände benötigen, um unseren Glauben über uns selbst zu verändern. So als würden wir unsere Bestandteile hochkochen lassen und dann erst die Möglichkeit haben, daß sie sich in einer neuen und spannungsfreien Weise miteinander selbst organisieren. Glaubenssätze neigen dazu, sich selbst zu erfüllen. Wenn Manfred an seine inneren Zugvögel glaubt, werden sie von Mal zu Mal mehr Energie in ihm freisetzen können.

Respekt vor dem Körper: Mentales Body-Management

Tom Rückerl

Tennisprofis berichten, daß der Gewinn eines Matches oft weniger durch spielerisches Können, sondern vielmehr durch die mentale Einstellung und den Glauben an den Erfolg entschieden wird. Karateka durchstoßen Ziegelsteine mit der bloßen Hand, indem sie den Geist konzentrieren und sich selbst wissen lassen, daß ihr trainierter Körper die Materie besiegt. Wissenschaftliche Untersuchungen belegen, daß Medikamente ohne Wirkstoffe, sogenannte Placebos, in vielen Fällen verblüffende Heilungserfolge erzielen, sofern der Kranke fähig ist, seine Heilung mental herbeizusehnen. In Feuerlauf-Seminaren lernen die Teilnehmer in kurzer Zeit, über glühende Kohlen zu gehen – indem sie daran glauben, daß sie es tun können. All diese Beispiele zeigen die Wirkung von mentaler Steuerung bezüglich körperlicher Ressourcen. Was ein Mensch über sich selbst und seinen Körper glaubt und wie er dies den unbewußten Instanzen, die für die Steuerung seines Körpers zuständig sind, kommuniziert, beeinflußt seinen physischen Zustand und dessen Leistungsfähigkeit in entscheidenem Maße.

Körperliche Fähigkeiten werden durch mentale Manöver gesteuert. Dabei spielt die innere Einstellung eine wesentliche Rolle. Sie entscheidet, inwieweit ein Mensch über seine körperlichen Ressourcen frei verfügen kann. Es ist allgemein bekannt, daß ein starker Glaube enorme Kräfte mobilisieren kann. Es gab sogar Kulturen, in denen die Krieger glaubten, daß nur ein Tod im Kampf ihnen einen Platz an Odins Tafel ermöglicht. Obwohl auch sie den Tod fürchteten, immunisierte der starke Glaube die Krieger gegen die Todesangst. Der Glauben kann Berge versetzen. Mahatma Gandhi wurde zum Vorbild für Millionen von Menschen, indem er fest daran glaubte, daß er durch gewaltfreien Widerstand gewinnen würde. Als Reinhold Messner den höchsten Berg der Erde ohne Sauerstoffgeräte besteigen wollte, mußte er seinen lebensbedrohlich strapazierten Körper durch mentale Manöver immer wieder überzeugen, die dafür nötigen Energien freizusetzen. Wer fähig ist, seinen Körper mental zu motivieren, kann seine Leistungsfähigkeit um ein Vielfaches steigern. Körperliche Leistungen basieren nicht nur auf Geschicklichkeit, Fitness und vorab getätigter Übung, sondern auf der Art, wie der Geist mit dem Körper kooperiert.

Besonders interessant beim Verständnis dieser lebenslangen Kooperation ist die Tatsache, daß jeder Mensch nicht nur hin und wieder, sondern permanent mit seinem eigenen Körper kommuniziert. Auch wenn sich viele Menschen nicht darüber bewußt sind – der Geist steuert den Körper in jedem Moment, ähnlich wie ein Reiter, der die Zügel seines Pferdes mehr oder weniger fest in den Händen hält. Hier stellt sich die Frage, wie wir unser Pferd behandeln – als guten Freund und lebendigen Gefährten, oder als bloßes Transportmittel, das lediglich im Krankheitsfall durch Arztbesuch und Laborergebnisse auf seine Funktionstüchtigkeit hin überprüft wird. Der Zeitgeist der 90er Jahre und der damit verbundene allgegenwärtige Leistungdruck bewirken, daß wir uns daran gewöhnen, unser Pferd erbarmungslos voranzutreiben, ohne dessen Bedürfnisse nach Nahrung, Pflege und Ruhephasen zu erfüllen. Was geschieht mit einem Pferd, das über lange Zeiträume hinweg schonungslos geritten wird? Es wird zunächst Verschleißerscheinungen aufweisen und schließlich zusammenbrechen. Interessanterweise verfügt der menschliche Körper jedoch über erstaunliche Ressourcen, die bei entsprechend intelligenter und respektvoller Kommunikation mit den unbewußten Kräften, die für unseren energetischen Haushalt zuständig sind, auf gesunde Weise mobilisiert werden können. Der Körper ist die Quelle unserer Lebensqualität; nicht umsonst bezeichnen die buddhistischen Mönche den Körper als Tempel des Geistes. Nur wenn er sich in einem guten Zustand befindet, kann der Geist sich frei entfalten.

Um derartiges Wissen optimal zu nutzen, werden in dem folgenden Text eine Reihe von Ideen zur mentalen Steuerung des physischen Körpers vorgestellt. Die praktische Umsetzung der angeführten Ideen kann Ihnen helfen, die Wahrnehmung Ihres eigenen Körpers auf nützliche Weise zu organisieren und die Kommunikation mit Ihren unbewußten Kräften zu verbessern. Sie erzeugen eine nützliche Einstellung im Umgang mit Ihren körperlichen Ressourcen.

Die Ideen implizieren ein humanistisches und auf Entwicklung ausgerichtetes Menschenbild. Es sind Erfahrungswerte, die sich als Grundlage exzellenter Kommunikation mit dem eigenen Körper vielfach bewährt haben. Bei der Umsetzung sollten Sie darauf achten, daß Sie Ihren Körper nicht überfordern. Ein langfristig erfolgreiches Body-Management basiert auf einem gesunden Empfinden für den energetischen Haushalt. Ihre mentale Inspiration sollte aus einer sensiblen Wahrnehmung für Ihre energetische Balance erwachsen. Die Realität Ihres Körpers bewegt sich in einem Kraftfeld zwischen Anspannung und Entspannung, Aktivität und Ruhe, Eindruck und Ausdruck. Solange Sie – oder Ihre unbewußten Kräfte – Ihre körperliche Realität erfolgreich ausbalancieren, bleiben Sie gesund. Krankheit resultiert aus einer Störung des gesunden Gleichgewichts, der Ausgleich der Störung kostet den Körper viel Energie. So kann jeder Mensch als dynamisch-energetisches System verstanden werden: Souveräne Steuerung durch mentales Body-Management erfordert neben kommunikativen Fähigkeiten auch ein intuitives Verständnis der menschlichen Ökologie; insbesondere im Hinblick auf langfristige Erfolge.

Kommunikation mit dem eigenen Körper

Die Kommunikation mit dem eigenen Körper ist eine oft vernachlässigte Tatsache, obwohl sie in jedem Moment unseres Lebens stattfindet. Um diesen allgegenwärtigen Prozeß zu optimieren, brauchen Sie ein gewisses Potential von bewußter Energie – es muß von Ihnen aktiv aufgebaut und kontinuierlich gepflegt werden. Dieser Text soll Sie motivieren, die Kommunikation mit den verantwortlichen Instanzen in Ihrer Psyche, die für körperliche Vorgänge zuständig sind, bewußter und geschickter zu gestalten. Dafür wollen wir zunächst den unmittelbaren Zusammenhang zwischen Geist und Körper untersuchen. Geist und Körper beeinflussen sich wechselwirksam, denn sie sind Teile des gleichen kybernetischen Systems. Was mental geschieht, zeigt sich auch körperlich; innere Befindlichkeiten drücken sich physisch aus. Manchmal ist der Ausdruck des Geistes sehr offensichtlich, manchmal bewirkt er nur sehr feine Veränderungen.

Um Ihren Körper durch mentale Manöver zu managen, müssen Sie zunächst ihre Wahrnehmung trainieren. Um den aktuellen Zustand Ihrer Physiologie aufmerksam beobachten zu können und um auch feinste Veränderungen zu bemerken, brauchen Sie sensibilisierte Sinnesorgane. Dabei ist es wichtig, nicht nur die Umwelt um Sie herum wahrzunehmen, sondern auch die Signale, die von innen kommen. Ihr Körper sendet Ihnen in jedem Moment eine enorme Vielzahl von Informationen. Sie können sich zum Beispiel für innere Sensationen wie Lust und Unlust, Spannung und Entspannung, Temperatur oder Gleichgewicht sensibilisieren. Sobald Sie etwas außergewöhnliches wahrnehmen, beobachten Sie, wie Ihr Körper reagiert. Die spontane Reaktion Ihres Körpers resultiert aus der Bewertung der aktuellen Situation. Diese Bewertung können Sie steuern, indem Sie einen kognitiven Rahmen erschaffen.

Beispiel

Falls Sie zum Beispiel vor einer Rede oder vor einem TV-Auftritt Lampenfieber wahrnehmen, können Sie Ihre Wahrnehmung der damit verbundenen Anspannung und Erregung unterschiedlich bewerten. Sie könnten sich sagen „Oh Gott, jetzt habe ich schreckliches Lampenfieber – das wird mich völlig blockieren, ich werde stottern und wirres Zeug reden." Durch eine derartige Einstellung werden Sie sich selbst in einen armseligen Zustand hypnotisieren. Ihre Zunge wird schwer, Ihr Ausdrucksvermögen versiegt, dafür steigt Ihre Schweißproduktion plötzlich enorm an, Ihr Herzrhythmus gerät außer Kontrolle, und Ihr Gehirn verweigert Ihnen den Zugriff zur Benutzung der Großhirnrinde, jenem Teil des menschlichen Gehirns, das bewußtes Denken ermöglicht. Ihr Geist hat Ihren herausgeforderten Körper nicht unterstützt, sondern aktiv sabotiert – der sogenannte Blackout.

Statt dessen könnten Sie Ihrem erregten und angespannten Körper durch einen ermutigenden Kommentar helfen, indem Sie sich sagen „Tja, Lampenfieber, das kennen alle Menschen, selbst die Profis. Es ist eine normale Reaktion meines Körpers auf die bevorstehende Herausforderung. Schön ruhig bleiben und tief durchatmen, du kannst es." Durch dieses mentale Manöver verbessern Sie Ihren physiologischen Zustand. Sie können Ihren inneren Dialog auch offensiv gestalten, indem Sie das Lamperfieber positiv bewerten und es in Form einer motivierenden Botschaft begrüßen: „Ja, jetzt werde ich wach, das ist gut! Mein Körper reagiert auf die anstehende Herausforderung, indem er Adrenalin ausschüttet und mir ein aktiviertes Potential von Energie zur Verfügung stellt. Diese Energie mobilisiert alle meine Kräfte. Indem ich Körpersprache aktiv einsetze und meine Lippen, meine Zunge und meinen Atem bewußt spüre, kann ich diesen enormen Energieschub für meinen Auftritt nutzbar machen." Durch dieses Power-Reframing erzeugen Sie eine Einstellung, die es Ihrem Körper erlaubt, die freigewordenen Energien zielgerichtet einzusetzen.

Sie lenken das ausgeschüttete Adrenalin in eine konstruktive Richtung. Jetzt kooperiert der Geist mit dem Körper. Das natürliche, genetisch verankerte Streß-Reaktions-Programm wird nicht bekämpft, sondern begrüßt und als nützlich erkannt. Muskulatur, Kreislauf, Atem und Gehirn werden synchronisiert, und Ihr Geist hat optimale Bedingungen, um sich frei auszudrücken. Sie können all das sagen, was Sie sich vorgenommen haben, und Ihren Redefluß genießen.

Derartige Beeinflußbarkeit des Körpers über den Geist wird auch bei der Heilung von psychosomatischen Beschwerden oder beim Coaching von Leistungssportlern und Führungskräften mit erstaunlichem Erfolg genutzt. Doch ebenso wie der Geist Ihren Körper beeinflußt, beeinflußt auch der körperliche Zustand Ihre geistige Verfassung. Wenn Sie übernächtigt sind, eine Grippe haben oder womöglich durch Krankheit ans Bett gefesselt sind, verändert sich Ihre Lebenseinstellung. Die Antriebskräfte lassen nach, Unlustgefühle entstehen, Sie können die Ereignisse nicht mehr richtig genießen. Den Anforderungen der Außenwelt begegnen Sie vorsichtiger, Risiken werden vermieden. Sollte der geschwächte Zustand andauern, wird Ihr Selbstwertgefühl sinken, dafür steigt das allgemeine Angst-Niveau. Berufliche Situationen und private Herausforderungen werden schwieriger als normal erlebt. Wenn Sie auf Entgegenkommen, Rücksichtnahme oder Pflege angewiesen sind, sehen Sie die Welt mit anderen Augen und Sie schätzen Ihre soziale Position anders ein. Wenn Sie sich hingegen körperlich gesund, ausgeschlafen, frisch, potent und kraftvoll fühlen, steigt Ihr Selbstwertgefühl ebenso wie Ihre sozialen und beruflichen Möglichkeiten.

Nehmen Sie Kontakt mit Ihrem Körper auf!

Wie können Sie nun die für ein gutes mentales Body-Management nötigen Fähigkeiten erlernen? Was können Sie tun, um eine optimale Kommunikation zwischen Geist und Körper zu entwickeln? Zunächst ist es wichtig, mit Ihrem Körper Kontakt aufzunehmen. Dafür müssen Sie einen Moment innehalten und Ihren Körper bewußt wahrnehmen. Atmen Sie tief durch. Spüren Sie Ihre Muskulatur, Ihre Haut, Ihre Sinnesorgane und die einzelnen Körperteile. Nehmen Sie zum Beispiel das Körpergefühl in Ihren Füßen bewußt wahr. Achten Sie auf Ihr Temperaturempfinden. Machen Sie kleine Bewegungen mit den Zehen und spüren Sie die Veränderungen. Seien Sie dabei geduldig und aufmerksam. Dehnen Sie diese Bewußtheit dann auf den ganzen Körper aus. Spannen Sie einzelne Muskeln für einen kurzen Moment bewußt an und lösen Sie die Spannung dann wieder. Beobachten Sie die damit verbundenen Veränderungen in Ihrem Körpergefühl. Solch kleine Manöver zur Bewußtwerdung können Sie unauffällig im Laufe jedes Tages tun. Es gibt viele Routinesituationen oder Wartezeiten, in denen Sie sich nicht langweilen müssen, sondern sich statt dessen mit Ihrer Aufmerksamkeit Ihrem Körper widmen können.

Der Atem ist das Bindeglied zwischen Körper und Geist

Als nächstes achten Sie auf Ihren Atem. Der Atem ist das Bindeglied zwischen Körper und Geist. Buddhistische Mönche versenken sich für lange Zeit in tiefe Meditation, indem sie ihre Aufmerksamkeit auf dem eigenen Atem reiten lassen. Durch geduldige Übung kann diese Qualität in der Wahrnehmung sogar zu einem wahrhaft erotischen Abenteuer werden. Die konsequente Wahrnehmung des eigenen Atems führt zur Bewußtwerdung des Körpers. Der Atem bindet unsere Aufmerksamkeit an das Hier und Jetzt, der Geist kontaktiert die Realität des Körpers.

Zu Beginn dieser Übung können sich die meisten Menschen nur für sehr kurze Zeit auf den Atem konzentrieren, weil ständig ungebetene Gedanken auftauchen und die Aufmerksamkeit hinforttragen. Dann fällt der Mensch in Trance. Sobald Sie merken, daß Ihre Aufmerksamkeit abschweift und Sie sich plötzlich in Trance ertappen, erinnern Sie sich wieder an Ihren Atem. Sie nehmen aufs neue Kontakt auf, indem Sie bewußt ein- und ausatmen. Manchmal kann es hilfreich sein, die Atemzüge zu zählen. Das Zählen erinnert Ihren Geist an seine Aufgabe, es hält ihn wach und bringt ihn immer wieder zurück zur Atmung.

Wenn Sie mögen, setzen Sie sich ein Ziel. Sie können als Einstieg zum Beispiel jeden Tag hundert Atemzüge zählen, ohne daß Ihre innere Aktivität von jemandem bemerkt wird, ganz nebenbei, während Sie essen, duschen, spazierengehen, Auto fahren, im Flugzeug sitzen oder während Sie anderen Menschen zuhören. Sie können Ihr Tagesziel auch in einzelnen Etappenzielen von je 20 Atemzügen erreichen. Im Laufe Ihrer Praxis können Sie es beliebig steigern. Als Resultat erhalten Sie zunehmenden Kontakt zu Ihrem eigenen Körper. Auch Ihre geistige Präsenz wird sich verbessern. Dies sind wichtige Voraussetzungen für erfolgreiches Body-Management.

Wie Sie mit Ihrem Körper sprechen können

Sobald Sie eine halbwegs stabile Körperbewußtheit und lebendigen Kontakt zu Ihrem Atem hergestellt haben, können Sie beobachten, wie Sie mit Ihrem Körper sprechen, und herausfinden, was Sie über ihn glauben. Dafür achten Sie auf den inneren Dialog, der ständig in Ihrem Kopf abläuft. Wir Menschen neigen dazu, unser Konzept von der Welt durch fortlaufende Verbalisierung aufrecht zu halten. Dazu gehört auch unser Konzept von dem eigenen Körper. Unser Körper sendet in jedem Moment eine Vielzahl von Signalen, die meist unbewußt empfangen und verarbeitet werden. Sie können lernen, diesen Prozeß hilfreich zu unterstützen und in einem gewissen Maße zu steuern.

Achten Sie dabei sowohl auf die Inhalte als auch auf den Klang Ihres inneren Dialogs. Finden Sie heraus, wie der Fluß der Gedanken mit Ihren körperlichen Wahrnehmungen in Zusammenhang steht. Achten Sie darauf, wie Sie Ihre körperlichen Sensationen bewerten.

▶ Begrüßen Sie Ihre Empfindungen?

▶ Bekämpfen oder ignorieren Sie sie?

▶ Erfreuen Sie sich daran?

▶ In welcher Form reagieren Sie auf Ihre Empfindungen?

▶ Wann wechseln Sie Ihre Körperhaltung, Ihren Gesichtsausdruck oder Ihre Sitzposition?

▶ Wie reagieren Sie auf Schmerzen?

▶ Wissen Sie in dem Moment, in dem Sie einen Schmerz empfinden, wodurch die Alarmanlage Ihres Körpers aktiviert wurde? Menschen versuchen, Schmerzen zu vermeiden oder zu reduzieren; diese Tatsache steuert das menschliche Verhalten in weitreichendem Umfang, auch wenn wir uns darüber meistens nicht bewußt sind.

▶ Woran bemerken Sie, daß Sie Angst haben? Auch Angst ist eine sehr nützliche Empfindung, die unser Leben beschützt und verlängert, die allerdings auch sehr einschränkend wirken kann.

▶ Wie gehen Sie mit unnötigen Einschränkungen um? Akzeptieren Sie sie unbemerkt, oder mobilisieren Sie Ihren Mut im Namen Ihrer persönlichen Freiheit?

▶ Wie reagieren Sie auf Lust?

▶ Welche Lüste kennen Sie und welche mag Ihr Körper am liebsten? Auch das oft unbewußte Streben nach Lust steuert das menschliche Verhalten in allen Lebensbereichen.

▶ Wie bewerten Sie körperliche Empfindungen wie Schmerz, Angst oder Lust durch Ihre Kognition?

▶ Darf Ihr Körper sich hemmungslos an der Vermeidung von Unlust und dem Streben nach Lust orientieren?

Vermutlich nicht; in einer leistungsbewußten Kultur wird dies kaum möglich sein, außer Sie leben so, wie Klaus Kinski es getan hat. In unserer Leistungsgesellschaft werden fast alle Menschen durch einen unterschwelligen Konflikt geplagt. Sigmund Freud beschrieb diesen Zusammenhang als den ewigen Kampf zwischen „Es" und „Über-Ich", der von dem „Ich" irgendwie gemanagt werden muß. Wie managen Sie diesen Konflikt?

▶ Sind Ihr Körper und Ihr Geist zwei Gegner, die sich gegenseitig das Leben erschweren, indem Sie die Interessen und Bedürfnisse des anderen frustrieren?

▶ Oder kooperieren Körper und Geist partnerschaftlich, weil beide wissen, daß sie voneinander abhängig sind und sich sowohl gegenseitig sabotieren als auch harmonisch ergänzen können?

Antworten auf solche Fragen können Sie erhalten, indem Sie Ihren inneren Dialog aufmerksam beobachten. Schön wäre es, wenn Sie feststellen, daß Ihr Geist wie ein hilfsbereiter Coach mit dem Körper kommuniziert. Dazu gehören sowohl intelligente und motivierende Inhalte als auch ein angenehmer und respektvoller Tonfall. Falls Sie nicht wissen, wie ein Coach mit seinem Klienten kommuniziert, dann sprechen Sie mit Ihrem Körper einfach wie mit einem Kind, das von Ihnen geliebt, respektiert und versorgt wird. Seien Sie aufmerksam, erkennen Sie seine Bedürfnisse und vertrauen Sie darauf, daß es auch Spaß daran hat, aktiv zu sein, gefordert zu werden und Leistung zu bringen; oder daß es zumindest den Nutzen einer Anstrengung erkennt, weil es sich auf die anschließende Belohnung freut.

Falls Sie bemerken, daß Ihr Körper unzufriedene, klagende oder gar gequälte Signale sendet, nehmen Sie kreativen Kontakt mit ihm auf. Fragen Sie ihn, was er braucht, um wieder in einen guten Zustand zu kommen. Seien Sie offen für alle möglichen Ausdrucksformen, die Ihr Körper wählt, um seine Botschaften zu verpacken. Vielleicht sendet er Ihnen klare Worte oder ganze Sätze, vielleicht spricht er auch in Rätseln, in Bildern oder in Gefühlen. Manchmal muß man zum Forscher oder gar zum Detektiv werden, um die Botschaften des Körpers zu verstehen. In jedem Fall ist es gut, sich für die erhaltenen Signale zu bedanken, auch wenn man sie nicht sofort versteht. Das volle Vertrauen des eigenen Körpers zu gewinnen kann an die liebevolle Zähmung eines wilden, scheuen oder auch aggressiven Tieres erinnern. In uns allen lebt ein mehr oder weniger wildes Menschentier, mit Bedürfnissen, Vorlieben, Lüsten und Ängsten, das es zu zähmen gilt. Unser Geist tut gut daran, sich mit diesem Menschentier anzufreunden, denn – wie die buddhistischen Mönche sagen – der Geist muß ein Leben lang auf ihm reiten.

Bewußte Einstellung gegenüber Routinesituationen

Während Sie einen gewissen Grad der Körperbewußtheit entwickkeln, während Ihr Geist durch den Atem kontinuierlich mit dem aktuellen Moment verbunden ist, und während Sie lernen, Ihren inneren Dialog zu beobachten und möglichst kooperativ zu gestalten, können Sie Ihr Body-Management gleichzeitig durch eine bewußte Einstellung gegenüber alltäglichen Routinesituationen Schritt für Schritt verbessern. Dafür können Sie körperfreundliche Tätigkeiten als solche erkennen, bewußt genießen und einen heilsamen Effekt erzeugen. Wenn Sie sich zum Beispiel des Nachts zum Schlafen begeben, erinnern Sie sich daran, daß der Schlaf eine ebenso wundersame wie wirkungsvolle Quelle der Regeneration ist. Genießen Sie die Zeit im Bett vor dem Einschlafen als gezielte

Vorbereitung auf die nächtliche Erfrischungskur. Während des Schlafes bringen unbewußte Instanzen Ihren Körper wieder ins Gleichgewicht. Alle Stoffwechselprozesse können ungestört ablaufen, die Muskulatur entspannt sich, die Sinnesorgane können sich erholen und Ihr Gehirn hat Zeit, um alle Eindrücke des vorangegangenen Tages zu verarbeiten. Spüren Sie, wie Ihr Atem immer ruhiger wird, und übergeben Sie die bewußte Kontrolle mit einem guten Gefühl an Ihre unbewußten Kräfte. Genießen Sie den Schichtwechsel, gönnen Sie Ihrem Bewußtsein die wohlverdiente Pause.

Wenn Sie morgens aufwachen, begrüßen Sie als erstes Ihr wiederauferstandenes Bewußtsein. Atmen Sie tief durch, und beobachten Sie neugierig, wie Ihre Sinnesorgane eine neue Orientierung aufbauen — ähnlich wie ein Pilot, der sein Flugzeug besteigt und zunächst alle seine Instrumente im Cockpit einschaltet. Wenn Sie dann das Bett verlassen, spüren Sie, wie Ihre Beine mit dem Boden Kontakt aufnehmen. Richten Sie Ihren Körper zur vollen Größe auf, und strecken Sie alle Ihre Gliedmaßen, so wie Katzen und Hunde es tun, bevor sie sich aus der Ruheposition in die Bewegung begeben.

Genießen Sie die Zeit im Badezimmer, begrüßen Sie die vitalen Kräfte, die von Ihrem Körper Besitz ergreifen. Stellen Sie sich unter die Dusche, indem Sie sich daran erinnern, daß jedes Duschbad unter fließendem, wohltemperiertem Wasser eine wunderbare Errungenschaft unser Zivilisation darstellt, ein köstlicher Luxus, der mit Hilfe der richtigen Einstellung wie eine morgendliche Hydro-Therapie wirken kann. Wenn Sie Ihre Zähne putzen, spüren Sie die erwachende Frische im Mund und auf der Zunge.

Betrachten Sie diese Tätigkeiten nicht nur als lästige Routine, sondern seien Sie sich darüber bewußt, daß Sie Ihrem Körper etwas Gutes tun; und genießen Sie die natürliche Lust, die dabei entstehen kann. Wenn Sie Ihr Gesicht im Spiegel betrachten, lächeln Sie sich an. Motivieren Sie Ihren Körper, auch im Laufe des heutigen Tages das mehr oder weniger bewußte Spiel mit der Gravitationskraft erfolgreich zu meistern; und erlauben Sie sich, auch diese Körperwahrnehmung zu genießen.

Nehmen Sie sich genug Zeit für das Frühstück und ebenso für die anderen Mahlzeiten während des Tages. Viele Menschen essen gänzlich unbewußt und stopfen irgendwelche Lebensmittel in sich hinein. Dabei wird oft völlig vergessen, daß Essen und Trinken neben der Atmung die lebensnotwendige Energieversorgung des Körpers darstellt. Niemand würde auf die Idee kommen, sein Auto mit minderwertigem Benzin zu betanken, erstaunlich viele Menschen ernähren ihren Körper jedoch mit ungeeigneter Nahrung, die den Körper eher belastet, als daß sie ihn vitalisiert. Doch es ist nicht nur wichtig, was Sie essen, sondern auch wie Sie essen. Wählen Sie Nahrung, auf die Sie wirklich Appetit haben, und genießen Sie den Prozeß von Zubereiten, Hineinbeißen, Kauen und Schlucken. Atmen Sie dabei bewußt. Lassen Sie Ihren Körper wissen, daß dies der Stoff ist, aus dem er im Laufe des Tages alle Energien ziehen wird, die für ein optimales Funktionieren notwendig sind.

Nehmen Sie sich auch etwas Zeit zum Verdauen. Die Verdauung ist ein sehr komplexer Vorgang, der zunächst enorme Energien verbraucht. Sie können diesen Energieverbrauch erheblich reduzieren, wenn Sie sich nach dem Essen eine kurze Pause gönnen und Ihrem Magen alle Energien zur Verfügung stellen, die er braucht, um seine Arbeit harmonisch zu vollrichten. Tiere gönnen sich nach dem Essen eine angemessene Pausenzeit, um die aufgenommene Nahrung zu absorbieren, weil die Intelligenz des Körpers sie dazu veranlaßt. Die menschliche Körper-Intelligenz wird hingegen nur allzuoft ignoriert, viele Menschen hetzen entgegen ihren natürlichen Impulsen sofort nach dem Essen zur nächsten Aktivität und belasten ihren energetischen Haushalt törichterweise mit schlecht verdauter Nahrung, weil sie glauben, dadurch etwas Zeit sparen zu können. Hektisches Essen bedeutet jedoch Sparen am falschen Ende, es geht nicht nur Genuß verloren, auch reduzierte Leistungsfähigkeit und gesundheitliche Schäden können die Folgen sein; außerdem kann der Körper nicht das volle energetische Potential aus der Nahrung ziehen. Deshalb sollten Sie, gerade während und nach dem Essen, intensiven Kontakt zu Ihrem Körper pflegen und ihn durch eine kooperative

Geisteshaltung dabei unterstützen, die nötigen Energien aus der Nahrung zu gewinnen. Gutes Essen bietet einen idealen Anlaß zur bewußten Kontaktaufnahme mit der körperlichen Realität – eine wohlschmeckende Mahlzeit kann als attraktive Einladung zu einer äußerst angenehmen Form der Meditation verstanden werden.

Trainieren Sie Ihre Sinnesorgane!

Ein weiterer Schritt auf dem Weg zum mentalen Body-Management ist das Training Ihrer Sinnesorgane. Ihre Sinnesorgane versorgen Sie in jedem Moment mit einer unvorstellbaren Menge von Informationen. Nur wenige Informationen gelangen in den Fokus Ihres Bewußtseins, die meisten werden unbewußt verarbeitet. Hier liegt ein enormes Potential von Gestaltungsmöglichkeiten. Achten Sie auf Ihre Augen – sehen Sie Farben, Formen, Bewegungen, Schattierungen, Abstände und Panoramen. Achten Sie auch auf kleine Details, fokussieren Sie bewußt zwischen nah und fern, und lösen Sie hin und wieder den scharfen Fokus Ihres Blickes auf, indem Sie Ihren Blick weich werden lassen und das gesamte Panorama Ihres Gesichtfeldes auf einmal wahrnehmen. Richten Sie Ihren Blick auch nach innen und experimentieren Sie mit der Vielfalt Ihrer inneren Bilder. Innerer Reichtum entsteht durch die Qualität Ihrer Wahrnehmung.

Sensibilisieren Sie auch Ihre Ohren, erlernen Sie die Kunst des Zuhörens, achten Sie nicht nur auf die Worte Ihrer Gesprächspartner, sondern auch auf den Klang der Stimmen; nehmen Sie Geräusche von Maschinen, Tieren oder von Wind und Wetter bewußt wahr. Hören Sie Musik mit den Ohren eines Musikers, und achten Sie auch auf den Klang der Stille, der sich für kurze Momente hin und wieder einstellt. Ähnlich, wie Sie Ihren Blick nach innen richten, können Sie natürlich auch bewußt in sich hineinhorchen. Verfolgen Sie Ihren inneren Dialog, sowohl die Inhalte als auch den Klang. Spielen Sie mit Ihrer Wahrnehmung, wechseln Sie zwischen Innenwelt und Außenwelt hin und her. Im

Alltag geschieht dies ohnehin, doch Sie gewinnen an Souveränität und an Lebensqualität, wenn Sie es bewußt tun.

Sensibilisieren Sie auch Ihren Mund und Ihre Nase. Viele Situationen vermitteln uns einen bestimmten Geschmack, der eine gute Orientierung bieten kann, wenn wir ihn bewußt wahrnehmen. Geschmacklosigkeiten stoßen uns ab, meist aus gutem Grund, während Menschen oder Situationen mit geschmackvollen Qualitäten zu Recht unsere Aufmerksamkeit verdienen. Die Nase verbindet Sie mit Ihrem Atem, Sie gewinnen an geistiger Präsenz, und Sie kommen in Kontakt mit dem permanenten Energie-Austausch, der Sie am Leben hält. Der ganze Körper ist ein hochsensibles Sinnesorgan. Je intensiver der Kontakt zu Ihren körperlichen Sensationen beschaffen ist, desto besser können Sie ihn steuern.

All diese Momente der Bewußtwerdung sind Möglichkeiten, um die Kommunikation mit Ihrem Körper zu verbessern. Es sind viele kleine Mosaiksteinchen auf dem Weg zur Bewußtheit, die sich gegenseitig ergänzen. In jedem Moment Ihres Lebens haben Sie die Chance, Ihre Existenz bewußt zu erkennen und zu genießen. Für ein mentales Body-Management brauchen Sie nicht nur guten Kontakt zu Ihrem Körper, Sie brauchen auch ein Potential an bewußter Energie. Dieses können Sie entwickeln, indem Sie die hier angedeuteten Übungen im Alltag praktizieren. Dafür brauchen Sie eine gewisse Disziplin, die aber nicht anstrengend, ermüdend oder gar quälend sein soll, sondern leicht, fließend und möglichst lustvoll. Seien Sie kreativ in Ihrem Übungsprogramm; die hier dargestellten Ideen bieten Ihnen eine konstruktive Grundlage für Ihr persönliches Body-Management, doch darüber hinaus gibt es in Ihrem Leben unzählige Variationen zur Kontaktaufnahme mit Ihrem Körper und zur Gewinnung von mentalen Energien. Finden Sie heraus, welcher Balsam Ihrem Körper am besten tut, werden Sie zum Detektiv, verfolgen Sie die Spur Ihrer natürlichen Impulse. Genießen Sie Ihren Körper! Je besser Sie ihn behandeln, desto mehr Freude wird er Ihnen schenken und desto eher wird er bereit sein, in Situationen der Herausforderung beste Leistungen zu vollbringen.

Teil 3

Planung von Outdoor-Programmen

Outdoor-Transfer:
Darauf kommt es an!

Angelika Schauenberg

Was genau löst die Kaufentscheidung eines Kunden bei immer vergleichbarer werdenden Produkten aus? Sicher ist, daß die Kundenbetreuung und der konsequente Service eine stets größere Rolle spielen. In einem erfolgreichen Unternehmen stehen alle, nicht nur das letzte Glied in der Kette – der Verkauf –, im Dienst des Kunden. Der Einsatz von qualifizierten Mitarbeitern ist das zentrale Element beim Kampf um die Marktanteile, optimales Training entscheidet über den entscheidenden Vorsprung als Wettbewerber! Personaltraining ist heute selbstverständlich. Doch vergleicht man die Entwicklung der Trainingsmethoden im Business mit denen im Spitzensport, wird schnell Optimierungspotential erkennbar.

Der Spitzensportler hat kontinuierlich die Chance, neue Trainingskonzepte innerhalb und außerhalb der aktuellen Saison auszuprobieren. Neben dem täglichen Training sucht er außergewöhnliche Bedingungen zur Entwicklung von neuen Techniken und Strategien. Im Höhentraining beispielsweise spürt er bei geringerem Luftwiderstand seinen körperlichen Krafteinsatz anders und lernt so schneller und reibungsloser zum Ziel zu gelangen. Er kopiert diese Erfahrungen, er hat gelernt, seine Bewegungsabläufe zu optimieren. In Camps erproben und verändern komplette Mannschaften in Training und Testspielen ihre alten Taktiken und Strategien. Dem Unternehmer bleibt jedoch – anders als dem Wettkämpfer im Sport – kaum ausreichend Gelegenheit, die Wirksamkeit neuer Trainingsmethoden zu erproben.

Lernen Sie also ein den neuen Anforderungen entsprechendes modernes Trainingskonzept kennen, welches effektive und ausgefeilte Übungsmethoden bereithält. Diese sind sorgfältig und unternehmensspezifisch geplant. Der Schwerpunkt liegt dabei im unmittelbaren Lerntransfer. Einzelne Mitarbeiter, Teams und komplette Unternehmen sind eingeladen, ihre Leistungsfähigkeit zu erweitern. Verlassen Sie den alten Trott, entdecken Sie neue Wege. Lassen Sie sich zu optimalen Strategien führen. Erproben und messen Sie den Erfolg. Gespannt auf Outdoor-Training?

Wie funktioniert Outdoor-Training?

Outdoor-Training heißt, sich mit viel Spaß neuen Herausforderungen zu stellen und damit unternehmerischen Freiraum zu gewinnen. Grundsätzlich ist Outdoor-Training für jeden geeignet, der in seinem privaten oder beruflichen Kontext alte Wege verlassen möchte.

In den verschiedenen Übungen wird Gelegenheit gegeben, Spaß an neuen Formen des Lernens zu erleben, Lust an eigener Aktivität zu verspüren und auf Entdeckerpfade zu gehen. Körperliche Gesundheit erleichtert die Teilnahme, außergewöhnliche Kondition oder besondere sportliche Eignung sind aber nicht erforderlich. Die Übungen sind so gestaltet, daß jeder sie bewältigen kann, sie aber dennoch Lernfelder zur Bewältigung neuer Herausforderungen darstellen. Jeder Teilnehmer und gesamte Teams durchleben konkrete Veränderungen. Sie rückbesinnen sich auf ihr Können, lernen hinzu und erleben das Überschreiten ihrer bisherigen Leistungsgrenze. Ihre Erfolge bleiben eine unerschöpfliche Ressource für die Anforderungen zu Hause.

Wie kommt es zu diesen Trainingserfolgen?

Die meisten Menschen organisieren ihren Alltag in geordneten Abläufen, nach ähnlichen, oft eingefahrenen Mustern. Unsere Kunden kennen ineffektive Arbeitsabläufe wie langweilige Besprechungen oder nicht enden wollende Meetings, die trotz besseren Wissens einer Veränderung standhalten.

Jeder Mitarbeiter hat im Arbeitsalltag bestimmte Routinen entwickelt, um mit möglichst wenig Aufwand, körperlichem Einsatz oder Anstrengung sein Tagessoll zu erfüllen. Neue, effektivere Verhaltensweisen zu erlernen bedeutet jedoch, zunächst den Komfort der Routine aufzugeben und liebgewonnene Gewohnheiten abzustreifen. Nur ungern läßt man sich sagen, daß die Art und Weise, bestimmte Dinge zu tun, wenig effektiv, vielleicht sogar überholt sei und daher Veränderungen längst an der Zeit wären. Wenn es vielen Kollegen ähnlich geht, sind eingefahrene Strukturen, wenig auf Kundenorientierung ausgerichtete, unnütze Wege im Unternehmen die Folge.

In herkömmlichen „Indoor-Seminaren" wird der eine oder andere Mitarbeiter den Entschluß gefaßt haben, die gehörten Verbesserungsvorschläge im Unternehmen auszuprobieren und sein Verhalten demnächst zu ändern. Doch – das Phänomen ist bekannt – spätestens auf der Heimfahrt fragen sich die Praktiker, ob und wie sich die theoretischen Lerninhalte überhaupt in ihren Alltag übertragen lassen. Die Komplexität der Praxis rechtfertigt das Beibehalten der alten Gewohnheiten. Das tagelang angehäufte Seminarwissen darf getrost wieder vergessen werden, es bleibt wieder nur Theorie.

Anders funktioniert das Lernen im Outdoor-Training. Mit begeisterten Äußerungen bestätigen die Teilnehmer ihre Erfolge: „In so kurzer Zeit habe ich noch nie soviel gelernt. Denn das hier ist Praxis. Die vielen theoretischen Überlegungen, warum ich Dinge nicht verändere oder warum etwas nicht funktioniert, kann ich getrost hier lassen. Hier habe ich erfahren, was ich leisten kann."

Wer unter Lernen bislang ein theoretisches Aneignen von Wissen verstanden hat, entdeckt während des Outdoor-Trainings seine Hände und sein Herz als Lehrwerkzeuge und Lehrer. Outdoor-Training – so wie wir es verstehen und praktizieren – ist weder Mutprobe oder Abenteuerurlaub, noch sind sportliche Höchstleistungen gefordert. Statt dessen werden mit viel Spaß und großem Erfolg neue Kräfte, Ressourcen mobilisiert. Von Übung zu Übung bauen die Teilnehmer ihr Wissen und ihre Erfahrung systematisch aus, proben für die Praxis und setzen zuvor Gelerntes direkt um.

Das gemeinsame Tun im außergewöhnlichen Umfeld und unter besonderen Anforderungen bildet das Lernfeld. Auf einem speziell präparierten Parcours balancierend, suchen und finden die Teilnehmer neue Erkenntnisse und Erfahrungen für ihr spezifisches Arbeitsumfeld. Keine Sorge, verlangt wird nicht, Würmer zu essen oder sich durch andere, außergewöhnliche, vielleicht sogar lebensbedrohende Aktivitäten für den täglichen Überlebenskampf abzuhärten. In realen, also solchen Situationen, die in der Grundstruktur auf die Herausforderungen des Alltags antworten können, wird die Basis für den Erfolg gelegt.

Mit Hilfe ausgeklügelter Trainingsmethoden werden die unterschiedlichen Teams und deren Zielsetzungen individuell begleitet: Teams, die schon zuvor gemeinsam arbeiteten, aktivieren neue Formen der effektiveren Zusammenarbeit. Mitarbeiter, deren Interaktionen zu selten oder wenig nutzbringend waren, gewinnen bessere Grundlagen fürs Teamwork. Andere Gruppen formieren sich neu, um zukünftige Aufgaben in Angriff zu nehmen und zu meistern. Erfahrene Trainer unterstützen Sie dabei, in sehr kurzer Zeit Routinen aufzudecken, ungenutzte Ressourcen zu aktivieren, um mit neuen Strategien im Gepäck sich zu Hause beweisen zu können. Die Coaches aktualisieren gewohntes Alltagsgeschehen, schlagen immer wieder mit den Teilnehmern den Bogen zur alltäglichen Praxis und garantieren somit den Lernerfolg: die Verwertbarkeit der wesentlichen Erkenntnisse für die Praxis. Dies betrifft die Anwendung bei der nächsten Übung sowie die Übertragung der Situation auf zu Hause.

Drei Prinzipien

Garant für den Erfolg von Outdoor-Trainings ist das zugrunde liegende Konzept. Für uns heißt dies: Höchste Priorität hat der Transfer – die Übertragbarkeit der Ergebnisse in den unternehmerischen Alltag. Mit dieser Formel entwickeln wir die Trainingskonzepte. Die folgenden drei Grundprinzipien sind praxisnahe Orientierungslinien für die Planung, die Durchführung und die Auswertung des Trainings:

Unsere Arbeitsweise ist

– konkret
– exemplarisch und
– situativ

1. Das konkrete Arbeiten

Die Vorbereitung und Durchführung des Trainings wird mit den Beteiligten genau abgestimmt. Gemeinsam mit unseren Kunden ermitteln wir Ausgangslage und Zielsetzungen.

Zur Vorbereitung des Trainings stehen daher am Anfang viele Fragen. Welche Themen, genauen Zielstellungen sind für das Unternehmen, Ihre Abteilung, Ihr Team wichtig? Geht es beispielsweise um das Etablieren einer neuen Führungskultur – um die Optimierung von Teams, deren Koproduktion und Kooperation – die qualitative Verbesserung von Produkten oder Arbeitsabläufen …? Gemeinsam mit den Beteiligten erforschen wir den Rahmen, den Kontext, für den das Training nützlich sein wird. Das präzise herausgearbeitete, konkrete Vorhaben bildet die Grundlage für den Trainingsrahmen und -inhalt: Welche Übungen planen wir draußen – outdoor –, und wie erfolgt die Einbindung der Übungen in das Business-Thema?

Weitere wichtige strategische Fragen betreffen die Größe und Zusammensetzung der Teams im Trainingscamp. Wie sind die

Gruppen strukturiert? Welche Mitarbeiter eignen sich beispielsweise für eine Vorreiterrolle und können durch Outdoor-Training für eine neue Aufgabe im Unternehmen vorbereitet werden? Werden Mitarbeiter in die Gestaltung des Trainings einbezogen? Welche Rückkopplung von Ergebnissen ist vorgesehen, und wie werden Erkenntnisse und Erfahrungen als konkrete, meßbare Ergebnisse ins Unternehmen zurückgeführt?

Die Antworten auf solche Fragen bilden die Ausgangsbasis bei der methodischen Vorbereitung. Sie erfolgt als konkrete strategische Konzeptentwicklung und ist klar mit dem Kunden abgestimmt.

2. Die exemplarische Arbeit

Anhand der konkreten Themen und Fragestellungen wird vor dem Trainingsstart ein unternehmensspezifisches Trainingsprogramm entwickelt. Alle Trainingsinhalte sind auf das konkrete Business-Thema abgestimmt. Im nächsten Schritt ist unser Ziel, bei jeder Übung Anteile der Gesamtaufgabe exemplarisch zu bearbeiten: Der gesamte Übungsablauf, die Anzahl sowie der Aufbau der Außenübungen, dient der beispielhaften Erprobung neuer Strategien und Lösungsansätze. So können Exempel statuiert werden.

Beispiel

Ziel des Unternehmens X ist es, mit Hilfe des Outdoor-Trainings einen Visionsprozeß als Steuerungsinstrument in Gang zu setzen. Bürokratische Führungsinstrumente haben sich als weniger nützlich erwiesen. Erste Ansätze für die Veränderung der Managementstrategie sind entwickelt. Das Training hat nun die Zielsetzung, die Mitarbeiter frühzeitig für die neue Managementkultur zu sensibilisieren und in die Gestaltung der Vision einzubinden.

Angelika Schauenberg

Wie unterstützt Outdoor-Training in seiner exemplarischen Arbeit diese Zielsetzung? Eine Übung wird entwickelt: Den Mitgliedern eines Teams werden die Augen verbunden. Sie haben die Aufgabe, einen zuvor entfernt gesichteten Gegenstand wiederzufinden. Als Hilfsmittel steht dafür lediglich ein langes Seil zur Verfügung.

Der Gegenstand steht hier als Sinnbild für die Vision. Er bestimmt die gemeinsame Richtung, auf die sich das Team/das Unternehmen zubewegen wird.

Trainer/Coaches setzen für diese Übung mit ansprechenden Bildern und Metaphern den passenden Rahmen. Sie zentrieren die Arbeit des Teams auf diesen Gedanken. Die Managementstrategie wird in der Außenübung erlebbar. Der gesuchte Gegenstand gleicht, wie die Vision, einem Magneten, der anzieht, für alle attraktiv ist und einen gemeinsamen Weg verankert. In die Bilder, Metaphern und Symbole der Übungen lassen die Mitwirkenden ihre Ideen einfließen. So fühlen sie sich angesprochen, sind beteiligt und produzieren kreative Lösungen für die unterschiedlichen Aufgaben.

Die Begleitung der Teams bei den Übungen erfolgt im gesamten Trainingsprozeß ressourcenorientiert. Der Fokus in der Auswertung liegt auf dem Erkennen gewinnbringender Strategien, deren Verfeinerung sowie der Übertragung des faktischen Nutzens über den Trainingsprozeß hinaus.

Gruppendynamische Elemente, wie die Klärung der Kommunikation einzelner, sind in der Regel nur Thema, wenn dies der Business-Auftrag erfordert.

3. Die situative Arbeit

Der Coach unterstützt die Teilnehmer kontinuierlich im Veränderungsprozeß. Die Situation hier und ihre Bedeutung für zu Hause werden rückgekoppelt.

Direkt im Anschluß erfahren die Übungen eine exemplarische Auswertung. Die aktuelle Situation des Teams wird gemeinsam besprochen. Ziele sind:

▶ Der Teilnehmer erkennt und erlebt die Business-Message.

▶ Er entwickelt neue Kräfte und Ressourcen für die konkreten Herausforderungen des Alltags.

▶ Er agiert erfolgreich als Teil seines Teams im weiteren Trainingsverlauf und im beruflichen Alltag.

Das Erlebte in den Übungen wird mit Unterstützung der Coaches aus unterschiedlichen Blickwinkeln analysiert. Die gewonnenen Übungsergebnisse werden in Beziehung zur Business-Message und zu den beruflichen sowie persönlichen Erfahrungen der Teammitglieder gesetzt. Sie werden zum Gelingen der nächsten Übung aufbereitet, in konkrete Handlungsschritte umgesetzt und warten sodann auf den Einsatz zu Hause.

Verfolgen wir den situativen Arbeitsprozeß am aufgeführten Beispiel. Das Team hat die Übung erlebt. Anschließend, im gemeinsamen Auswertungsgespräch, fragt der Coach die Teilnehmer danach, wie es den einzelnen bei der Suche ergangen ist. Wie agierten die Mitwirkenden als Team? Welche Vorgehensweisen waren hilfreich? Welche gilt es zu optimieren? Sind Parallelen zum beruflichen Alltag erkennbar? Wie agieren Teams zu Hause? Haben sie eine klare Vorstellung vom gemeinsamen Ziel? Was kann es für ein Unternehmen, eine Abteilung, ein Team bedeuten, wenn Mitarbeiter in eine gemeinsame Richtung arbeiten? …

Häufigstes Ergebnis dieser Übung ist: Das Team gibt sich eine Führungskultur und stellt eine auf die Umsetzung von Zielen ausgerichtete, planvolle Zusammenarbeit sicher. Leiter, Sprecher oder Moderatoren werden gewählt, ihre Rollen und genauen Aufgaben diskutiert, und Leitlinien für die gemeinsame Arbeit festgelegt. Übertragbare Vorgehensweisen für den beruflichen Alltag werden klar benannt, beispielsweise wird blindem Aktionismus eine deutliche Absage erteilt. Vorausschauendes Planen wird Thema und konkrete Schritte zur Veränderung der alten Strategien werden verabredet.

In allen Phasen des Trainings ist genaue, auf die Trainingsziele abgestimmte Arbeit garantiert. Dies macht die enorme Wirksamkeit dieses hochleistungsfähigen und erprobten Konzeptes für Outdoor-Training aus. Auf ihrem Weg zum gesetzten Ziel gehen Unternehmen, Teams und Teilnehmer mit diesem Training die entscheidenden Schritte. Für Outdoor ist immer Saison.

Wie Sie Outdoor-Trainings für Ihr Unternehmen planen und beurteilen

Dietrich Buchner und Norbert Homma

Sie haben eine Idee

Sie glauben, daß es höchste Zeit ist, in Ihrem Unternehmen etwas zu verändern. Vieles läuft in eingefahrenen Bahnen. Und Sie erkennen, daß die dringend notwendigen Veränderungen Ihren Mitarbeitern viel abverlangen an Einsicht, Motivation und nicht zuletzt der Bereitschaft, Neues zu lernen.

Ideen, die Ihnen durch den Kopf gehen, kreisen um Begriffe wie Teamarbeit, Eigeninitiative, Selbstverantwortung, Fähigkeit zu kreativem Denken, Qualitätsbewußtsein und Kundenorientierung. Von all dem könnte Ihr Unternehmen (wesentlich) mehr gebrauchen.

Wie könnte man es anstellen, um mehr Mitarbeiter (einige waren schon immer dafür) für diese Ideen zu gewinnen. Die herkömmlichen Seminarveranstaltungen werden eher als langweilig und träge erlebt. Aber genau das darf es nicht sein. Was Sie brauchen, ist etwas, was Ihre Mitarbeiter in hohem Maße motiviert und befähigt, sich den Herausforderungen der Zukunft zu stellen. In diese Richtung muß ein erster Schritt getan werden, und er soll Spaß machen, möglichst auch aus dem üblichen Rahmen fallen und einen unmittelbaren Lerntransfer für den betrieblichen privaten Alltag leisten.

Hierzu kann ein Outdoor-Training einen entscheidenden Beitrag leisten.

Sie haben eine Vorstellung davon, was Sie mit dem Unternehmen erreichen wollen

Was für Trainings generell gilt, trifft auch auf das Outdoor-Training zu: Ohne eine klare Idee davon, was man mit diesen Veranstaltungen erreichen möchte, ist der Erfolg zweifelhaft, zumindest ungewiß. Entscheidend ist daher, daß Sie sich eine klare Zielsetzung erarbeiten, was Sie mit dem Training erreichen möchten.

Die Frage ist im Grunde genommen ganz einfach: Was soll sich in Zukunft ändern? Was genau möchten Sie erreichen? Solange Sie selbst keine klare Vorstellung vom Ergebnis haben, macht es wenig Sinn, sich auf — unter Umständen — kostspielige Trainings einzulassen.

Möglicherweise haben Sie bereits im Unternehmen eine Vision entwickelt, die es nun umzusetzen gilt. Das heißt, es gibt Kriterien, wie die zukünftige Identität des Unternehmens beschaffen sein soll. Diese bilden wiederum die Grundlage für die Unternehmensaktivitäten der nächsten Jahre, um das langfristige Überleben des Unternehmens zu sichern. Oder Sie wollen ein spezielles Thema aufgreifen, wo Sie aktuellen Handlungsbedarf sehen, zum Beispiel die Führungskultur (Führungsstile und Kooperationsformen).

Entsprechend den Zielen werden die geeigneten Outdoor-Übungen ausgewählt

Es muß klar sein, welche Ziele Sie mit den Trainings verfolgen. „Etwas Gutes für sein Managementteam zu tun" reicht als Aufgabenstellung schwerlich aus — so lobenswert die dahinter stehende Absicht auch ist. Da muß schon genauer herausgearbeitet werden, worum es gehen soll. Steht die Teambildung im Vorder-

grund, so wird zu fragen sein: Geht es zum Beispiel um Konflikt-
lösungen, oder muß ein neues Rollenverständnis der Teammitglieder herausgearbeitet werden? Je nachdem, wie weit die Teamentwicklung ist, wird der Coach unterschiedliche Modelle vorschla-
gen. Handelt es sich zum Beispiel um ein gerade neu gebildetes
Team, kann das Thema Konfliktbewältigung oder Rollenfindung
völlig anders behandelt werden als bei einem bereits seit langem
bestehenden Team. Konflikte im ersten Fall sind häufig Kämpfe
um Hackordnung und Kontrolle, während die im letzten Beispiel
eher mit Identitätsverlusten und Umfeldveränderungen zu tun
haben. Ein erfahrener Coach wird diese Konflikte ganz unterschiedlich im Outdoor-Training angehen.

Eine Übung, die wir als „Blindenquadrat" bezeichnen, arbeitet sehr
schön die Machtstrukturen und Sprachmuster anhand der verba-
len Kommunikation heraus.

Wenn sich das Unternehmensumfeld sehr schnell verändert – und
mit ihm die Anforderungen an die Mitarbeiter –, dann kann ein
„Überraschungs-Camp" mit rasch wechselnden Zielsetzungen
dem Team ständig neue Anpassungsleistungen abverlangen. Der
Teamprozeß kann im Extremfall sogar soweit gehen, daß alle
begreifen, daß die Einhaltung des Teams in der derzeitigen Form
nicht mehr sinnvoll ist. Solche Prozesse werden ja in manchen
Organisationen endlos hinausgezögert, indem Teams oder Abteilungen einen schleichenden Rollenverlust erleiden, ohne daß
jemand daraus Konsequenzen zieht.

Möglicherweise geht es noch um ganz andere Fähigkeiten, wie
zum Beispiel um die Fähigkeit, Strategien zu entwickeln und
konsequent umzusetzen, Qualitätssicherung oder die Fähigkeit,
flexibel auf Kundenwünsche zu reagieren.

Sehr wahrscheinlich verfolgen Sie ein ganzes Bündel unterschiedlicher Ziele. Dann müssen Prioritäten definiert und bei der weiteren Planung berücksichtigt werden.

Wohl durchdachte Outdoor-Trainings sind keine diffusen Incentive-Veranstaltungen, um verdiente Mitarbeiter zu weiteren

Höchstleistungen anzuspornen. Vielmehr sind sie so konzipiert, daß gezielt bestimmte Fähigkeiten, Einstellungen gefördert und entwickelt werden, die mittel- und langfristig die Wettbewerbs-fähigkeit Ihres Unternehmens erhalten helfen. Outdoor-Trainings bieten eine Vielzahl von Einzelaktivitäten, die ganz unterschied-liche Zielsetzungen verfolgen:

Ziele		Übungen	
zum Beispiel		zum Beispiel	
1.	Teamintegration	A	Fokus-Camp (1–4, 7–10 etc.)
2.	Teamstrukturen	B	Kontakt-Teppich (9, 3, 1, 12)
3.	Teamleistung	C	Feuerlauf (14, 15, 10, 16)
4.	Synergie, Win-Win	D	Y (hoch, niedrig) (4, 5)
5.	Konflikt-Coaching	E	Vertrauensfall (2, 5, 10, 14, 15)
6.	Netzwerkbewußtsein	F	Bombenbergung (3, 4, 6–11)
7.	Zielfindungs- und Problemlösungsprozesse	G	Pfahl (14, 15, 13, 16)
8.	Strategien und Umsetzungsprozesse	H	Säure-Faß (3, 4, 7, 8)
9.	Aktionsplanung	I	Teamroulade (3, 2, 7, 8, 11, 1)
10.	Qualitätssicherung	K	Kletterwand (1, 4, 5, 8, 10, 15)
11.	Kreativität, Grenzüberschreitung	L	Spinnennetz (6, 1–4, 10)
12.	Fehlerkultur	M	Blindenführung (1, 10, 14)
13.	Motivation	N	Blindenfiguren (1–4, 7–10)
14.	Selbsterfahrung	O	Blindensuche (1, 2, 4, 7, 8, 12)
15.	Körperbewußtsein	P	Floßbau/-fahren (1–5, 7, 8, 10–12)
16.	Selbstbewußtsein	Q	Hochseil (14–16)

Deshalb ist die sorgfältige Auswahl der am besten geeigneten Übungen und deren Kombination sehr wichtig.

▶ Mit welcher Übung kann ich die vorgegebene Zielsetzung optimal erreichen?

▶ Wie muß der didaktische Aufbau der Übungen und ihre Abfolge aussehen, damit ich einen möglichst effektiven Lernprozeß, sowohl beim einzelnen als auch bei den Teams erreiche?

▶ Wie kann ich durch die Auswahl und Durchführung der Übungen einen möglichst direkten Erfahrungstransfer in den betrieblichen/persönlichen Bereich gewährleisten?

Diese und ähnliche Fragen müssen genau geprüft werden.

Wenn dies nicht geschieht, „verkommt" das Outdoor-Training leicht zur rein sportlichen Veranstaltung mit Unterhaltungswert. Der typische Erfahrungsbericht der Teilnehmer später im Betrieb lautet dann: „Wir hatten eine Bombenzeit, aber für meine Arbeit hat es eigentlich nichts gebracht."

Und genau diese Reaktion muß vermieden werden. An dieser Stelle ist die Rolle des Coaches entscheidend. Er/Sie erarbeitet mit Ihnen die genaue Zielsetzung des Trainings. Dann können auch Meßkriterien entwickelt werden, um überprüfen zu können, ob man sich tatsächlich auf das beabsichtigte Ziel hinbewegt.

Viele Outdoor-Anbieter zeichnen sich dadurch aus, daß sie ein festes Programm haben, weil das Outdoor-Camp entsprechend gestaltet ist und die Investition in aufwendige Übungsteile oder Geräte sich möglichst schnell amortisieren sollen. Das kann jedoch aus der Kundenerwartung und -zielsetzung nicht der sinnvolle Weg sein.

Erst wenn der Coach mit Ihnen eine genaue und später prüfbare Zielformulierung gemacht hat (hierzu gibt es Modelle, zum Beispiel das SPEZI-Modell), wird festgelegt, welche Übungen sinnvoll sind, welches Camp in Betracht kommt etc.

Natürlich ist es in der Regel kostengünstiger, auf bestehende Einrichtungen zurückzugreifen. Unter Umständen kann es aber durchaus sinnvoll sein, ein eigenes Camp aufzubauen, das dann genau auf die Bedürfnisse eines Unternehmens abgestimmt ist.

Gesetzt den Fall, das Outdoor-Training ist erfolgreich, was dann?

Bereits im Vorfeld des Outdoor-Trainings sollten Sie sich Gedanken machen, was denn in Ihrem Unternehmen passieren wird, wenn beispielsweise Ihre Führungsmannschaft hochmotiviert in den Betrieb zurückkehrt, bereit, nun einiges umzukrempeln und zu verändern.

Die allgemeine Resonanz wird sicherlich nicht nur positiv sein. Es wird Widerstände geben, nach dem Motto: „Der Chef war wieder mal auf einem Seminar. Und jetzt soll alles anders werden. Aber wir werden auch dies überleben."

Wichtig ist, den Veränderungsprozeß so zu gestalten, daß Sie die Mitarbeiter mit „ins Boot kriegen". Wenn die Kluft zwischen den neuen Vorstellungen und der alten Kultur, der alten Denke zu groß ist, sind erhebliche Reibungsverluste die Folge. Deshalb ist es entscheidend, jeden Veränderungsprozeß so zu gestalten, daß er „in die Landschaft paßt" und die Mitarbeiter dort „abholt", wo sie stehen.

Der Winner's Edge Coach entwickelt zusammen mit Ihnen ein Konzept, wie Sie die Veränderungen in den Gesamtzusammenhang Ihres Unternehmens integrieren können. In der Regel führt es ja zu einer Kettenreaktion, wenn Sie anfangen, an einer Stelle etwas zu verändern. Plötzlich paßt nichts mehr. Beispiel: Sie möchten viel stärker als bisher den Gedanken der Eigenverantwortung und des unternehmerischen Denkens verwirklichen. Wenn es im Unternehmen aber immer noch streng hierarchisch und bürokratisch zugeht, dann wird es ohne flankierende Strukturreformen nicht gehen. Sie werden also alte Regeln und Abläufe ändern und Zuständigkeiten neu definieren.

Die Aufgabe des Coaches besteht dann darin, die Ganzheitlichkeit des Veränderungsprozesses im Auge zu behalten. Dabei muß er/sie selbstkritisch mit den eingesetzten Methoden umgehen. Outdoor-Trainings sind keine Allheilmittel, die für jedes Problem des Unternehmens die richtige Lösung bieten. Sie können vieles anstoßen, in Bewegung bringen, dann aber muß man auf andere Methoden zurückgreifen, um den Veränderungsprozeß am Leben zu erhalten.

Im Zweifel bauen Sie sich Ihr eigenes Camp

Das Angebot an Outdoor-Trainings-Zentren in Deutschland ist zwar noch nicht so weit entwickelt wie zum Beispiel in den USA, es können jedoch ganz unterschiedliche Anforderungen abgedeckt werden. Mit anderen Worten: Es müßte sich eine Anlage finden lassen, die für Ihre Zwecke geeignet ist, speziell wenn es um einen begrenzten Teilnehmerkreis geht.

Sollten Sie jedoch eine größere Anzahl von Mitarbeitern und Managern durch ein Outdoor-Training führen wollen, im Sinne eines ganzheitlichen Veränderungsprozesses Ihres Unternehmens, dann kann die Investition in ein eigenes Camp durchaus sinnvoll sein.

Ein eigenes Camp bietet zahlreiche Vorteile. Nicht nur, daß maßgeschneiderte Übungen angeboten werden, auch hinsichtlich Logistik, Fahrt- und Unterbringungskosten etc. können sich Kostenvorteile gegenüber der Nutzung eines bestehenden Camps ergeben. Das muß einfach einmal durchgerechnet werden.

Lassen Sie sich einen Investitionsplan vorlegen

Die Kosten eines Outdoor-Trainings sind im Durchschnitt höher als die Kosten der traditionellen Indoor-Seminare. Sie müssen dabei folgende Kostenfaktoren berücksichtigen:

▶ Nutzung eines vorhandenen Camps (oder Bau eines eigenen)

▶ Opportunitätskosten (die denen traditioneller Trainings entsprechen)

▶ Logistik, Fahrten, Transport, Hotel etc.

▶ Sicherheit (Sicherungspersonal, medizinische Versorgung)

▶ Honorare der Coaches

Sichern Sie die Qualität

Die Qualität des Outdoor-Programmes hat viel mit dem Charakter der Übungen, dem Ambiente des Camps, der Stimmung unter den Teilnehmern, nicht zuletzt auch mit sicherheitstechnischen Aspekten zu tun.

Ganz entscheidend ist jedoch die Frage, ob und wieweit es gelingt, die im Camp gemachten Erfahrungen auf den beruflichen und persönlichen Alltag zu übertragen. Hier entscheidet sich letztendlich der Erfolg oder Mißerfolg des Trainings.

Was muß getan werden, um den Erfahrungstransfer zu gewährleisten?

▶ Sie haben genau festgelegt, welche Ziele Sie mit dem Training verfolgen. Dazu wurden Meßkriterien entwickelt, anhand derer der Erfolg überprüft werden kann. (Ein guter Coach wird nicht locker lassen, bis diese Punkte eindeutig geklärt sind.)

▶ Wählen Sie hochqualifizierte Coaches und Veranstalter aus. Die Erfahrungen, die ein Veranstalter beziehungsweise Coach im Outdoor hat, lassen sich durch entsprechende Referenzen überprüfen. Dazu gehören auch ein Verhaltenskodex und das grundsätzliche Selbstverständnis („die Philosophie") der Coaching- und Trainingsarbeit.

▶ Verschaffen Sie sich einen genauen Einblick in die Arbeitsmethodik. Wie sind die Übungen aufgebaut, welche inhaltlichen und didaktischen Ziele werden mit jeder Übung verfolgt, wie wird der Business-Bezug im Einzelfall hergestellt?

▶ Verlangen Sie einen Nachweis über die Ausbildung und Erfahrung der Sicherungskräfte. (Zum Beispiel Ausbildung im Rettungsdienst, als Bergsteiger, Sportkletterer, Sanitätsdienst etc.)

▶ Lassen Sie sich konkret zeigen, wie der Erfahrungstransfer in den Alltag geleistet werden soll. Dafür gibt es diverse Modelle. Hier werden auch spezielle Anforderungen an das Leistungsprofil der Coaches gestellt. Verlangen Sie den Nachweis über die Ausbildung und Erfahrung der Coaches.

Outdoor-Training ohne Beratung und Umsetzung in den betrieblichen Alltag wird überwiegend als eine persönliche Erfahrung erlebt. Sie bleibt aber in aller Regel ohne unmittelbaren Bezug zum Alltag. Dieser Bezug muß jedoch hergestellt werden. Darauf kommt es letztendlich an. Und nur darauf!

Deshalb ist es erforderlich, daß die Coaches beide Beratungsebenen beherrschen, den Outdoor-Bereich und die Veränderungsberatung im Unternehmen. Ist diese Doppelqualifikation nicht vorhanden, besteht die Gefahr, daß das eigentliche Anliegen des Outdoor-Trainings zu kurz kommt und der erwartete Nutzen (zu) gering ausfällt.

Sie werden Ihre Mitarbeiter für das Programm begeistern

Das Programm wird nur dann ein Erfolg, wenn Sie und Ihre gesamte Führungsmannschaft sich aktiv für diese Trainings einsetzen. Es muß den Mitarbeitern deutlich werden, daß Sie voll und ganz hinter der Sache stehen und die Chancen des Veränderungsprozesses nutzen werden.

Praktisch bedeutet das: Sie nehmen persönlich an dem Programm teil. Und Ihre Führungsmannschaft auch. Es macht wenig Sinn, anderen Veränderungen zu predigen, sich selbst aber außen vorzulassen. Sie werden sich – wie die anderen auch – auf neue Erlebnisse einlassen.

Sie werden im Unternehmen neue Freiräume schaffen, damit die Erfahrungen aus dem Outdoor-Programm in den betrieblichen Alltag einfließen können. Es sollte nicht unterschätzt werden, wie wichtig es ist, auch deutliche Zeichen zu setzen, daß die Unternehmensführung die Veränderungen wünscht und sie aktiv unterstützt.

Wenn Sie und Ihre Mitarbeiter mit neuen Ideen und hochmotiviert ins Unternehmen zurückkommen, muß bald sichergestellt werden, daß diese Motivation/Energie nicht wirkungslos verpufft. Es muß sehr bald zu erkennbaren Veränderungen kommen, damit deutlich wird, es bewegt sich etwas. Ist dies nicht der Fall, kehrt sich die gute Intention leicht ins Gegenteil. Frustration und Demotivation sind die Folge. So gesehen wäre es besser gewesen, sich den ganzen Aufwand zu sparen.

Outdoor bietet vielfältige Ansatzpunkte für Veränderungen im Unternehmen

Was immer Sie im Unternehmen erreichen möchten, mit Hilfe eines Outdoor-Trainings können Sie in kurzer Zeit vieles anstoßen, anregen, in Bewegung bringen. Outdoor-Trainings sind hervorragend geeignet, um Teamarbeit, Kooperation, eigenverantwortliches Handeln, Kundenorientierung, Selbsterfahrung, Vertrauen in die eigene Leistungsfähigkeit und vieles andere mehr ganz unmittelbar zu erleben und zu trainieren.

Eines vor allem zeichnet Outdoor aus: Es gibt kaum einen Teilnehmer, der nicht bei den Übungen die Grenzen seiner bisherigen Erfahrungen überschreitet, oder, wie wir das gerne ausdrükken, „seine Komfortzone verläßt". Man bewegt sich bewußt aus dem Bereich des Bekannten, Vertrauten heraus, läßt sich auf Neues und Unbekanntes ein. Und damit beginnt auch ein Lernprozeß, denn: Wer sich immer nur in vertrauten Bahnen bewegt, wird kaum neue Erkenntnisse gewinnen.

Wer jedoch auch etwas gemacht hat, das er sich nie zugetraut hätte (zum Beispiel von einem zwölf Meter hohen Masten zu springen – gesichert natürlich), der kann – in aller Regel – diese Erfahrung auch auf andere – private wie berufliche – Bereiche übertragen. Auch da ist man ständig gefordert, sich auf Veränderungen einzulassen, den Mut zu haben, ungewohnte Schritte zu tun, Neuland zu betreten.

So bietet Outdoor, speziell im Hinblick auf Veränderungsprozesse, die einzigartige Möglichkeit, immer wieder „Grenzüberschreitungen" zu üben. Denn nichts anderes sind Veränderungsprozesse in Unternehmen. Auch da muß der Mitarbeiter aus der vertrauten Umgebung heraustreten – mit all den bekannten Abwehrmechanismen, weil man sich nicht verändern möchte, die Veränderung angstbesetzt ist, die Konsequenzen nicht immer klar erkennbar sind.

Machen Sie den ersten Schritt

Wenn Sie mehr über Outdoor wissen möchten, gibt es mehrere Möglichkeiten, sich über das aktuelle Angebot zu informieren.

1. Sie sprechen mit einem Veranstalter oder Outdoor-Coach darüber, was Sie im Unternehmen erreichen wollen. Dann lassen Sie sich das konkrete Übungsangebot vorstellen, um zu prüfen, inwieweit es für Ihre Zielsetzung geeignet ist.

2. Sie nehmen selbst an einem Outdoor-Training teil. Es kann auch ein offenes Training sein. Das sind Trainings, an denen prinzipiell jeder Interessierte teilnehmen kann. Sie müssen dabei jedoch berücksichtigen, daß diese offenen Trainings in

aller Regel eben nicht auf die Bedürfnisse Ihres Unternehmens zugeschnitten sein können. Vielmehr geht es in diesem Stadium darum, die prinzipiellen Möglichkeiten eines Outdoor-Trainings selbst zu erfahren.

3. Sie machen quasi ein Pilotprojekt mit einer Gruppe von Mitarbeitern, die später die Rolle von Multiplikatoren im Unternehmen übernehmen. Das Pilotprojekt sollte allerdings schon weitgehend auf die Bedürfnisse Ihres Unternehmens zugeschnitten sein. Das heißt, Sie haben bereits eine klare Vorstellung davon, was Sie mit dem Outdoor-Training erreichen wollen. In der Regel werden Sie ein Pilotprojekt nur dann machen, wenn Sie sich mit der Absicht tragen, wesentliche Teile Ihrer Mitarbeiter durch dieses Training zu führen.

Outdoor-Übungen:
Auf die Erfahrung abgezielt

Stuart Hardy und Dietrich Buchner

Die Zahl der Outdoor-Übungen wächst täglich. Einige haben sich als besonders effektiv erwiesen und lassen sich vielfältig einsetzen und kombinieren. Die Liste der Outdoor-Übungen ist für die meisten Management-Training selektiv unter den Gesichtspunkten der

- Praktikabilität
- Effizienz und
- Effektivität

Ein großer Teil der hier aufgeführten Übungen ist geschützt durch Winner's-Edge-Partner. Die Liste ist alphabetisch angeordnet.

Liste ausgewählter Elemente

- Balancier-Balken (balance beam)
- Baumel-Duo (dangle duo)
- Burma-Brücke (burma bridge)
- Dreiwinkelige Traverse (triangular traverse)
- Flohhüpfer (flea leap)
- Gigantische Pendel (giants swing)
- Hohes „Y" (high y)
- Holzsprung (hickory jump)
- Kletterwand (climbing wall)
- Neigender Holzklotz (incline log)

- Pfahl (pamper pole)
- Pfahlstieg (pole climb)
- Rappel Zappel (heebee jeebee)
- Sackgasse (log jam)
- Schaukelklotz (swinging log)
- Schaukelreifen (swinging tyres)
- Schleichende Katze (kitten crawl)
- Strickleiter (ropes ladder)
- Vertrauensfall (trust fall)
- Vertrauensgang (trust walk)
- Walinda-Gang (walinda walk)
- Wilde Schwindel (wild woosey)
- Zappelleiter (fidget ladder)
- Zip-Linie (zip line)
- Zwei-Seile-Brücke (two line bridge)

Team, Kooperations- und Individual-Element

- Angeln (fishing)
- Aufgaben-Route im Rückwärtsgang (task trail in reverse)
- Bälle (balls)
- Bewässerung (irrigation)
- Blindenquadrat (blindfold square)
- Bomben-Bergung (bomb retrieval)
- Brunnen (well)
- CN Tower (CN Tower)
- Coracles (coracles)
- Dreigestell/Stativ (tripods)
- Elektrischer Zaun (electric fence)
- Eßstation (feeding station)
- Feuerlauf
- Floß (rafts)
- Geschüttelt, aber nicht gerührt (shaken but not stirred)
- Höhlenleiteraufstieg (caving ladder climb)
- Kajaks (kayaks)

- Katapulte (catapults)
- Lastauto (lorry loads)
- Löffel (spoons)
- Mausefalle (mousetrap)
- Minenfeld (minefield)
- Mission Unmöglich (mission impossible)
- Missionare und Kannibalen (missionaries and cannibals)
- Mißkredit (discredit)
- Mitternachtsangel (nightline)
- MTA Kit (MTA Kit)
- Pfadfinderschaukel (scout swing)
- Reifen auf dem Pfahl (tyre on a pole)
- Rote Linie (Red line)
- Satelliten 1 (satellites 1)
- Satelliten 2 (satellites 2)
- Schlammbahn (mud-slide)
- Schluchtüberquerung (gorge crossing)
- Signalapparat (sernaphore)
- Spinnennetz 1 (spiders web 1)
- Spinnennetz 2 (spiders web 2)
- Sternenbrücke 1 (star bridge 1)
- Sternenbrücke 2 (star bridge 2)
- Sterntau (star rope)
- Suche und Rette (search and rescue)
- Synergie (synergy)
- Team-Radar (team radar)
- Teamlauf (Team run)
- Tragbahre (stretcher rescue)
- Videoprojekt (video projects)
- Wand (wall)
- Wasserrad (water wheel)
- Wasserrennen (water race)
- Wiedergeburtsbaum (rebirth tree)

Stuart Hardy und Dietrich Buchner

Beschreibung einzelner Beispiele

Die folgenden Outdoor-Aufgaben sind beispielhaft beschrieben, um Erfahrungen zu charakterisieren und verständlich zu machen. Sie werden nach folgendem Schema bearbeitet:

- Ausrüstung und Umwelt
- Präsentation
- Ergebnisse
- Sicherheit

Insgesamt werden zehn Übungen als Beispiele skizziert.

Die Übungen werden alphabetisch behandelt:

1. Feuerlauf

2. Hohes „Y"

3. Kletterturm

4. Pfahl

5. Rote Linie

6. Sterntau

7. Teamlauf

8. Vertrauensfall

9. Vertrauensgang

10. Wand

Diese Beispiele wurden ausgewählt, weil sie zu den Übungen zählen, die eine große Variationsbreite in ihrer Nutzung und einen häufigen Einsatz repräsentieren.

Feuerlauf

Kaum eine Übung ist so strittig und mit so vielen Kultadjektiven belegt worden wie der Feuerlauf. In der Tat gib es heute Kulturen, in denen der Feuerlauf als religiöses Ritual von allen gemacht wird oder werden muß. Was immer die tieferen Wurzeln sein mögen, die Erfahrung und Nutzung des Feuerlaufs für die Persönlichkeits- und Teamentwicklung ist beträchtlich. Er ist nicht nur Metapher für Grenzüberschreitung, sondern ein Anker für Selbstwert, Mut und Unternehmertum.

Ausrüstung und Umwelt

Zum Feuerlauf benötigen Sie einen guten Stapel dicker Holzscheite (zum Beispiel Buchenholz), je nach Länge der Feuerstrecke, circa 0,5 bis 0,7 Kubikmeter. Dieses Holz wird total abgebrannt (mehrere Stunden, je nach Zustand des Holzes). Die Glut wird gleichmäßig ausgebreitet. Ein flacher Wasserbehälter kann als zusätzlicher Schutz vor Verbrennungen dienen.

Für das Feuer wird eine Freifläche (möglichst windgeschützt) von circa 80 bis 100 Quadratmeter erforderlich. Die örtlichen Bestimmungen der Feuerwehr können unterschiedliche Auslegungen und Bedingungen darstellen.

Für die Herrichtung des Feuers und der Glut soll immer ein erfahrener Übungsleiter sorgen, der auch dort anwesend ist, während das Holz abbrennt.

Präsentation

Der Feuerlauf ist eine Metapher für Grenzüberschreitung, und er wird für jede subjektive Interpretation, die ihm der Teilnehmer gibt, nützlich sein: Grenzüberschreitung, ohne sich eine blutige Nase zu holen oder die Finger zu verbrennen, und positiv: mit heilen Füßen über das Feuer zu gehen.

Symbolisch können Grenzen, die überschritten werden wollen, aufgeschrieben und im Feuer verbrannt werden. Das Prinzip des

Stuart Hardy und Dietrich Buchner

Feuerlaufs als Grenzüberschreitung wird geprobt. Für die Präsentation sind weitere Vorbereitungen sinnvoll:

▶ Das Tempo des Laufens und die Schritte werden geübt und mental geankert.

▶ Die Bedeutung des Fokus und der hundertprozentigen Konzentration für die Übung wird bewußtgemacht und eingeübt.

▶ Die persönliche Verantwortung für sich, seine Füße und den anderen wird diskutiert und vereinbart. Einige Feuerlauf-Experten lassen sich dies auch schriftlich geben.

▶ Die Teilnehmer nehmen, während das Feuer lodert, Kontakt auf. Sie spüren die Hitze, mit der sie sich vertraut machen. Das Risiko ist ihnen bewußt.

Die Instruktion am Feuer soll die Verantwortung voll und ganz dem einzelnen überlassen. Jeder entscheidet, ob er/sie geht oder nicht und wann er/sie geht. Dieser Zustand der Bewußtheit am Feuer hat der Teilnehmer vorher in Trockenübungen erfahren. Jetzt steht er vor dem Feuer und weiß, wann er es überschreitet.

Ergebnisse

Der Feuerlauf wird meist in den Rahmen von Personal-Power-Seminaren eingebaut. Er kann auf das eigene Glaubenssystem einen beträchtlichen positiven Einfluß ausüben. Meist sind die Effekte bei solchen Seminaren durch verschiedene Übungen überlagert und verstärkt. Es gibt aber genügend Beispiele, in denen Feuerlauf zentral ist, um die Wirkung abzuschätzen:

- Image blow, Selbstwert
- Überwindung limitierender Glaubenssätze
- Ausdehnung, beträchtliche Erweiterung der Komfortzone
- Stolz
- Fokus, Konzentration
- Unterstützung durch das Team
- Risikoentscheidungen
- Verstärker für Veränderungsprozesse

Der Transfer und die Umsetzung der Ergebnisse des Feuerlaufs werden sinnvoll durch Einzelcoaching begleitet.

Sicherheit

Wichtig ist beim Feuerlauf, daß jeder begreift, daß er sich die Füße verbrennen kann. Es kommt immer mal wieder zu Verbrennungen beim Feuerlauf. Ursachen sind in der Regel:

▶ Unachtsamkeit und mangelnder Fokus des Teilnehmers

▶ Kohlereste, die zwischen den Zehen hängen bleiben

Der Übungsleiter sollte immer beobachten und sicherstellen, daß die Teilnehmer voll konzentriert und in einem guten Ressourcezustand sind (Zugangshinweise und Signale). Im Zweifel durch Fragen absichern!

Das flache Wasserbecken hinter der Glut ist nützlich, um eventuell Kohlereste abzuspülen oder zu löschen.

Hohes „Y"

Ausrüstung und Umwelt

Das Hohe „Y" ist, wie der Name verspricht, eine Übung auf einem Drahtseilgespann, welches so hoch über dem Erdboden angebracht ist, daß die Teilnehmer sich des damit verbundenen Risikos schnell bewußt werden. Die Anlage ist eine beeindruckende Konstruktion, die besonders bei technisch-kompetenten Menschen Vertrauen wecken kann. Die Aufgabe eignet sich gut für größere Gruppen. Das Gespann kann zwischen Bäumen oder Masten in technisch vielfacher Weise errichtet werden. Besondere Vorkehrungen leisten Gewähr dafür, daß die Übung wirkungsvoll und sicher ist.

Das Drahtseilgespann erlaubt zwei Personen unabhängig voneinander, auf zwei Bäume oder Masten zu klettern, sich über einen

Stuart Hardy und Dietrich Buchner

waagerechten Draht (die Arme des „Y"), einzeln mit Hilfe eines
Halteseiles fortzubewegen, sich dann an der Stelle zu treffen, wo
die zwei Drähte zusammenlaufen, um einzeln oder gemeinsam
über einen gemeinsamen Draht bis zu einem vertikalen Zielhalte-
seil weiterzugehen. Während der Übung sind sie durch ein
Abseilsystem gesichert, welches mit einem höher befestigten
Drahtseilgespann verankert ist. Sie können während des Vorgan-
ges zu jeder Zeit herabgelassen werden – durch eine Befestigung,
die auf dem Rücken der Sicherheitsweste des Teilnehmers angebracht ist. Das Sicherungsseil ist am Rücken befestigt, um zu
verhindern, daß es bei der Übung stört, und außerdem kann eine
Person so in einer aufrechten Lage gehalten und herabgelassen
werden.

▶ Die Y-Arme des Drahtseilgespanns sollten so nah zusammen
sein, daß sich die Teilnehmer schon vor Erreichen des Mittel-
punktes in greifbarer Reichweite befinden.

▶ Die Halteseile sollten eine Länge haben, die es den Teilnehmern nicht ermöglicht, sich bis zur Mitte an ihnen festzuhalten,
um die Kooperation zu fördern.

▶ Das Abseilsystem sollte kräftig und statisch sein, um eine
bestmögliche Kontrolle über die Spannung der Sicherungsseile
zu erhalten, besonders für Teilnehmer/Belayer, die zum ersten
Mal absichern.
Wegen der Maßstabsverhältnisse ist es unmöglich, eine mobile
Version dieser Übung zu kreieren.

Präsentation

Die Präsentation dieser Übung richtet sich nach den Zielen des
allgemeinen Programms. Es kommt selten vor, daß die Übung
einzeln angeboten wird. Man sollte sich bewußtmachen, daß nur
zwei Personen das Drahtseilgespann zur gegebenen Zeit benutzen
können und welchen Einfluß dieser Umstand auf die Aspekte
Unterstützung und Kooperation hat.

Die Teilnehmer sollten schon mindestens eine Übung vorher absolviert haben. Bei der Ausführung sind, wie auch beim Vertrauensfall, Team-Coach und der Übungsleiter beteiligt, beide sollten sich schon vor der Übung über ihre Rollen verständigt haben.

Beispiele für notwendige oder sinnvolle Inhalte der Präsentation:

▶ Einführung in die Übung

▶ Zweck der Übung (Auswahl, abhängig vom jeweiligen Programm):

- Gelegenheit, als Team an einem Projekt zu arbeiten
- Vertrauen und Einfühlungsvermögen entwickeln
- gegenseitige Hilfe und Unterstützung
- sich herausfordern als Individuum und Gruppe
- kreative Lösungen finden
- Erforschung von Arten von Führerrollen
- Entwicklung von Qualitätsprozessen
- Gelerntes auf die Situation am Arbeitsplatz beziehen
- Zeit-Management
- Vergnügen

▶ Verletzungen/medizinische Versorgung/Schmuck ablegen

▶ kurze Beschreibung der Sicherheitsmaßnahmen

▶ Sturzhelme/Sturzhelmzone/Sicherheitsweste und deren Wartung/Rauchen etc.

▶ Einführung in das Sicherungssystem, Teilnehmer sichern. Wenn die Hälfte der Gruppe eingeführt ist, kann sie selbst die andere Hälfte einführen

▶ Einführung in Klettertechniken, was ist möglich, wo werden Grenzen aus Gründen der Sicherheit gesetzt, welche Sprache wird benutzt?

▶ Sicherungsüberprüfung und deren Zwecke, Sicherheit als Fokus

▶ Selbstinitiative, das heißt, proaktive Entscheidungen, nicht reaktive, die Teilnehmer sollen nur das machen, was sie

Stuart Hardy und Dietrich Buchner

wollen, sich nicht zu etwas gezwungen fühlen. Dadurch fühlen sie sich zu jeder Zeit als Gewinner, wann auch immer sie sich abseilen lassen

► abhängig von der Fähigkeit der Teilnehmer sollte die Verantwortung der Führung den Teilnehmern übergeben werden, oder führen Sie beispielhaft und übergeben, wenn angemessen, die Führerrolle zu einem späteren Zeitpunkt. Dieser wird davon abhängig sein, wann die Übung im Programm eingeplant ist

► Beaufsichtigung der Absicherung

► Beachtung der Aufstellung, Sichtlinien und Zuschauereinflüsse

► heben Sie alle Rollen lobend hervor. Ermutigen Sie zur Unterstützung und zur Bildung von Einfühlungsvermögen

► ermutigen Sie dazu, über eigene Erwartungen hinauszugehen, sich kontinuierlich verbessern zu wollen

► zum Ende bieten Sie den Teilnehmern, die nicht im Hohen „Y" waren, an, sich in ihren Sicherheitswesten schaukeln zu lassen, da dies Vertrauen für später bilden kann

► bei der Rückschau Beziehung herstellen zwischen dem Business-Auftrag und der Bedeutung der organischen Entwicklung der Gruppe während des Programms. Commitment für die Zukunft

Ergebnisse

Das Hohe „Y" fördert, natürlich bedingt durch die Technik, die Kooperation zwischen den zwei Personen auf dem Gerüst, gleichzeitig aber auch die Integrität zwischen denen auf dem Boden und denen in der Luft, ob als Sichernde oder Unterstützende. Diese Übung kann gut als ein Projekt mit einer komplexen Logistik präsentiert und angesehen werden. Da die Gruppen ein recht umfangreiches Absicherungssystem erlernen müssen, um dann den Kletternden körperlich beizustehen, sollten den Trainer folgende Aspekte als hilfreiches Diskussionsmaterial dienen:

- sich auf die Aufgabe konzentrieren

- Qualität im Absicherungssystem und beim Sichern

- kontinuierliche Verbesserung, die auf dem Feedback von Erfahrungen am Gerüst basiert

- Paare, die sich nicht um sich kümmern

- sich von Anfang an steif und starr an eine Rolle binden

- Verantwortung übernehmen

- Atmosphäre, die durch ein wirksames, gut arbeitendes Team erzeugt wird

- Spaß

- Qualität von Information und Beratung

- alle Rollen sind wichtig

- geeignete Paare zusammenführen, dazu entsprechende Kriterien

- Zeit-Management (zur Verantwortung ziehen)

- sich mit dem System vertraut machen (sich in Sicherheitswesten hineinlehnen)

Sicherheit

Alle Hoch-Elemente, wie das Hohe „Y", sind technisch sehr gut konstruiert und werden seit mehr als 30 Jahren verwendet. Sie sind aufgrund ihrer umfangreichen Sicherheitsvorkehrungen benutzerfreundlich gestaltet. Das trifft besonders für diejenigen zu, die zwischen Masten statt Bäumen errichtet sind, da sie perfekt plaziert werden können.

Im folgenden sind einige Sicherheitsaspekte aufgelistet:

- Statische Abseilsysteme eignen sich für diese Übung besser als dynamische, denn die Erfahrung hat gezeigt, daß wesentlich mehr Verletzungen beim Gebrauch von dynamischen Sicherungsseilen, wenn sie zuviel Spiel haben, vorkommen.

Stuart Hardy und Dietrich Buchner

Zweifarbige und gepaarte Seile, sowie Zugseile, erleichtern die Kontrolle des Sicherungssystems.

▶ Sturzhelme sollten richtig angepaßt werden, und eine Zone, in der das Tragen von Sturzhelmen Pflicht ist, sollte bestimmt werden. Alle Trainer gehen mit gutem Beispiel voran und tragen Helme, auch bei den Vorbereitungsarbeiten zur Übung.

▶ Kein Übungsleiter sollte in das Gerüst klettern, um es für die Übung vorzubereiten, ohne daß jemand dabei ist oder sich zumindest in Sichtweite befindet.

▶ Sicherungssysteme mit automatischen Schließkarabinern unterlaufen zum Teil die Sicherheitsvorkehrungen, es gibt keinen Ersatz für Kontrollen, die die Übungsleiter vornehmen.

▶ Wenn die Teilnehmer sich selbst festhalten, sollten sich mindestens zwei an jedem Seil befinden. Derjenige Trainer, der die Sicherheit überwacht, sollte sich stets wachsam in Körperreichweite befinden. Das Tragen von Handschuhen ist Pflicht.

▶ Sicherheitswesten sollten formell eingeführt und verteilt werden, um die Teilnehmer zu ermutigen. Mit gutem Beispiel vorangehen.

▶ Für Rettungsfälle in der Höhe sollte am Anfang der Übung ein Übungsleiter ausgewählt und ausgerüstet werden.

▶ Alle Trainer sollten mit den Rettungs- und Notfallvorschriften vertraut gemacht werden.

▶ Bei allen Hoch-Elementen sollte dem psychischen Wohlbefinden der Teilnehmer große Aufmerksamkeit gelten, da sie sonst leicht dem Gewinner/Verlierer-Modell unterliegen.

▶ Teilnehmer sind wichtiger als die Ausrüstung, die in entsprechenden Notfallsituationen sofort geopfert werden sollte.

▶ Beobachtung der körperlichen Funktionsfähigkeit der Beteiligten zu jeder Zeit, möglicherweise sind sie nicht an das Wetter gewöhnt oder sie haben am Vorabend zu sehr gefrönt.

Kletterturm

Ausrüstung und Umwelt

Der Kletterturm ähnelt einer senkrechten Kletterfelswand. Er erfordert dieselben Sicherheitsvorkehrungen wie alle Hoch-Elemente. Der Turm ist doppelseitig und kann bis zu jeder Höhe (zum Beispiel 20 Meter) errichtet werden, die Ortslage und Material zulassen. Bis zu drei Personen können gleichzeitig auf jeder Seite bis zu einer bestimmbaren Höhe klettern, von der sie sich dann abseilen lassen können. Die drei Personen sind mit einem Seilsystem verbunden. Befindet sich nur ein Kletterer in der Wand, können die Sicherungsseile verdoppelt werden, um so eine noch größere Sicherheit zu garantieren. Die Halterungen sollten aus einer Mischung von Klettersporthalterungen sowie hölzernen Vorsprüngen, an denen man ausruhen kann, bestehen. So wird sowohl das Interesse am Klettern wie die Sicherheit gefördert. Natürlich tragen die Kletterer einen Sturzhelm. Das Sicherungsseil ist, im Gegensatz zu den anderen Hoch-Elementen, hier auf der Vorderseite der Teilnehmer angebracht, so daß das Abseilen nicht freihängend erfolgt.

Man kann diese Übung auch an geeigneten Felswänden durchführen, nur vermindert man dann die Überwachungsmöglichkeiten, und es wird schwerer, größere Gruppen mit derselben Leichtigkeit durch die Übung zu bringen. Der Kletterturm hat außerdem den Vorteil, daß die Halterungen verstellbar sind, um Gruppen mit unterschiedlichen Fähigkeiten daran anzupassen, so daß alle Teilnehmer das bestmögliche aus der Übung machen können.

Präsentation

Die Art der Präsentation der Übung orientiert sich am Zweck des Gesamtprogramms. Natürlich sollte sie nicht als Einzelübung angeboten werden. Da aber immer drei Personen pro Durchgang gleichzeitig das Gerät nutzen können, sollte darauf geachtet werden, welche Auswirkungen dieser Umstand für das Team in bezug auf Unterstützung und Ermunterung hat. Die Übung bietet zudem die Möglichkeit, damit auch andere Aspekte wie den Lernprozeß oder den Business-Auftrag zu verankern.

Die Teilnehmer sollten zuvor mindestens eine Übung absolviert haben. Bei der Ausführung sind, wie auch beim Vertrauensfall, Team-Coach und Übungsleiter beteiligt, beide sollten sich schon vor der Übung über ihre Rollen verständigt haben.

Einführung in die Übung. Da die Teilnehmer durch ein Seil miteinander verbunden sind, sind sie gezwungen, ihre Ziele, ihre Mißerfolge und ihre Erfolge zu teilen. Die Übung kann so gestaltet werden, daß die persönlichen Ziele in den Hintergrund rücken und der Fokus mehr auf die effektive Teamarbeit gerichtet ist. Eine Idee wäre zum Beispiel, jeweils ein Glas Wasser die Wand hinauftragen und das Wasser in einen Eimer gießen zu lassen. So kann die Gruppe eine gemeinsame Vision teilen. Diesem Vorgang kann zudem eine Zeitbeschränkung auferlegt werden, um die gegeneinander streitenden Teams zur Koordination ihrer Aktionen zu bewegen.

Absicht der Übung (Auswahl, abhängig vom jeweiligen Programm):

▶ Gelegenheit, als ein oder mehrere Teams an einem Projekt zu arbeiten

▶ Bildung von Vertrauen und Einfühlungsvermögen

▶ Hilfe und Unterstützung jedes einzelnen als zugehörig zu einer Gruppe, dann unterstützt das Team die Kletterer; alle Teilnehmer in die Übung einbeziehen

▶ herausfinden, wie der einzelne klettert, was die Gruppe will

▶ den Erfolg mit den buchstäblich zusammengebundenen Menschen teilen

▶ Fördern von persönlichen wie Gruppenvisionen

▶ Entwicklung von Qualitätsprozessen

- Gelerntes auf die privaten Bestrebungen und auf die Situation am Arbeitsplatz beziehen
- Erfolg soll gefeiert werden
- Zeit-Management
- am wichtigsten ist es, Übereinstimmung bei Entscheidungen zu erzielen
- Zuhören
- Vergnügen haben
- über die Erwartungen der Teilnehmer hinausgehen

(Weitere Aspekte siehe Hohes „Y" und Pfahl.)

Ergebnisse

Der Kletterturm ist eine Aufgabe für Dreiergruppen. Weil der Fokus auf die Überwindung natürlicher Höhenängste liegt, die vielen Menschen innewohnen, haben diese eine ideale Möglichkeit, solche Ängste ständig mit der Unterstützung zweier anderer, die körperlich in Reichweite sind, zu bekämpfen. Wie alle Hoch-Elemente fordert der Kletterturm dazu heraus, sich mit den Themen Druck und Unterstützung zu befassen. Jede Person hat ein anderes Angstempfinden, und bedeutsam ist nicht, was wir mit der Übung erreichen wollen, sondern, was drei Menschen tun, wenn einer aus der Gruppe an seine persönliche Grenze stößt. Wenn in die Übung neue Bestandteile integriert werden, zum Beispiel die Wassertasse, dann rücken andere Themenschwerpunkte in den Vordergrund. Wie können solche Elemente auf den Business-Auftrag bezogen werden? (beispielsweise steht der Eimer für den Kunden, das Wasser repräsentiert das Produkt, und das ganze Team ist erforderlich, um zur Spitze zu gelangen).

Sicherheit

Der Kletterturm, ebenso wie das Hohe „Y" und der Pfahl, sind technisch sehr gut konstruiert. Sie sind aufgrund ihrer umfangreichen Sicherheitsvorkehrungen benutzerfreundlich gestaltet. Der Kletterturm, der wohl bekannteste unter den Übungen, ist potentiell immer noch einer der gefährlichsten. Dies ist aber nicht dem Sicherungssystem zuzuschreiben. Die Gefahr liegt vielmehr bei den Teilnehmern selbst, die sich mit der Tätigkeit des Kletterns zu schnell vertraut fühlen, und sich überanstrengen. Der beste Weg, um dieses Problem zu bekämpfen, ist der, die Übung als Gesamtprojekt zu betrachten. So wird die Sicherungsweste als eine Ressource zur Rast und zur Unterstützung angesehen, nicht nur um einen Stürzenden aufzufangen. Ausruhen sollte als ein Teil der Klettertechnik eingestuft werden, nicht als Zeichen des Versagens.

Auch hier gelten ähnliche Sicherheitsaspekte wie beim Hohen „Y" (siehe dort).

▶ Achten Sie darauf, daß nicht zwei gute Kletterer einen schwächeren unter Druck setzen. Es sollte verhindert werden, daß eine gelungene Ausführung zum Ritual erhoben wird, weil dies den Druck erhöhen kann. Anzeichen für solches Ritualisieren sind rhythmisches Klatschen oder Gesang.

▶ Die Teilnehmer sollten vor der Verletzungsgefahr gewarnt werden, die durch das Benutzen der Knie entsteht. Falls sie aber solche Techniken im Notfall anwenden, sollte ihnen dies nicht ausgeredet werden.

▶ Die Teilnehmer sollten darüber informiert sein, daß das Herablassen eine sehr kritische Phase ist; die Kommunikation zwischen Kletterer und Sichernden muß hergestellt und unterstützt werden.

Pfahl

Ausrüstung und Umwelt

Der Pfahl ist eine Übung, in der die Teilnehmer die Gelegenheit haben, zuerst eine Leiter und dann einen Pfahl oder abgesägten Baum bis zu einer von ihnen gewünschten Höhe zu besteigen, bevor sie dann, mit Hilfe eines Absicherungssystems, langsam abgeseilt werden. Wenn sie sich körperlich und geistig dazu in der Lage fühlen, können sie die Spitze des Pfahles erklimmen, sich dort auf eine kleine hölzerne Plattform stellen und hinunterspringen oder sich einfach fallen lassen. Diese Aufgabe ist körperlich nicht sehr anspruchsvoll, kann jedoch psychisch um so mehr fordern, weil sie, durch die Möglichkeit des Erreichens einer Spitze, sehr zielorientiert gestaltet ist. Der Teilnehmer ist herausgefordert, dieses Ziel unbedingt zu schaffen. Es ist eine Übung, die die Dynamik einer Gruppe zur Unterstützung und Ermutigung jedes einzelnen sehr schön zum Vorschein bringt, oder, was weniger wünschenswert wäre, den Druck der Gruppe auf den einzelnen aufzeigt.

Wie das Hohe „Y" kann auch diese Übung nicht auf einer mobilen Basis errichtet werden, obwohl man dieselben Zielstellungen an einer Kletterwand oder an einem geeigneten Berghang verfolgen kann.

Präsentation

Die Art der Präsentation der Übung orientiert sich am Zweck des Gesamtprogramms. Natürlich sollte sie nicht als Einzelübung angeboten werden. Da aber immer nur eine Person pro Durchgang den Pfahl besteigen kann, sollte darauf geachtet werden, daß die anderen als Unterstützer und Ermunterer agieren.

Die Teilnehmer sollten zuvor mindestens eine Übung absolviert haben. Bei der Ausführung sind, wie auch beim Vertrauensfall, Team-Coach und Übungsleiter beteiligt, beide sollten sich schon vor der Übung über ihre Rollen verständigt haben.

Zu beachten sind folgende Punkte:

Die Einführung in die Übung sollte zur Entspannung der Teilnehmer beitragen, sie nicht aufputschen. Manche Teilnehmer werden zum Teil schon zuvor etwas über die populäre Übung gehört haben. Erzählen Sie diesen, daß jeder nur so hoch hinausgeht, wie er selbst es sich wünscht. Versuchen Sie nicht durch zuviel Humoreinlagen die Anspannung abzuschwächen. Erinnern Sie die Teilnehmer daran, daß sie im Programmverlauf noch an anderen Geräten Gelegenheiten ergreifen können, um sich zu beweisen.

Beispiele für die Zieldefinition der Übung (Auswahl, abhängig vom jeweiligen Programm):

▶ sich als Individuum und Gruppe herausfordern

▶ Bildung von Vertrauen und Einfühlungsvermögen

▶ Hilfe und Unterstützung jedes einzelnen; alle Teilnehmer in die Übung einbeziehen

▶ Gelegenheit, als Team an einem Projekt zu arbeiten

▶ den Erfolg mit den Teilnehmern teilen

▶ herausfinden, was die Teilnehmer wollen

▶ am wichtigsten ist es, proaktive Entscheidungen zu treffen

▶ Zuhören

▶ Entwicklung von Qualitätsprozessen

▶ Erfolg soll gefeiert werden

▶ Spaß und persönliche Befriedigung erleben

▶ Gelerntes auf private Wünsche oder den Arbeitsplatz beziehen/ ankern

▶ Zeit-Management

Ergebnisse

Der Pfahl stellt eine Herausforderung für jeden Teilnehmer dar. Der Fokus liegt auf der Überwindung natürlicher Höhenängste, die viele Menschen haben. Die Aufgabe bietet den Trainern eine ideale Möglichkeit, sich auf das Thema zu konzentrieren, wie jeder persönlich solchen Ängsten begegnen kann. Die Übung fordert dazu heraus, sich mit den Themen Druck und Unterstützung zu befassen. Vorsicht ist geboten, daß die Teilnehmer nicht aus ihrer Komfortzone herausgedrängt werden, ob durch motivierende Übungsleiter oder andere Gruppenmitglieder, ob durch unsensible oder überbegeisterte Bemerkungen. Jede Person hat ein anderes Angstempfinden, und bedeutsam ist nicht, was Sie mit der Übung erreichen wollen, sondern wie Menschen reagieren, wenn sie an ihre persönliche Grenze stoßen. Die Teilnehmer müssen sich gut fühlen, um Entscheidungen zu treffen.

Sicherheit

Der Pfahl ist, ebenso wie das Hohe „Y", technisch sehr gut konstruiert und wird seit mehr als 30 Jahren verwendet. Er ist aufgrund seiner umfangreichen Sicherheitsvorkehrungen benutzerfreundlich gestaltet. Der Pfahl hat sich über viele Jahre hin verändert. Es begann als ein einfacher Sprung über ein tiefes Loch im Boden, entwickelte sich weiter als Trapezsprung bis zu dem heutigen Sprung vom Pfahl. Dieser Sprung ist weniger schwierig und erheblich sicherer.

Die modernen Sicherungssysteme und Ausrüstungen müssen von erfahrenen Fachleuten eingerichtet werden. Hier gelten ähnliche Aspekte wie beim Hohen „Y" (siehe dort).

Die Rote Linie

Ausrüstung und Umwelt

Outdoor-Übungen setzen meist ein Gelände oder abgeschlossenes Camp voraus, in denen die Geräte aufgebaut und kontrolliert werden oder in denen die natürliche Umgebung so genutzt werden kann, wie sie ist.

Die Rote Linie ist eine Outdoor-Übung, die auch in der Stadt, im Hotel, in einer Umwelt, in der Kontakte zu fremden Menschen möglich sind und wo andere Möglichkeiten für Grenzüberschreitungen gegeben sind als im Wald oder Outdoor-Camp.

Der Name „Rote Linie" steht für Grenzüberschreitung. Die Übung wird in Hunderten von Variationen durchgeführt. Der Erfindungsreichtum der Teilnehmer ist enorm und gleichzeitig Teil der Aufgabe.

Eine Ausrüstung ist nicht erforderlich.

Präsentation

Als Outdoor-Übung bedarf die Rote Linie einer guten Indoor-Vorbereitung. Analoge Übungen können dazu dienen. Die Übung wird sehr allgemein beschrieben. Die Aufgabe besteht darin, über die persönlichen Grenzen zu gehen, etwas zu tun, das eine gewaltige Grenzüberschreitung darstellt, ohne andere Menschen zu verletzen oder respektlos zu behandeln und ohne Sachen zu beschädigen. Innerhalb der Spielregeln der menschlichen Gesellschaft gibt es genügend Spielraum für persönliche Grenzüberschreitungen.

Die Übung kann zu jeder Tageszeit durchgeführt werden. Es hat sich jedoch als seminartechnisch günstig erwiesen, dafür den Abend zu nehmen.

Der Trainer beziehungsweise Coach wird sicherstellen:

▶ Jeder Teilnehmer weiß, daß alles, was er tut, seine persönliche Verantwortung ist.

▶ Die Teilnehmer sind alle motiviert und machen mit (seine schwierige Aufgabe).

▶ Die Teilnehmer berichten über ihre Grenzüberschreitung.

Ergebnisse

Die Übung provoziert Ängste, Druck und Streß,

▶ erstens eine gute Idee zu entwickeln

▶ zweitens die dafür erforderliche Umwelt zu finden

▶ drittens die Idee verantwortlich umzusetzen

▶ viertens mit den anderen „nicht genutzten" Herausforderungen fertig zu werden etc.

Da die Aufgabe offen ist, kann jeder seine subjektive Erfahrung machen. Der Effekt ist um so stärker, je größer die gewählte Herausforderung war. Als Ergebniskriterien und -bereiche gelten zum Beispiel:

- Umgang mit (nicht einzukalkulierendem) Risiko
- Selbstwert/Identität
- unfinished business
- Mut, Championship
- Spaß und Freude
- soziale Strategien
- körperliche Herausforderungen

Der Transfer zum Berufsalltag kann in vielen Fällen sehr direkt gemacht werden (Future Pacing). Die Integration der Erfahrung in die Glaubenssätze und Identität braucht einen Coach als Prozeßbegleiter, der allerdings einen fruchtbaren Boden findet, wenn die Übung vom Teilnehmer als Erfolgserlebnis wahrgenommen würde.

Stuart Hardy und Dietrich Buchner

Sicherheit

Die Übung erfordert eine hohe Selbstverantwortlichkeit, denn es ist kein Parcours mit Sicherungsleinen, kein Team, das auffängt etc., vorhanden: Jeder muß selbst einschätzen, welches Risiko er nimmt und wie er sich auf eventuelle Folgen einstellt (das genau ist Teil der Aufgabe). Bei Tausenden von Teilnehmern, mit denen wir diese Übung gemacht haben, hat sich allerdings kein einziger Fall ergeben, in dem das eingegangene Risiko und seine Folgen nicht von dem jeweiligen „Herausforderer" gemeistert worden wäre. Deshalb ist es von großer Bedeutung, daß das Prinzip der Selbstverantwortlichkeit vorher hinreichend vom Trainer bearbeitet wird.

Sterntau

Das Sterntau ist eine der vielen Tauübungen und soll als Beispiel dafür dienen. Das Sterntau ist eine Übung, in der Koalitionen und Netzwerkstrukturen bewußtgemacht werden.

Ausrüstung und Umwelt

Sie benötigen ein dickes Tau, das im Unterschied zum Tau beim Tauziehen nicht zwei, sondern fünf Enden hat, die in der Mitte durch einen starken Ring verbunden sind.

Die Übung erfordert eine Freifläche von mindestens 500 bis 600 Quadratmeter, ebenerdig ohne Bäume oder Sträucher, am besten ein großer Rasen wie auf einem Golfplatz.

Mit Markierungsstäben werden im Zentrum fünf Ecken eines gleichseitigen Fünfecks circa 30 bis 50 Zentimeter hoch gebildet.

Präsentation

Die Übung wird als „Tauziehen" präsentiert. Es werden fünf gleich große (nicht unbedingt gleich starke) Gruppen gebildet.

An den mittleren Ring wird ein wünschenswerter Gegenstand befestigt (Flasche Champagner, Mitbringsel, Blumen – Wert circa 100 DM. Was immer für die Gruppen reizvoll ist). Es gewinnt die Gruppe, der es gelingt, den Gegenstand durch die beiden Stäbe zu ziehen, durch die ihr Tau zu Beginn liegt. Mehrere Durchgänge, Kommunikation erlaubt oder nicht erlaubt!

Ergebnisse

Der Verlauf dieser Übung kann sehr unterschiedliche Ergebnisse und Erfahrungen bringen. Deshalb wird der Trainer darauf eingerichtet sein, nicht nur einen, sondern mehrere Durchgänge zu machen (mit steigenden Belohnungen). Dann werden gute Lerneffekte genutzt, neue Strategien auszudenken. Die Erfahrungen, die genutzt werden können, beziehen sich auf:

- Kooperation statt Wettbewerb
- Koalition, Netzwerkbildung
- wechselnde Koalitionen und deren Auslösung
- Kraftfelder und Neutralisierung
- Aikido: Nicht die körperlich stärkste Gruppe muß gewinnen
- non-verbale Kommunikation
- Metapher für „strittige" Inhalte und deren Behandlung

Sicherheit

Diese Übung ist sicherer als das bekannte Tauziehen mit einem Tau. Die Gruppen sind kleiner. Die Spannung des Taus bleibt erhalten, auch wenn ein Seil losgelassen wird.

Trotzdem soll der Trainer darauf achten, daß die Grundfläche ebenerdig ohne Löcher ist, die Schuhe robust sind und der Boden nicht glitschig ist.

Stuart Hardy und Dietrich Buchner

Teamlauf

Umwelt und Ausrüstung

Der Teamlauf ist eine elegante Übung, Wettbewerb zu nutzen, um Teams schneller zu integrieren.

Sie benötigen eine Stoppuhr, sowie Bänder oder Tücher, die lang genug sind, um die Beine zweier Personen unterhalb des Knies zusammenzubinden. Als Umwelt reicht eine große Wiese, ein Parkplatz oder auch ein Raum mit über 150 Quadratmeter (bei kleiner Gruppe).

Präsentation

Abhängig von der Zielsetzung definieren Sie den Rahmen für den Teamlauf.

Die Instruktion umfaßt:

▶ die genaue Zahl der Teilnehmer pro Team (zum Beispiel vier bis sechs)

▶ die Beine sind unterhalb des Knies zusammenzubinden

▶ es darf vor dem Lauf geübt werden (oder nicht)

▶ für die Teams sind gleiche Bedingungen herzustellen (Planungszeit/Vorbereitungszeit/Übungszeit)

▶ die Strecke wird genau definiert und markiert

▶ der Teamlauf wird nach Zeit und Sicherheit (Standards für die Bewertung) durchgeführt

Ergebnisse

Als Erfahrungsübung braucht der Teamlauf keine lange vorherige Erklärung in der Präsentation, die wesentlichen Erfahrungen, die immer wieder gemacht werden, beziehen sich auf:

- Teamintegration
- Rhythmus, Prozeßgestaltung
- Führung und Prozeßdurchführung
- Übung und Routine, Lerntransfer
- Unterordnung unter Teamregeln
- Schnelligkeit von Individual- und Teamleitungen etc.

Die Eleganz dieser Übung lebt von der Nutzung durch den Trainer. Erfahrene Trainer verwenden sie, um

- im Team Körperkontakte herzustellen
- die Teamintegration zu beschleunigen
- Teamidentitäten und Anker zu begründen etc.

Sicherheit

Der Teamlauf stellt ein geringes Risiko im Vergleich zu anderen Outdoor-Übungen dar. Verletzungen werden allerdings leicht durch eine übertriebene Wettbewerbsorientierung zwischen den Teams hervorgerufen. Eine Wiese macht Stürze harmloser als ein Parkplatz, der etwa geteert oder gepflastert ist. Bei der Durchführung in geschlossenen Räumen sind alle Stühle und Tische aus dem Weg zu räumen.

Die Instruktion sollte den Hinweis enthalten, daß neben Tempo die Sicherheit bewertet wird.

Vertrauensfall

Ausrüstung und Umwelt

Der Vertrauensfall kann in zweifacher Weise aufgebaut werden: mit statischen Anlagen oder mobilen Anlagen.

Statische Anlagen sind besser zu kontrollieren. Die Umgebung wird für die Übung vorbereitet. Die Plattform, die eine rutschfeste Oberfläche hat, sollte sich in Schulterhöhe befinden und mit einer breiten Treppe leicht zu besteigen sein. Der Boden sollte eben sein und mit aufpralldämmendem Material, zum Beispiel Mulch oder Stroh, bedeckt sein. Es sollte auf die Sichtlinien geachtet werden und darauf, daß die Privatsphäre des Ortes ungestört bleibt.

Mobile Anlagen können zwar schlechter präpariert werden, genießen aber den Vorteil der Flexibilität. Man kann von fast jedem Objekt herunterfallen, insofern es nicht zu hoch ist und eine unbehinderte, ebene Auffangfläche hat. Bei Fällen von einer Leiter ist keine festgesetzte Höhe gegeben, so daß jeder die Höhe selbst bestimmen kann und ängstliche Teilnehmer sich von einer der unteren Stufen fallen lassen können.

Präsentation

Der Vertrauensfall kann durch die Verschiedenartigkeit seiner Ausführungen viele Aspekte eines Programms fördern. Bei der Übung gegenwärtig zu sein, bedeutet an ihr mit voller Aufmerksamkeit teilzunehmen:

- Programm Anfang
- Programm Mitte
- Programm Ende

Programm Anfang:

Wenn die Übung am Anfang eines Programms steht, dient sie nicht nur als „Eisbrecher", sondern eignet sich sehr gut, um Grundkonzepte des Programms vorzustellen. Innerhalb des Teams bildet die Übung Vertrauen und erlaubt den Trainern, Respekt aufzubauen. Außerdem kann sie als Zeichen zur Akzeptanz eines Lernvertrages betrachtet werden. Es ist jedoch wichtig, bewußtzumachen, daß sie eine erste Gelegenheit darstellt und es daher nicht wichtig ist, ob und wer fällt und wer nicht.

Programm Mitte:

Wenn der Vertrauensfall im Laufe des Programms durchgeführt wird, wird die Übung oft als eine angenehme Unterbrechung

angesehen, in der die Teilnehmer die Zeit finden, ihre Lernfort-
schritte einzustufen. Viele Teilnehmer wünschen mit gewachse-
nem Vertrauen einen zweiten Fall von der Plattform.

Programm Ende:

Am Ende eines Programms kann die Übung nicht nur als Symbol
für den Höhepunkt der Entwicklung eines Teams stehen, sondern
auch als Commitment gegenüber sich selbst und für die Zukunft.

Die Übung kann gut als Metapher zum Abschluß dienen.

Es ist sehr wichtig, daß die Teilnehmer die Erfahrung machen, daß
der Vertrauensfall eine auffangende sowie eine fallende Übung ist:
Es ist ziemlich gleichgültig, ob die Teilnehmer falsch fallen, aber
wenn sie falsch aufgefangen würden, wäre das höchst bedauerlich.

Fokuspunkte

*Die Schwerpunkte bei der Durchführung der Übung betonen je nach
Ziel unterschiedliche Aspekte.*

Die Übung sollte von dem Coach mit der meisten Sicherheitser-
fahrung präsentiert werden, so daß die Teilnehmer wissen, an wen
sie sich bei einem Notfall zu wenden haben. (Bei dieser und bei
den anderen Übungen des Programms.) Ein Trainer, der die
Teilnehmer nach Ablauf der Übung betreut, sollte auch in die
Präsentation, in der die Absicht und die Philosophie dargestellt
wird, einbezogen werden. Er sollte aber immer in Übereinstimmung mit dem technischen Personal handeln, um Konflikte zu
vermeiden.

▶ Vorstellung des Personals und dessen Aufgabe (Unterstützung
und kein Druck), Privatsphäre und Mangel an Einschätzungs-
vermögen

▶ Einführung in die Übung

▶ Zweck der Übung zum Beispiel:

– Vertrauen und Unterstützung zu bilden

- einen Qualitätsprozeß zu erlernen
- Zusammenspiel unterschiedlicher, definierter Rollen
- Verantwortlichkeit entwickeln
- Einfühlungsvermögen
- Vergnügen
- Experiment, „Die einzig richtige Folge von Fehlern ist das Lernen!"

► die Idee bestärken, daß es viele Rollen für Menschen gibt, denen es an Vertrauen mangelt

► Rollen: Absichern/Fangen/Schaukeln

► Fokus, bewußte Atmung einführen

► Modell: Fallen/Körperhaltung

► die Übungen für die ersten Teilnehmer leiten und die Reaktionen von Fallenden und Fängern/Koordinatoren fördern. Zeigen Sie, wie gut *wir* es können, als ein Beispiel für die Teilnehmer

► fragen Sie, ob die Teilnehmer den Vorgang zum Teil selbst unter Kontrolle nehmen wollen, wenn ja, dann übergeben

► kontinuierlich unterstützen

► keine Fließbandarbeit

► Disziplin kontrollieren

► Rückblick und Commitment zur zukünftigen Entwicklung

► Transfercoachings

Ergebnisse

Die Reaktion einer Gruppe auf diese Übung kann sehr beeindruckend und bedeutsam sein, da es sich um eine Gruppenaktivität handelt, die an die Teilnehmer beträchtliche psychische Herausforderungen stellt. Daher sollte besonders dafür gesorgt werden, daß, wie immer das Leistungsniveau eines Teilnehmers sein mag, dieser vom Wert seines Mitwirkens überzeugt ist. Die Übung können Fänger wie Fallende als sehr belohnend empfinden.

Ist die Übung am Anfang des Programms eingeplant, könnte es vorkommen, daß sie die Stimmung für den Rest des Programms vorgibt. Die Reflexion auf die Übung sollte daher, soweit wie möglich, positiv sein, um die Moral der Gruppe hochzuhalten, wachsen zu wollen und das Qualitätsniveau nicht sinken zu lassen. Während dieser Übung zeigen die Teilnehmer zumeist sehr offen ihre Angst, und solcherlei Selbstoffenbarung sollte als konstruktives Mittel betrachtet werden, um das individuelle Einfühlungsvermögen für die weiteren Übungen eines Programms zu bestärken.

Sicherheit

Zu ihrer Sicherheit sind die Teilnehmer darauf angewiesen, aufeinander zu vertrauen, ohne zusätzliche Sicherungen durch Seilsysteme. Es ist möglicherweise auch die erste Gelegenheit der Teilnehmer, sich mit neuen Verfahren und Systemen vertraut zu machen, die auf der Sicherung durch Teamkollegen und anderen Ressourcen beruht.

Besondere Aufmerksamkeit sollte auf folgendes gelegt werden:

▶ medizinische Versorgung; Schmuck, Brillen etc. ablegen

▶ korrekte Aufstellung

▶ Hände, Ellbogen, Schultern

▶ Disziplin, 100 Prozent bei der Sache sein (Vorsorge treffen, besonders bei jüngeren Gruppen) – Fokus

▶ Bestimmung der Höhe

▶ psychisches Wohlbefinden

▶ es ist absolut erforderlich, daß, nachdem die Verantwortung den Teilnehmern übergeben wurde, das Sicherungspersonal weiterhin eine bedeutende passive Rolle ausübt, zum Beispiel Hilfe bei der Aufstellung

- die Trainer können aus einer Führungsrolle in die von Unterstützenden wechseln

- unerwünschte Zuschauer vermeiden und fotografieren (besonders in der Sichtlinie des Fallenden)

Vertrauensgang

Ausrüstung und Umwelt

Diese Übung eignet sich besonders, wenn alle Ressourcen verfügbar sind. Die Ausrüstung besteht lediglich aus einer Augenbinde. Mit verschiedenen Arten von Augenbinden verfolgt man unterschiedliche Ziele:

1. Ein Schal ist nützlich, wenn man daran interessiert ist, das eine oder andere Gruppenmitglied zum Mogeln zu verleiten. Es ist außerdem ein sehr handliches Souvenir und Werbemittel.

2. Verdunkelte Taucherbrillen versperren jegliche Sicht. Sie bieten den Vorteil, daß sie schnell aufgezogen werden können, daß sie nicht abrutschen und gleichzeitig Augenverletzungen durch Äste verhindern. Sie können, nachdem man sie mit einem Desinfektionsmittel gereinigt hat, außerdem wiederverwendet werden.

Die Übung kann überall durchgeführt werden, in einem Gebäude oder im Freien. Der Schwierigkeitsgrad ist dem jeweiligen Gelände angepaßt.

Die Übung wird zu Beginn eines Programms, besonders mit Teilnehmern, die sich nicht kennen, als „Eisbrecher" empfohlen. Sie hilft den Teilnehmern, sich miteinander vertraut zu machen.

Präsentation

Die Gruppe wird in Paare aufgeteilt. Die Gruppenmitglieder sollen entscheiden, wer mit wem zusammenarbeitet. Den Paaren wird eine Start- und Zielposition zugeteilt, und sie können ihre eigenen

Wege bestimmen, oder der Team-Coach gibt ihnen einen Weg vor. Nachdem man eine Route festgelegt hat, können Hindernisse eingebaut werden, die den Schwierigkeitsgrad bestimmen. Die Wegbesprechung mit den Paaren kann unabhängig voneinander oder zusammen stattfinden. Sie können verschiedenen oder gleichen Wegen und Grundregeln folgen entsprechend den Absichten des Team-Coaches. (Die Grundregeln bestimmen zum Beispiel, wieviel Zeit die Paare haben, um die Route zu inspizieren, ob körperlicher Kontakt erlaubt ist.) Nach dem ersten Durchgang können die Teilnehmer die Augenbinden mit ihren Partnern austauschen und je nach dem gewünschten Resultat entweder dieselbe oder eine neue Route einschlagen. Eine Besprechung kann entweder zur Halbzeit oder nach Ablauf der Übung erfolgen. Andere Ziele können andere Instruktionen neu erfordern, die andere Erfahrungen bewirken.

Ergebnisse

Die Übung eröffnet zwei Erfahrungsbereiche: den des Führers und des Geführten.

Themenbereiche, die mit der Übung erfahren werden, sind:

- Vertrauen
- Qualität/Klarheit der Informationen
- aus Vorerfahrungen lernen
- Fähigkeiten hinterfragen
- Führerrolle, Rolle des Geführten
- Einfühlungsvermögen
- andere Wahrnehmungskanäle aktivieren: tasten, riechen, hören

Die unterschiedlichen Erfahrungen in der Gruppe lassen sich sehr gut miteinander vergleichen. Die Übung kann außerdem mit einer Videoaufnahme ergänzt werden.

Stuart Hardy und Dietrich Buchner

Sicherheit

Die Aufgabe verlangt keine besonderen Sicherheitsmaßnahmen, aber einige Vorkehrungen sollten getroffen werden.

▶ zu jeder Zeit sollten die sehenden Teilnehmer absichern

▶ wenn Hindernisse in den Blindenweg eingebaut sind, dann kann je ein Coach pro Paar absichern

▶ klären Sie vorab, ob Teilnehmer leicht Schwindelgefühle bekommen

▶ überwachen Sie den psychischen Zustand jedes Teilnehmers, manch einer ist mit verbundenen Augen sehr verwundbar

▶ im Zweifelsfalle immer einschreiten

Wand

Ausrüstung und Umwelt

Da Konzept und Design der Wand recht einfach sind, wird die Übung in verschiedener Form bei den meisten Kletterkursen rund um den gesamten Globus angeboten. Das Gerät besteht aus einer doppel- oder einseitigen Holzwand von vier bis fünf Meter Höhe, mit einer ebenen und glatten Oberfläche. Der Gipfel ist gepolstert und auf der Rückseite befindet sich eine Abstiegssystematik und eine Plattform. Die Aufgabe der Teilnehmer ist es, diese Hürde mit oder ohne Hilfsmittel zu erklimmen. In den meisten Fällen sollen die Teilnehmer dabei ein Minimum an zusätzlichen Ressourcen benutzen. Die Teilnehmer müssen sich, wie beim Vertrauensfall, allein und ohne Sicherungsseile absichern, daher besteht meist ein weicher aufpralldämmender Unterboden aus Stroh oder Mulch.

Mobile Versionen können erstellt werden, es sind allerdings äußerst schwere und unhandliche Konstruktionen, da sie das Gewicht mehrerer gleichzeitiger Kletterer tragen müssen. Ortsfeste Konstruktionen sind daher gebräuchlicher und wünschenswerter.

Präsentation

Da die Übung eine große Anzahl von Absicherungskräften erfordert, eignet sie sich sehr gut für größere Gruppen. Sie ist ein nützlicher Prüfstein der Themen Disziplin und Kontrolle. Daher sollte sie möglichst zum Ende oder frühestens nach der Hälfte des Programms angeboten werden. Hier kann sie Licht auf Mißstände werfen oder umgekehrt einen hohen Grad der Entwicklung offen darlegen. Wenn größere Gruppen an der Übung teilnehmen, sollten die Trainer so wenig wie nötig in das Geschehen eingreifen, und den Teilnehmern so viel Verantwortung wie möglich überlassen. Dabei müssen Übungsleiter intensiv passiv kontrollieren, um so die Sicherheit aller Beteiligten zu gewährleisten. Falls die Teilnehmer ihre eigene Sicherheit kompromittieren, müssen die Übungsleiter wieder die volle Verantwortung übernehmen.

Die Teilnehmer sollten zuvor mindestens eine Übung mit Sicherungen absolviert haben. Bei der Ausführung sind, wie auch beim Vertrauensfall, Team-Coach und Übungsleiter beteiligt, sie sollten sich schon vor der Übung über ihre Rollen verständigt haben. Im Gegensatz zu den anderen dauert diese Übung sehr lang und es ist nicht ganz einfach, zu einer „Problemlösung" zu gelangen. Aus diesem Grunde ist die folgende Aufstellung sehr detailliert und enthält zu Beginn Informationen für den Team-Coach. Es ist ratsam, diese Liste in kleinere Komponenten aufzuteilen, die phasenweise an die Gruppen verteilt werden können. Diese Liste ist nicht vollständig, aber sie zeigt, wie vielfältig die Instruktionen sein müssen, um den Erfolg und die Sicherheit zu gewährleisten:

▶ Einführung in die Übung, mit einigen Schwerpunkten:

- Übersicht über die Problemstellung
- Erinnerung an vorausgegangene Probleme in bezug auf Kontrolle und Disziplin
- besondere Schwierigkeiten durch die Größe der Gruppen etc.
- Qualität
- dem Team Sicherheit geben

Stuart Hardy und Dietrich Buchner

- ▶ Sturzhelme/Sicherheitsweste/Überprüfen der Sicherheitswesten

- ▶ Beschreibung des Vorganges/Aufmerksamkeit auf den letzten Kletterer richten/Seil

- ▶ Hochheben

- ▶ Anzahl auf der Spitze

- ▶ Leiter

- ▶ Anzahl in der Luft

- ▶ Absichern, besonderer Rat für große Gruppen. Beziehung zum Vertrauensfall herstellen, falls die Gruppe diesen schon durchgeführt hat. Erinnern an die Sicherheitsmaßnahmen. Die Gruppe unterstützen, sich zu entwickeln und neue Maßnahmen zu verwenden. Qualität einfordern

- ▶ Absicherung auf der Leiter

- ▶ mit anderen Informationen versorgen, falls gewünscht

- ▶ Grundregeln (am besten auf Papier, so daß die Verantwortung symbolisch übergeben werden kann)

- ▶ Sicherheit auf der Plattform

- ▶ Köpfe unter den Hüften

- ▶ Ränder der Wand

- ▶ medizinische Versorgung/Verletzungen/Schmuck ablegen

- ▶ Achtsamkeit auf die Kletterer

- ▶ Ratschläge zum Hochheben geben, bevor sie anfangen zu klettern, wenn sie sie am nötigsten haben. Einschließlich: Kopf/Schultern/Hände/Haltung/Auswechseln, wenn müde

- ▶ Sicherheitswesten/D-Ringe/Karabiner/lose Schnüre

- ▶ daran erinnern, abzusichern, bis die Person über der Wand ist

- Überwachung des Hochhebens, der Sicherheitswesten, Sturz-helme und deren Gebrauch usw.

- Überwachung der Teilnehmer auf der Plattform an der Spitze und aller anderen Grundregeln einschließlich Sicherheitswe-sten und Sturzhelm

- Überwachung des Absicherns auf der Leiter. Wenn die Leiter zu steil ist, soll ein Trainer mit absichern

- achten auf das Wohlbefinden der Teilnehmer

- darauf achten, ob Fließbandarbeit/Auswechslung der Hoch-heber

- Überwachung des Hochhebens

- Loben, Feier

- alle abseits Stehenden in den Vorgang integrieren

- sehr wichtig für die Trainer ist es, Grundregeln selbst einzu-halten und mit gutem Beispiel voranzugehen, korrekt ange-paßter Sturzhelm

- Zeit-Management. Einsparen überflüssiger Zeit; wenn mög-lich, ohne dabei die Gruppe in Zeitdruck zu versetzen

- Rat anbieten über den Gebrauch des Seiles, wenn dies erfor-derlich ist

Die Trainer sollten die Teilnehmer nicht kommandieren. Wenn der Coach unzufrieden mit etwas ist, sollte er zunächst in leiser Manier beraten. Falls dies nicht möglich ist, sollte er eine Pause festlegen und etwas lauter werden. Sollte dies ebenfalls nichts fruchten, muß er mehr Kontrolle übernehmen. Diese kann er zu einem späteren Zeitpunkt wieder an die Gruppe zurückgeben.

Ergebnisse

Die Wand ist reine einfache Übung, die durch eine große Anzahl von Teilnehmern an Komplexität gewinnt. Dies und die Tatsache, daß die Lösung ganz in den Händen der Teilnehmer liegt, zeichnet die Übung als ein „geeignetes Projekt" aus.

Charakteristisch treten hier die Probleme zutage, mit denen Gruppen sich gewöhnlich auseinanderzusetzen haben, zum Beispiel in den Bereichen Disziplin, Kontrolle und Qualität. Man sollte aber beachten, daß diese Probleme oft von den persönlichen Schwierigkeiten einzelner Mitglieder ablenken. Dies sollte nicht vergessen werden.

Diskussionsthemen:

- bei der Sache sein
- Führungsrolle
- Disziplin des Einzelnen/der Gruppe
- Qualität
- Zeit-Management
- persönlicher Erfolg
- sich zu sehr auf die Sache konzentrieren
- Themen für große Gruppen
- Isolation
- Kommunikation
- Erfolg
- Vision/Mission
- Netzwerke

Sicherheit

Die Wand benötigt Sicherheitsvorkehrungen, besonders wenn sich viele Personen auf beiden Seiten des Gerüstes befinden. Sie unterscheidet sich von den meisten Übungen, die bisher besprochen wurden – mit Ausnahme des Vertrauensfalles –, dadurch, daß die richtige Ausführung in den Händen der Teilnehmer liegt und nicht durch die Geräte und deren Sicherheitssysteme bestimmt wird. Dies ist aber problematisch. Auf der einen Seite sind die Teilnehmer gefragt, eine Problemlösung zu finden, auf der anderen Seite werden die Lösungsmöglichkeiten aufgrund vieler Grundregeln ziemlich eingeschränkt. Um das Optimale aus der Übung herauszuholen und gleichzeitig die Teilnehmer zu schützen, sollte sie nur von einem erfahrenen Trainer oder Übungsleiter präsentiert und geleitet werden.

Theoretisch sind die Teilnehmer so lange in Sicherheit, wie sie die Grundregeln befolgen. Allerdings ist es gut möglich, daß die Übung am Ende des Programms stattfindet, wenn es wünschenswert ist, daß die Teilnehmer mehr eigene Verantwortung übernehmen und selbst zur Verantwortung gezogen werden können. Einfache Veränderungen in der Präsentation können dieser Dynamik begegnen. Wenn zum Beispiel einige Regeln verbal ausgesprochen werden und andere als Schriftstück verteilt werden, dann sind die Teilnehmer in der Lage einzuschätzen, daß sie für die Einhaltung der gedruckten Regeln selbst einstehen. Dies ist besser, als von den Trainern ermahnt zu werden, wenn es danach aussieht, als würden sie Regeln brechen. Wenn jemand einen Fehler macht und diesen selbst nicht erkennt, kann man einen anderen Teilnehmer bitten, seinem Partner Feedback zu geben, zum Beispiel, daß dessen Helm nicht richtig sitzt. Wenn er dazu bereit ist, wird ein Konzept der Verantwortung vermittelt, statt die Einhaltung von Regeln eingefordert.

Die Übungsleiter müssen daher stets konzentriert sein. Ihre Körpersprache ist dabei ebenso gefragt, um die richtige Atmosphäre zu kreieren. Die Trainer müssen mehr als bei allen anderen Übungen die Richtung vorgeben und die Qualität repräsentieren, die notwendig ist. Sie sollen ein Vorbild darstellen. Es macht keinen Sinn, daß ein Trainer, der einen ungesicherten Sturzhelm benutzt, die Einhaltung der Sicherheitsvorschriften verlangt.

Stuart Hardy und Dietrich Buchner

Sicherheitsaspekte: Kletterkurse als Beispiel

Stuart Hardy

Das Thema Sicherheit von Teilnehmern und Trainern bei Kletterkursen eröffnet ein komplexes Feld. Die Betrachtungsweise richtet sich vor allem danach, welche Art von Kursprogramm einer bestimmten Anzahl von Teilnehmern angeboten wird. Es ist nützlich, das Thema in Teilbereiche zu gliedern. An dieser Stelle wird es vor allem um die Untersuchung verschiedener Stilrichtungen von Kletterkursen sowie unterschiedlicher Aspekte des Sicherheits-Managements gehen.

Inwiefern Kursabläufe, Parcoursarten oder sogar die Konstruktion von Klettergerüsten ein beinahe unzulässiges Risiko darstellen, hängt zum größten Teil davon ab, welche Risikophilosophie vertreten wird und in welchem Maße Risiko ein gewollter Bestandteil eines jeweiligen Kletterkursprogramms ist.

Darum wird in diesem Bericht weniger über die Überlebensfähigkeit bestimmter Ideologien von Risiko und Risikobereitschaft geurteilt, es geht vielmehr um die praktische Handhabung verschiedener Risikograde durch die Anwendung diverser Methoden. Meine Absicht ist es, in erster Linie über das Risiko der Verletzungsgefahr der Beteiligten eines Kletterkurses zu sprechen, nicht über psychologische Barrieren, was einen ganz neuen Themenbereich erfordern würde. Allerdings wird der von den Teilnehmern selbst wahrgenommene Risikofaktor einer Verletzungsgefahr in die Diskussion einbezogen, da gesteigerte Angstzustände Unfallgefahren erhöhen.

Der Kletterkurs

Umwelt und Konstruktion

Im Vorteil zu anderen Sportaktivitäten im Freien wird ein Kletterkurs in einer kontrollierbaren Umgebung, welche unter Gesichtspunkten der Sicherheit speziell hergerichtet wurde, angeboten. Bei
der Auswahl des Ortes, an dem der Kletterkurs stattfindet, spielt
die Sicherheit der Teilnehmer eine entscheidende Rolle. Einzige
nicht zu bestimmende Variable, die die Sicherheit der Teilnehmer
an einem ausgewählten Kursort beeinflussen kann, bleibt das
Wetter, wenn man von Ausnahmen, wie zum Beispiel örtlichen
Waldbrandgefahren, einmal absieht.

Beinahe jeder Ort der Welt lauert mit Wetterverhältnissen wie
Hitze, Kälte, Blitze, Wind und Regen, die Gefahren heraufbe-
schwören können. Bei der Auswahl des Ortes sollte vor allem
darauf geachtet werden, solcherlei Gefahren zu minimalisieren.
Zum einen sind vorbeugende Sicherheitsmaßnahmen für Teilnehmer und Trainer bereitzustellen, zum anderen sollten Kursanbieter
Planhinweise mit einbeziehen. Wenn Kurse trotzdem bei widrigen
Wetterverhältnissen durchgeführt werden müssen, sollte auf das
körperliche Wohlbefinden der Teilnehmer besonders geachtet
werden. Dies betrifft Zustände wie Überhitzung und Unterküh-
lung oder alle anderen Gefahrenherde, die auch normalerweise bei
sportlichen Aktivitäten im Freien in Betracht zu ziehen sind.
Gerade aufgrund der akribischen Planung und der augenscheinli-
chen Sicherheit von Outdoor-Aktivitäten wird allzuleicht der
Aspekt der Klimaeinflüsse vergessen.

Die jeweilige unmittelbare Umgebung der einzelnen Apparaturen
des Trainings kann ebenfalls einen bedeutenden Einfluß darauf
haben, wie die Teilnehmer den Grad des Risikos selbst wahrnehmen und ein Gefühl des „Ausgestelltseins" erzeugen. Befindet sich
ein Teilnehmer auf einem freistehendem Mast in der Mitte eines
freien Feldes, wird bei ihm ein solches Gefühl wahrscheinlich

stärker aufkommen, als würde er auf einen Mast inmitten von Bäumen stehen. Ein Kurs, der zwischen Bäumen oder in der Halle errichtet wurde, wird weniger Angst erzeugen als einer, der im Freien und besonders auf erhöhtem Gelände steht. Wenn man akzeptiert, daß ein erhöhter Angstlevel die Fähigkeiten der Teilnehmer beeinträchtigt, sollten solche Faktoren speziell berücksichtigt werden, insbesondere wenn die Teilnehmer ins Sicherheitssystem integriert sind, zum Beispiel in einer Funktion als Sichernde anderer Teilnehmer.

Die Konstruktionen von Kletterkursanlagen sind ziemlich unterschiedlich. Alle haben ihren eigenen, gegenständlichen Charakter. Dennoch gehorchen sie fast sämtlich modernen Sicherheitsvoraussetzungen. Die Technologie, die in die Konstruktionen einfließt, hat sich seit mehr als 30 Jahren bei Outdoor-Ausbildungsübungen entwickelt. Manch einer wird Ihnen erzählen wollen, daß schon Napoleon Bonaparte erstmalig das Konzept bei seiner Armee eingeführt hatte. Zeugnisse existieren auch für die Annahme, daß schon die alten Griechen die Benutzung bestimmter Apparaturen zur Bewältigung physischer Herausforderungen positiv erwähnten. Eines ist unumstritten, im Konzept solcher Apparaturen gibt es nichts wesentlich Neues. Die Einführung neuer Technologien bedeutet lediglich, daß man die Outdoor-Erfahrungen, die früher mit Geräten aus der Natur erlebt wurden, heutzutage in einer sicheren und effizienter kontrollierbaren Umgebung und Ausstattung produziert werden können. Heute sind die Sicherheitsmaßnahmen wesentlich ausgereifter und erlauben einer größeren Anzahl von Menschen, in einem kürzeren Zeitraum intensivere Erfahrungen zu machen. Allerdings erhöht eine größere Anzahl von Teilnehmern auch das Sicherheitsrisiko für die Beteiligten. Um der Gefahr von Dauerbelastungen standhalten zu können, müssen die Klettergerüste deshalb besonders abgesichert sein.

Bei den neuen Technologien werden, im Gegensatz zu den einfach traditionellen, deshalb sehr weitreichende Sicherheitssysteme verwendet. Die Belastbarkeitsgrenze der Konstruktionen geht weit über ihre eigentliche Beanspruchung hinaus. Die technische Ausrüstung wird zum Teil nach Maß zugeschnitten und nicht industriell gefertigt. In der Tat wären die Kletteranlagen, dank moderner Herstellungsverfahren, fast 100 Prozent sicher, würden sie nicht von Menschen völlig unterschiedlicher Erfahrung und Wachsamkeit benutzt. Wenn es also bei einem Kurs um das Sicherheits-Management geht, ist es diese Tatsache, auf die der Fokus zu richten ist, weniger den spezifischen, technischen Bestandteilen der Klettergerüstkonstruktionen.

Die Ausrüstung, die im Outdoor verwendet wird, stammt ursprünglich aus der Welt des Klettersportes und weist so einige Einschränkungen für den Gebrauch in der neuen Umgebung auf, die über menschliches Versagen hinausgehen. Zwar übersteigt die Belastbarkeit der Ausrüstung normal zu erwartenden Belastungen bei einmaligem Gebrauch, allerdings ist das Ausrüstungsmaterial, wie Seile, Sicherheitswesten, Helme usw. nicht für eine intensive, kontinuierliche Dauerbelastung geeignet oder entworfen worden. Die Wartung, richtige Lagerung sowie Inspektion der Ausrüstung ist daher unbedingt erforderlich, um die Tauglichkeit für einen intensiven und wiederholten Gebrauch zu garantieren. Mehrere Neuerungen helfen, das Leben der Geräte zu verlängern und die Handhabung des Sicherungssystems zu erleichtern. Solcherlei Ausrüstungsergänzungen sollten deshalb integraler Bestandteil jeder neuen Konstruktion sein und rückwirkend in bestehende Konstruktionen eingebaut werden.

Wenn man berücksichtigt, daß die häufigsten Unfallursachen auf menschliches Versagen zurückzuführen sind, sollten alle bestehenden und zukünftigen Systeme benutzerfreundlich gestaltet sein. Es reicht nicht aus, sie lediglich größer und stabiler zu bauen. Zu vergleichen wäre ein solches Vorgehen damit, als würde man Sturzhelme verwenden, die so kräftig und sicher sind, aber soviel wiegen, daß sie die Fähigkeit der Teilnehmer zum Klettern einschränken würden. Dieselben Überlegungen sollten bei der Wahl zwischen dynamischen und statischen Seilen gelten. Der verständliche Wunsch, dynamische Kletterseile in einer Sturzsituation benutzen zu wollen, sollte mit dem Verständnis über die Benutzungseigenschaften und Verschleißfaktoren des Seils bei verschiedenen Übungsarten kombiniert werden.

Es erhöht nicht die Sicherheit, zu behaupten, daß alle professionellen Kletterkurskonstrukteure gleichermaßen sichere Gerüste bauen. Es ist deshalb zu empfehlen, außenstehende Berater mit heranzuziehen, die das Herstellungsverfahren der verschiedenen Sicherheitskomponenten und den Entwurf der Kletteranlagen mit überwachen. Unglücklicherweise ruhen sich viele Hersteller auf ihren Lorbeeren aus. Sie sollten, wenn es um die Bereiche Entwurf und Konstruktion geht, den Grundsatz „Das haben wir doch immer so gemacht" hinterfragen. Erstaunlicherweise existieren sehr wenige Daten über Belastungsgrenzen von Kursapparaten und der dazugehörigen Ausrüstung, was deren Bruchfestigkeit oder Zerfallsdaten usw., angeht. Im Zweifelsfalle sollte man daher immer einen industriellen Sicherheitsexperten mit Untersuchung der Konstruktionen beauftragen und vor Start des Kletterkurs noch einmal das Sicherheitssystem von einem Experten überprüfen lassen.

Trainer

Wahl der Trainer

Akzeptiert man die Tatsache, daß die meisten Unfälle menschlichem Versagen zuzuschreiben sind, dann erkennt man, daß die richtige Entscheidung bei der Auswahl der Trainer und Übungsleiter eine der wichtigsten prophylaktischen Sicherheitsmaßnahmen ist, die man treffen kann. Die Beobachtungsgaben von Trainern spielen eine wichtige Hauptrolle bei der Verhinderung von Unfällen.

Die wichtigste Aufgabe ist, herauszufinden, was von den Trainern verlangt werden soll, und danach einen Arbeitsplan zu erstellen. Kletterkurse liefern ein einzigartiges Betätigungsumfeld, das die unterschiedlichsten Fähigkeiten von Trainern verlangt. Grundvoraussetzung ist, daß Trainer und Übungsleiter auf extreme Notfälle technisch und psychologisch reagieren können, und dies sollte auch bei der Entscheidung über die Anzahl der Trainer und Übungsleiter in Betracht gezogen werden. Sie sollten außergewöhnliche Rettungsfälle meistern und Erste Hilfe leisten können. In manchen Ländern sind solche Qualifikationen Vorschrift, und dort ist es leichter, geeignete Trainer zu finden. Aber in vielen Ländern existieren solche Vorschriften nicht, und deshalb sollte besonderer Wert darauf gelegt werden, speziell wenn man unerfahrene Trainer anheuert, daß herausragende Qualifikationen im Team vorhanden sind. Wenn möglich, sollte man geeignete Experten importieren, die die Aufsicht über die anderen Übungsleiter übernehmen können. Darüber hinaus sollte mindestens ein Trainer vorhanden sein, besser mehrere, welcher Sicherheitskriterien einer jeweiligen Anlage erkennen und überprüfen kann, um geeignete Notfall- und Rettungsmaßnahmen sowie Inspektionsverfahren gestalten zu können. Diese Aufgabe sollte nur von Personen wahrgenommen werden, die viel Erfahrung in der Durchführung von Kletterkursen in allen Bereichen haben, sei es medizinische Vorsorge, Konstruktion bis hin zum gesamten Kursablauf. Die verlangten persönlichen Fähigkeiten, um selbst einen Ablaufplan managen zu können, sind beträchtlich. Dies sollte nicht vergessen werden, wenn es um die Wahl des Führungspersonals eines Parcours geht.

Obwohl fast jeder nach ein paar Lehrstunden Knoten knüpfen und ein Seil halten kann, sollten professionelle Trainer von Kletterkursveranstaltern angestellt werden, um Kletterkurse mit sehr vielen Teilnehmern und wiederholten Programmen bewältigen zu können. Der Arbeitsplatz ist nicht das geeignete Umfeld, um neue Übungsleiter zu trainieren. Fehlt es an Fähigkeiten, beeinträchtigt dies die Sicherheit der Teilnehmer und deren Möglichkeit, Erfahrungen zu sammeln.

Falls der Ablaufplan eines Kurses vorsieht, die Verantwortung der Absicherung oder das Belegen der Geräte den Teilnehmern weitgehend selbst zu übertragen, dann sollte die passive Kontrolle durch die Trainer einen großen Raum einnehmen, auch wenn es in dem Fall von außen so aussieht, als würden die Trainer weniger leisten.

Es bringt zudem für alle Trainer und Übungsleiter einen großen Vorteil, sich ein Verständnis über die psychologischen und philosophischen Gesichtspunkte eines Kursprogramms zu verschaffen. Dann kann besser auf potentielle Angstgefühle und Streß unter den Teilnehmern eingegangen werden, ohne dabei Aspekte der Sicherheit außer acht zu lassen.

Ausbildung der Übungsleiter

Das Training der Übungsleiter sollte besonders intensiv und vorbeugend sein, insbesondere vor dem Kursprogramm, da bekanntlich Vorbeugung leichter ist als Heilung. Jeder Mangel an technischen Fähigkeiten der Übungsleiter sollte vor dem Erstkontakt mit den Teilnehmern ausgeräumt sein, damit die Übungsleiter auf extreme Notfallsituationen eingehen können, denn selbst die besten Seiltechniker der Welt sind möglicherweise nicht mit allen Übungen eines Kletterkurses vertraut. Zudem sollten die besser Qualifizierten ihre Erfahrungen mit den weniger qualifizierten Übungsleitern austauschen, um die Leistung des Teams kontinuierlich über ein verlangtes Minimum hinaus zu verbessern, besonders wenn es um die Ausbildung der Fähigkeit der passiven Kontrolle geht und darum, ein Verständnis für die Philosophie von Risiko-Management zu gewinnen. Wenn das Kursprogramm es erfordert, das Team durch entsprechende Teambildung und Teamentwicklung zu trainieren, um überlange Programme zu bewältigen, sollte dies getan werden. So wird ein Trainer vorbereitet, eine große Anzahl von Teilnehmern durch einen Kurs begleiten zu können. Dieses Thema wird im nächsten Abschnitt genauer erörtert.

Überwachung der Übungsleiter

Die Überwachung der Übungsleiter ist eine der wichtigsten Aufgaben, da dies entscheidenden Einfluß auf die Sicherheit der Teilnehmer während eines Kurses hat, insbesondere dann, wenn der Kletterkurs wiederholt angeboten wird und sich über längere Zeiträume erstreckt. Es ist unbedingt notwendig, daß Übungsleiter im Interesse der Sicherheit auf höchstem Niveau arbeiten; dies sollte absolute Priorität bei der Unterstützung des Teams haben. Der Grad an Achtsamkeit und Alarmbereitschaft der Übungsleiter steht in unmittelbarer Beziehung zu der Anzahl der vermeidbaren Unfälle. Die Beziehungsebene zwischen dem Trainer und Übungsleiter und den Teilnehmern hat entscheidenden Einfluß sowohl auf den Erfolg des Programms wie auf eine beständige und qualitative Handhabung der Sicherheitsstandards. Meiner Meinung nach wird solch ein Umfeld durch begeisternde, tatkräftige und gut ausgebildete Übungsleiter erzeugt. Ein Übungsleiter soll den allgemeinen Zielen des Programms folgen und ein Gefühl der Zugehörigkeit verkörpern, um die Leistungsfähigkeit der Teilnehmer anzustacheln. Nachforschungen haben ergeben, daß Unfälle oft auf mangelhafte Unterstützung von Übungsleitern zurückzuführen sind. Die Unterstützung und Führung der Übungsleiter ist absolut notwendig, um deren Funktionsfähigkeit zu gewährleisten. Die Teamleitung kann vom Team ständige Höchstleistungen verlangen und jederzeit Resultate sehen wollen.

Die Teamleitung sollte sich fortwährend des Problems der Übermüdung und verringerter Begeisterung, besonders in zeitlich lang sich erstreckenden Kursprogrammen, annehmen. Auch wenn die meisten erfahrenen Profis Begeisterungsfähigkeit drauf haben, ist dies etwas, was Tag für Tag kultiviert werden muß, insbesondere bei neuen Trainern. Die Übungsleiter sollten in allen Fragen mehr pro-aktiv auftreten als in anderen Arbeitsumfeldern, denn der Trainer befindet sich die meiste Zeit „auf der Bühne" vor den ihm anvertrauten Kursteilnehmern und sollte in deren Augen stets den Verlauf bestimmen.

Sicherheitsmaßnahmen

Ablauf

Der Ablaufplan für bestimmte Kletterkurse sollte von der Person entworfen werden, die auch verantwortlich für ihre tägliche Umsetzung ist, also gewöhnlich dem Kursdirektor. Seine Rolle sollte so gestaltet sein, daß er oder sie zu jedem Zeitpunkt die Übersicht und Kontrolle über die Ausführung behält. Es macht keinen Sinn, einen außenstehenden Konstrukteur anzuheuern, der die Übungsleiter vor Kursbeginn in die Sicherheitsmaßnahmen einweiht, sie danach aber alleine läßt. Solch ein Vorgehen verhindert, daß Übungsleiter ein eingehendes Verständnis über Handhabung und Sinn der Sicherheitsmaßnahmen entwickeln, statt dessen verfügen sie nur über das, was sie durch Nachmachen erlernt haben. Man kann mit ziemlicher Sicherheit sagen, daß die Organisationen, die solch ein traditionelles Vorgehen befürworten, meistens nicht auf dem neuesten Stand der Dinge sind, was Sicherheitstechniken, Ausrüstung und Kursabläufe betrifft. Daher ist es ratsam, die Vorgehensweisen durch den Kursdirektor in Übereinstimmung mit dem Konstrukteur erarbeiten zu lassen. So können beide ihre Sachkenntnis in effizienter Weise einbringen. Deren Entscheidungen sollten in keiner Weise durch übermäßige Inanspruchnahme bei der Ausführung des Kursprogramms gefährdet sein.

Die Durchführung der Sicherheitsmaßnahmen beginnt am frühen Morgen mit dem ersten Betreten des Kursgeländes durch die Übungsleiter. Der Kursdirektor sollte die Sicherheit eines Übungsleiters genauso überprüfen, wie die der Teilnehmer. Vorbereitungs- und Aufbauarbeiten sollten mit der nötigen Sicherheitsausrüstung erfolgen, um die Sicherheit der Übungsleiter auch in luftiger Höhe zu gewährleisten. Medizinisches und anderes Material zur Ausführung von Rettungsmaßnahmen sollte, ähnlich wie beim eigentlichen Kursprogramm, schon bereitliegen. Vor Beginn des Kursprogramms sollten alle Entscheidungen über Zuständigkeiten im jeweiligen Programmablauf getroffen sein. Dies betrifft die Rollen-verteilung zwischen den Trainern und Übungsleitern ebenso, wie die für Rettungsaktionen, so daß im Falle eines Notfalles die Rettungsaktionen reibungslos ablaufen können.

Während des Kletterkurses sollten vorher festgelegte Vorgehens-weisen angewendet werden, die den gewünschten Risikograden angemessen sind und in direkter Beziehung zu den Programmzie-len stehen. Beispielsweise könnte der Grad der Sicherheit durch die Art, wie Teilnehmer in der Funktion als Sichernde eingesetzt sind, mitbestimmen. Dies würde dann den Wünschen der Kurs-direktion entsprechen, wenn diese sich ein erhöhtes Maß an Verantwortungsbewußtsein unter den Teilnehmern erhofft. An-dere Kursleitungen mögen andere Ziele verfolgen. Welcher Art der Kurs auch immer ist, er sollte immer effizient der angewende-ten Methode folgen, und die Qualität der Sicherheit sollte immer auf dem höchstem Niveau gehalten werden, welche ein solches Ereignis verlangt. Ob außergewöhnliche Sicherheitsgrade ge-wünscht werden, bleibt den Kursdirektoren und Kursphilosophen zur Entscheidung überlassen. Eine Kommunikationsstörung liegt aber dann vor, wenn der Sicherheitsaspekt ein solches Ausmaß annimmt, daß ein Kursbauer das Gefühl bekommt, seine profes-sionelle Integrität sei verletzt und er sich entsprechend weigert, ein solch übertriebenes Sicherungssystem bereitzustellen.

Wartung

Wartungs- und Inspektionsverfahren sollten alle maschinellen und programmtechnischen Aspekte des Kletterkurs mit einschließen. Sie sollten so strukturiert sein, daß nur Personen, die über das nötige Wissen verfügen, diese Inspektionen durchführen. Es macht zum Beispiel keinen Sinn, einen Bergsteiger die Kabelkonstruktion untersuchen zu lassen. Dafür kann er aber die Überprüfung des Seiles vornehmen. Die Inspektionen sollten alltäglich in den Ablaufplan einbezogen werden. Mängel in der Ausrüstung sollten vom Kursveranstalter protokolliert werden. Fehlerhafte Ausrüstungen sollten in Übereinstimmung mit Kletterkursarchitekten oder Ausrüstungsherstellern ersetzt werden.

Da die Sicherheit eines Kletterkurses auf solch strukturelle Bestandteile basiert, ist es lebenswichtig, die nötigen Inspektionen rigoros durchzuführen. Wenn die nötigen Expertisen von dem Team nicht geleistet werden können, sollten dafür externe Berater in regelmäßigen Abständen konsultiert werden.

Die Autoren

Dietrich Buchner, geboren 1938, ist geschäftsführender Gesellschafter der Winner's Edge, Gesellschaft für Führungs-, Strategie- und Verkaufscoaching mbH. Seine Beratungsschwerpunkte sind Strategie-, Führungs- und Team-Coaching für strategische Transformation und Transformation von Firmenkulturen. Nach dem Studium der Betriebswirtschaftslehre und der Promotion in Soziologie sammelte er 16 Jahre Management-Erfahrung in internationalen Konzernen und mehrjährige Auslandserfahrung in Strategie- und Führungsberatungsprojekten. Er machte seine NLP-Ausbildung in den USA bei Richard Bandler und Robert Dilts und wendet NLP-Modelle seit über zehn Jahren erfolgreich im Business an.

Susanne-Johanna Gebhardt war im Anschluß an ihr Studium der Wirtschaftswissenschaften mehrere Jahre im Human Resource Management internationaler Unternehmen tätig. Sie ist heute Partnerin der Winner's Edge GmbH. Als Coach, Moderatorin und Trainerin liegen ihre Arbeitsschwerpunkte in Projekten zu den Themen Personal Power, Führung und Verkauf, Innovation und Veränderungsprozesse.

Frank Görmar, geboren 1959, promovierter Biologe, ist Partner der Winner's Edge GmbH. Er leitete ein immunologisches Labor der Universitätsklinik Frankfurt und sammelte Berufserfahrung in verschiedenen Managementtrainings großer Unternehmen. Seine Schwerpunkte liegen in der Begleitung von Veränderungsprozessen, der Persönlichkeitsentfaltung und des systemischen NLP. Er ist Psychodramaleiter (DFP) und Ausbildungstrainer im Neurolinguistischen Programmieren (NLP).

Stuart Hardy, geboren 1959, betreibt Outdoors seit mehr als 17 Jahren und ist einer der führenden Outdoor-Experten Großbritanniens. Er hat Sport und Kunst studiert. Als Leiter von Kletter-, Höhlen- und Kajaktouren wuchs sein Interesse für Sicherheits- und Rettungsmaßnahmen, was sich in einem weltweit vertriebenen Buch niederschlug. Er berät europäische Firmen bei Outdoor- und Indoor-Trainings im Zusammenhang mit Change Management und die britische Regierung bei der Implementierung von neuen Sicherheitsstandards in ganz Großbritannien.

Norbert Homma, geboren 1949, ist Partner der Winner's Edge GmbH. Seine Schwerpunkte sind ganzheitliche Veränderungsprozesse und Outdoor. Er studierte Anglistik und Politikwissenschaften und promovierte in Politikwissenschaften. Seine NLP-Ausbildung machte er bei Robert Dilts in den USA. Norbert Homma verfügt über Berufserfahrung im Consultingbereich und in der Marketingforschung. Mehrjährige Lehrtätigkeit an der Universität Heidelberg.

Rainer Jähnig, geboren 1953, promovierter Philosoph und Diplompsychologe, ist Partner der Winner's Edge GmbH. Er machte eine Ausbildung in Gesprächs-, Gestalt-, Hypnotherapie und NLP. Außerdem ist er Judoleistungssportler, Judotrainer (5. Dan) sowie Inhaber und Betreiber von Fitness-Studios. Seine Schwerpunkte sind Coaching und Führungskräftetraining.

Heiner Koppermann, geboren 1962, Diplomphysiker, MBA (INSEAD), ist Partner der Winner's Edge GmbH. Er war unter anderem Managementberater bei McKinsey & Co., Inc., Deutschland und USA, und NLP-Trainer bei der European Academy and Research for NLP and MORE, Düsseldorf. Seine Schwerpunkte sind Team- und Individualcoaching, Human Excellence and Personal Development, Lerntechniken, Veränderungsprojekte in internationalen Unternehmen (in Deutsch, Englisch, Französisch).

Wolf W. Lasko, geboren 1953, Diplomingenieur, Diplomkaufmann, Management-Consultant, ist geschäftsführender Gesellschafter der Winner's Edge, Gesellschaft für Führungs-, Strategie- und Verkaufscoaching mbH. Davor Beratungstätigkeit bei Team BBDO, Mercuri Goldmann und dem Institut für angewandte Kreativität. Beratungsschwerpunkte: Personal Power, Führungs- und Verkaufscoaching, Veränderungsprozesse.

Ingolf Op den Berg, geboren 1959, Diplomingenieur, ist Partner der Winner's Edge GmbH. Er verfügt über mehrjährige Erfahrung im Umweltschutzmanagement (Schwerpunkt Verkehrswissenschaften). Als Moderator im Management und auch auf der Teamebene begleitet er Visions- und Reorganisationsprozesse in großen und mittelständischen Unternehmen. Er verbindet als Veränderungscoach und Trainer Business-, Outdoor- und NLP-Instrumente in Teambildungsprozessen und Führungstrainings.

Tom Rückerl, Diplompsychologe, ist seit 1984 in der Erwachsenenbildung tätig; zur Zeit arbeitet er als Berater, Trainer und Coach für Magic Motivation WBC, für Winner's Edge und für NLP & MORE. Er gibt Seminare und Workshops zu folgenden Themen: Führung, Verkauf, Train The Trainer, Moderation, Teamentwicklung, Frauenförderung, Mentales Body-Management und NLP in Action. Außerdem unterstützt er Führungskräfte im Coaching bei der Erreichung von Zielen.

Angelika Schauenberg ist Beraterin und Begleiterin in Orientierungs- und Veränderungsprozessen. Die handlungs- und erlebnisorientierte Arbeitsweise resultiert aus ihren langjährigen Erfahrungen in der beruflichen Bildung, Personalentwicklung und Bildungsarbeit im universitären Kontext. Der Werkzeugkasten umfaßt Moderations- und Präsentationstechnik, Konzeptentwicklung,

Strategien für Umsetzung, Trainingselemente für Teams und einzelne und für besondere Situationen kreative Spiele und (Ent-) Spannendes!

Josef Adolf Schmelzer, geboren 1951, promovierter Mathematiker und Professor für innovatives Management, ist Partner der Winner's Edge GmbH. Er hat Studien der Naturwissenschaften und der Ökonomie verschmolzen zu einer neuen Idee naturnaher Organisation von Unternehmen und Teams. Als Trainer setzt er NLP-Instrumente in erster Linie ein für das Initiieren und Coachen von individuellen und gemeinschaftlichen Innovations- und qualitativen Wachstumsprozessen.

Anders J. B. Seim, gebürtiger Norweger, promovierter Mediziner, Arzt für Psychotherapie, ist erfahrener NLP-Trainer mit einer Ausbildung in systemischer Beratung und Transaktionsanalyse. Er war viele Jahre im klinischen Bereich tätig mit Schwerpunkt Psychosomatik und Sucht. Seit 1988 ist er selbständiger Trainer und Unternehmensberater in den Bereichen Einzelcoaching, Teamentwicklung, Mitarbeiterführung und betriebliche Suchtprävention sowie Konfliktmanagement.

Iris Seim, Diplompsychologin, NLP-Trainerin, verfügt über mehrjährige Erfahrung im klinischen Bereich. Sie war Partnerin der Winner's Edge GmbH. Langjährige Erfahrung im Bereich Teamentwicklung und Gruppendienst in der Automobilproduktion.

Sylvia H. Stiewcz, geboren 1961 in Danzig, ist seit 1988 als Trainerin und Beraterin im Bereich der Erwachsenenbildung tätig. Nach dem Studium der Betriebswirtschaftslehre und der Promotion in Soziologie sammelte sie Erfahrungen in internationalen

Konzernen und spezialisierte sich auf Projekte zur multikulturellen Kommunikation (Polen, Belgien, Brasilien). Schwerpunkt ihrer Seminare ist in den letzten Jahren die Durchführung von Outdoor-Training.

Hans Vialon, geboren 1961, Diplomkaufmann, ist Partner der Winner's Edge GmbH mit den Schwerpunkten Visions- und Strategieentwicklung, Marketing, Controlling, Handelsmanagement, Outdoor, Coaching. Hans Vialon ist NLP-Master. Er arbeitete als wissenschaftlicher Mitarbeiter am Lehrstuhl für Distribution und Handel in Münster und verfügt über langjährige Erfahrung als selbständiger Berater in den Bereichen Marketing, Controlling und EDV.